宝禄斋·立格文集

国家社会科学基金一般项目"基于统计分析的无罪判决证据适用问题实证研究"（17BFX183）结项成果

The Evidentiary Logic of Acquittal

无罪裁判的证据逻辑

郑飞 著

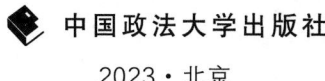

中国政法大学出版社

2023·北京

声　明　　1. 版权所有，侵权必究。
　　　　　2. 如有缺页、倒装问题，由出版社负责退换。

图书在版编目（CIP）数据

无罪裁判的证据逻辑/郑飞著.—北京：中国政法大学出版社，2023.5
ISBN 978-7-5764-1051-8

Ⅰ.①无… Ⅱ.①郑… Ⅲ.①审判－研究－中国 Ⅳ.①D925.04

中国国家版本馆CIP数据核字(2023)第151639号

书　名	无罪裁判的证据逻辑 WUZUI CAIPAN DE ZHENGJU LUOJI
出版者	中国政法大学出版社
地　址	北京市海淀区西土城路25号
邮　箱	bianjishi07public@163.com
网　址	http://www.cuplpress.com（网络实名：中国政法大学出版社）
电　话	010-58908466(第七编辑部) 010-58908334(邮购部)
承　印	北京旺都印务有限公司
开　本	720mm×960mm　1/16
印　张	15.75
字　数	230千字
版　次	2023年5月第1版
印　次	2023年5月第1次印刷
定　价	70.00元

前　言

　　党的十八届四中全会通过的《中共中央关于全面推进依法治国若干重大问题的决定》强调,"推进以审判为中心的诉讼制度改革……全面贯彻证据裁判规则"。从某种意义上讲,贯彻证据裁判原则是实现审判中心主义的前提和试金石。因为审判中心主义要求实现庭审实质化,即举证、质证须在法庭,法官要亲自审查判断证据,以扭转"以侦查为中心"的流水线办案模式。但我国目前的刑事证据制度存在不系统、不完善等诸多问题,无法有效规制庭审举证、质证过程,这可能导致以审判为中心的诉讼制度改革的落空,庭审实质化将无法实现。

　　更为重要的是,我国刑事证据规则借鉴国外较多,国内法官经验的理论总结较少,这与国外(尤其是英美法系国家)证据规则的生成规律有较大区别。在英美法系国家,证据法不是历来就有的,几乎每个证据规则最初都是由法官在判例中的经验创造,然后再经过吉尔伯特、边沁、斯蒂芬、塞耶、威格莫尔和摩根等一大批证据法学者的理论梳理和总结,才形成了今日体系化的英美证据法。[1]

　　当前,随着审判中心主义、庭审实质化、员额制和责任制改革等日渐深入,我国法官的办案模式逐渐从行政审批制转变为自主的证据裁判,从

---

〔1〕　参见郑飞:"证据科学的研究现状及未来走向",载《环球法律评论》2015年第4期。

而催生了对贴近审判实际的、体系化的证据规则的强烈需求。法学界不应无视这种实践需求，而是应该深入司法审判一线，通过对大量判例的实证研究总结梳理出真正具有实践生命力的证据规则。正是基于这样的目的，本书试图通过对大量无罪判决案例的统计分析，总结梳理出具有实践生命力的无罪判决证据分析方法、推理模式和适用规则，从而为律师敢于作无罪辩护、法官敢于作无罪判决提供相应的理论指引。具体而言，本书将从横向和纵向两个视角来审视无罪裁判的证据逻辑和判例规则。

在横向视角方面，锚定司法证明过程，可以将证据逻辑分为以证据能力（可采性）为中心的静态逻辑和以证明力（推论链条）为中心的动态逻辑。相应地，在无罪裁判中的证据逻辑也就可以分为以证据能力（可采性）为中心的静态证据无罪逻辑和以证明力（推论链条）为中心的动态证据无罪逻辑。其中，证据不具有关联性、证据不具有真实性和证据不具有合法性，即属于以证据能力（可采性）为中心的静态证据无罪逻辑。而以证明力（推论链条）为中心的动态证据无罪逻辑，主要由证据缺失与孤证不能定案、证据证明力不足、证据矛盾与不符合常理和其他证据无罪逻辑组成。

在纵向视角方面，本书主要关注法官在无罪判例中对证据规则形成的创造性程度。根据法官的创造性程度不同，将无罪判例证据规则分为四大类：一是规则解释，即无罪判决对现有证据规则的解释适用；二是法官续造，即法官在无罪判决中对现有证据规则的突破和续造；三是实践创新，即体现在无罪判决中基于实践智慧产生的证据潜规则；四是比较视野，即无罪判决中对域外证据规则的援引和借鉴。

因此，本书的结构大致可以分为三部分：第一部分是前三章，可以视为本书的总论，第一章主要是引出问题和文献综述，以及介绍本书的研究思路、主要框架和研究方法，第二章是对无罪裁判总体情况的分析介绍，第三章是对无罪裁判证据逻辑的类型化分析，为本书的主体部分奠定相应的理论基础。第二部分是第四章至第六章，即以证据能力（可采性）为中心的静态证据无罪逻辑，分别从无罪判例中总结有关相关性、真实性和合法性的证据逻辑和判例规则,并分析实践中这些证据逻辑在运行中存在的困境,并寻找完善改进的路径。第三部分是第七章至第十章,即以证明力(推论链条)为中心的动态证据无罪逻辑,分别从证据缺失与孤证不能定案、证据证明力不足、证据矛盾与不符合常理和涉其他证据情形的无罪逻辑等方面,从无罪判例中总结相关的证据逻辑和判例规则,并在类型化分析的基础上,反思这些实践中的证据逻辑和判例规则在运行中遇到的困境,以及它们的改革完善路径。

目 录

前 言 /1

第一章 问题的提出 /1
第一节 为何要研究无罪裁判的证据逻辑 /1
一、审判实务的强烈需求 /1
二、刑辩实务的持续呼唤 /2
三、类案检索的历史契机 /3
四、已有研究的系统缺失 /4
第二节 本书的研究思路与方法 /7
一、本书的研究思路 /7
二、本书的研究方法 /8

第二章 无罪裁判的总体情况 /10
第一节 无罪判例的分布情况 /10
一、无罪判例的地域分布 /10
二、无罪判例的时间分布 /14
三、无罪判例的法院层级分布 /15

四、无罪判例的审级分布　　　　　　　　　　　　／16
　　五、无罪判例的指控/起诉案由分布　　　　　　　／17
　　第二节　无罪裁判分布规律分析　　　　　　　　　／28

第三章　无罪裁判的证据逻辑类型　　　　　　　　　／30
　　第一节　基于证据属性层次性对横向证据逻辑体系的修正　／30
　　　一、证据属性的类型化　　　　　　　　　　　　／32
　　　二、证据属性的层次性　　　　　　　　　　　　／41
　　　三、横向证据逻辑体系的修正　　　　　　　　　／49
　　第二节　无罪裁判的纵向证据逻辑类型　　　　　　／60
　　　一、规则解释：无罪判决对现有证据规则的解释适用　／60
　　　二、法官续造：法官在无罪判决中对现有证据规则的突破和续造　／61
　　　三、实践创新：无罪判决中的证据潜规则　　　　／61
　　　四、比较视野：无罪判决证据规则的比较法借鉴或援引　／65

第四章　证据不具有关联性　　　　　　　　　　　　／69
　　第一节　涉证据关联性无罪规则　　　　　　　　　／69
　　　一、书证与案件事实之间无关联性　　　　　　　／69
　　　二、物证与案件事实之间无关联性　　　　　　　／74
　　　三、证人证言与案件事实之间无关联性　　　　　／75
　　　四、鉴定意见与案件事实之间无关联性　　　　　／79
　　　五、在案证据与被告人被指控的事实之间不存在关联性　／81
　　　六、证据不具有关联性的无罪逻辑　　　　　　　／82
　　第二节　关联性无罪裁判的困境及出路　　　　　　／83
　　　一、"关联性"概念的误用　　　　　　　　　　／84
　　　二、"关联性"误用的根源分析及出路　　　　　／90

第五章 证据不具有真实性 /93

第一节 涉证据真实性无罪规则 /93

一、实物证据不可靠 /93

二、言词证据不可信 /98

三、鉴定意见不可靠 /103

四、其他证据不可信 /107

五、证据不具有真实性的无罪逻辑 /112

第二节 真实性无罪裁判的困境及出路 /113

一、不可靠证据排除规则的立法意旨 /113

二、不可靠证据排除规则的运行困境 /115

三、不可靠证据排除规则的未来 /117

第六章 证据不具有合法性 /119

第一节 涉证据合法性无罪规则 /119

一、涉非法证据的无罪规则 /119

二、涉瑕疵证据的无罪规则 /136

三、涉证据合法性无罪规则的证据逻辑 /146

第二节 合法性无罪裁判的困境及出路 /148

一、非法证据排除申请有较大比例的"不回应"情况 /148

二、证据合法性与非法证据排除规则的二元性 /149

三、非法证据排除规则的标准厘清 /151

第七章 证据缺失与孤证不能定案 /153

第一节 证据缺失不能定案 /153

一、证据缺失不能定案的无罪规则 /153

二、证据缺失不能定案的无罪逻辑 /158

三、证据缺失不能定案的无罪逻辑的实践困境及出路 /160

第二节　孤证不能定案　/ 162
一、孤证不能定案的无罪规则　/ 162
二、孤证不能定案的无罪逻辑　/ 169
三、孤证不能定案的无罪逻辑的实践困境及出路　/ 170

第八章　证据证明力不足　/ 174
第一节　传来证据证明力不足　/ 174
一、传来证据证明力不足的无罪规则　/ 174
二、传来证据证明力不足的无罪逻辑　/ 174
三、传来证据证明力不足的无罪逻辑的实践困境及出路　/ 175
第二节　间接证据证明力不足　/ 184
一、间接证据证明力不足的无罪规则　/ 184
二、间接证据证明力不足的无罪逻辑　/ 187
三、间接证据证明力不足的无罪逻辑的实践困境及出路　/ 191

第九章　证据矛盾与不符合常理　/ 195
第一节　证据矛盾　/ 195
一、证据矛盾的无罪规则　/ 195
二、证据矛盾的无罪逻辑　/ 206
三、证据矛盾的无罪逻辑的实践困境及出路　/ 208
第二节　证据不符合常理　/ 211
一、证据不符合常理的无罪规则　/ 211
二、证据不符合常理的无罪逻辑　/ 217
三、证据不符合常理的无罪逻辑的实践困境及出路　/ 219

第十章　涉其他证据情形的无罪逻辑 ／222
　　第一节　有新的证据能够证明事实 ／222
　　第二节　同案犯以证据不足判决无罪或终止侦查 ／223

结　语 ／225
参考文献 ／227
后　记 ／235

第一章　问题的提出

第一节　为何要研究无罪裁判的证据逻辑

证据逻辑是指基于证据法的原则、规则、理念、思维和方式进行问题决策。因此，无论是立法还是司法，都应有一套合理的证据逻辑，以帮助法官更好地进行事实认定。而所有证据规则和体系也应该依照证据逻辑展开。无罪裁判的证据逻辑则主要关注因证据问题而引发的无罪判决及其应遵照的规律。相较于有罪裁判，无罪裁判不要求全部构成要件都被证明，而只要某一要件事实无法被证明即可，或者存在某些可以抗辩的证明。故而，对于无罪裁判的证据逻辑进行分析可以更加突出可能导致无罪的关键点。从实践中看，因证据问题导致的裁判是无罪裁判的重要组成部分，对此问题展开研究既是理论需要也是实践呼唤。

一、审判实务的强烈需求

党的十八届四中全会通过的《中共中央关于全面推进依法治国若干重大问题的决定》明确强调，"推进以审判为中心的诉讼制度改革……全面贯彻证据裁判规则"。从某种意义上讲，贯彻证据裁判原则是实现审判中心主义的前提和试金石。因为审判中心主义要求实现庭审实质化，即举证、质证须在法庭，法官要亲自审查判断证据，以扭转"以侦查为中心"的流水线办案模式。但我国目前的刑事证据制度存在不系统、不完善等诸多问题，无法有效规制庭审举证、质证过程，这可能导致以审判为中心的诉讼制度改革落空，庭审实质化将无法实现。更为重要的是，我国刑事证据规则借鉴国外较多，国内法官经验的理论总结较少，这与国外（尤其是英美法系国家）证据规则的生成规律有较大区别。在英美法系国家，证据法并非立法机构的直接产物，几乎每个证据规则最初都是由法官在判例中的经验创造，然后再经过吉尔伯特、边沁、斯蒂芬、塞耶、威格莫尔和摩根等一大批证据法学者的理论梳理和总结，才最终制度化为今日蔚为大观的体系化英美证据法。[1]

当前，随着审判中心主义、庭审实质化、司法员额制和司法责任制等改革日渐深入，我国法官的办案模式逐渐从行政审批制转变为员额法官自主的证据裁判模式，这催生了对贴近审判实际的体系化证据规则的强烈需求。法学界不能也不应该无视这种实践需求，而是应该深入司法审判一线，通过对大量判例的实证研究总结梳理出真正具有实践生命力的证据规则。[2]正是基于这样的目的，本书拟通过对大量无罪判决案例的统计分析，试图总结梳理出具有实践生命力的无罪判决证据分析方法、推理模式和适用规则，从而为律师敢于作无罪辩护，法官敢于作无罪判决提供相应的理论指引和支持。

二、刑辩实务的持续呼唤

刑辩律师为进行有效辩护，在辩护过程中一般都会做一些基本的判例检索和研究工作，尤其是对无罪判例进行整理分析，以获取相关罪名的无罪裁判规则和有效辩护要点。尽管之前已有律师对部分罪名的无罪判例作了简单梳理，归类整理出了相关罪名的无罪辩点，但这种简单总结显然过于粗糙。首先，这些律师并未按实体、程序和证据三种类型，对从无罪判例中总结出的辩护要点或判例规则进行类型化分析；其次，这些律师也没有进一步对无罪裁判中的实体、程序和证据逻辑与判例规则进行详细解读

---

[1] 参见郑飞："证据科学的研究现状及未来走向"，载《环球法律评论》2015年第4期。

[2] 需要指出的是，本书所指的规则并不是法律规范的规定，而是基于司法经验提炼的一般化规律或裁判规则。

和深入研究；最后，基于效率的考虑，这些律师仅针对自己的案件展开类案研究，并未对中国裁判文书网进行全样本的统计分析。

因此，为更好地支持我国刑辩事业，有必要对无罪判例进行系统研究，从中归纳总结出实体无罪、程序无罪和证据无罪的实践逻辑和判例规则。目前由笔者主持的2017年国家社会科学基金一般项目《基于统计分析的无罪判决证据适用问题实证研究》（项目编号：17BFX183）项目组，已经完成了阶段性研究成果9卷本的"无罪判例规则与辩护攻略"丛书。其中《贪污贿赂罪　无罪判例规则与辩护攻略》《扰乱市场秩序罪　无罪判例规则与辩护攻略》《故意伤害罪　无罪判例规则与辩护攻略》3本已正式出版。该丛书从6000多个无罪判例中总结出了数百个实体、程序和证据无罪规则，并结合理论与实务作了进一步的辩护攻略总结。

本书即在上述阶段性研究成果的基础上进行的进一步深入研究，以提炼具有实践生命力的无罪裁判规则，并力图揭示各种证据问题如何导致案件最终被判无罪的内在逻辑和理路，从而为律师的有效证据辩护和法官的事实认定提供理论指引和支持。

三、类案检索的历史契机

在本项目研究过程中，最高人民法院于2018年12月4日印发的《关于进一步全面落实司法责任制的实施意见》第9条就明确要求，"健全完善法律统一适用机制。各级人民法院应当在完善类案参考、裁判指引等工作机制基础上，建立类案及关联案件强制检索机制，确保类案裁判标准统一、法律适用统一。存在法律适用争议或者'类案不同判'可能的案件，承办法官应当制作关联案件和类案检索报告，并在合议庭评议或者专业法官会议讨论时说明"。2019年7月20日，在四川省成都市召开的"全国法院贯彻落实政法领域全面深化改革推进会精神专题会议"上，最高人民法院进一步要求，推动建立高级法院审判指导文件和参考性案例备案机制，避免裁判标准的区域性差异，并推行类案及关联案件强制检索制度，确保法律适用统一。2020年7月，最高人民法院又印发了《关于统一法律适用加强类案检索的指导意见（试行）》，对类案检索的适用范围、检索主体及平台、检索范围和方法、类案识别和比对、检索报告或说明、结果运用、法官回应、法律分歧解决、审判案例数据库建设等予以明确规定，从而正式宣告法院系统类案强制检索制度的正式确立。

本项目对无罪裁判证据运用逻辑与规则的提炼和进一步深入研究，与法院系统加强类案检索的目的不谋而合，恰逢其时，项目研究成果完全可以作为法院系统审判实务的参考。而且本项目相对于类案强制检索制度而言有更多的理论价值和实践意义，即可以从无罪判例中总结出法官在实践中对证据规则的具体解释、对证据规则的续造、对适应新情况的实践创新规则和对国外证据规则的创造性引进等，并作进一步的理论提升，以期为我国证据规则的规范化和体系化提供实践经验和理论贡献。

四、已有研究的系统缺失

需要指出的是，尽管我国对无罪判例已有部分研究，但这些研究仍然存在诸多不足。

第一，在论文方面，国内学者主要从程序和实体角度研究无罪裁判，较少针对无罪判决的证据适用问题进行实证研究。笔者曾于2017年初申请该项目时在中国知网上以"无罪判决"为主题词进行检索，截至2016年12月31日共发表相关论文910篇，其中含有"无罪判决"和"证据"的只有145篇，约占总文献量的15.9%，含有"无罪判决"和"实证研究"的只有14篇，约占总文献量的1.5%；进一步以"无罪判决""证据"和"实证研究"为主题词进行检索，则只有5篇，约占总文献量的0.5%。在这仅有的5篇论文中，只有1篇是专门针对"无罪判决证据适用"问题的实证研究。[1]于是，笔者当时在项目申请书中得出了这样的结论——该文仅是对这一问题领域的初步尝试，在广度和深度上都有待扩展：首先，该

---

[1] 参见蔡艺生、李文艺："刑事再审改判无罪案件的证据适用问题实证研究——以近期典型案例为分析样本"，载《北京警察学院学报》2016年第4期。

文仅针对近期11个典型案例，远未扩展至对整个中国裁判文书网案例的统计分析；其次，该文仅讨论了再审改判无罪的案件，并未涉及一审、二审直接判决无罪的案件；最后，也最为重要的是，由于分析案例有限，该文并未对实践中的证据无罪逻辑和判例规则进行有效的理论总结、梳理和提升。

2021年初，即本项目准备结项时，笔者再次在中国知网上进行了同样的检索，但所得数据与之前相比存在明显差异：仍以"无罪判决"为主题词进行检索，截至2020年12月31日共发表相关论文900篇，比上次检索的910篇少了10篇；其中含有"无罪判决"和"证据"的却有526篇，比上次检索的145篇多了381篇；含有"无罪判决"和"实证研究"的有53篇，比上次检索的14篇多了39篇；进一步以"无罪判决""证据"和"实证研究"为主题词进行检索，则有43篇，比上次检索的5篇多了38篇。

笔者百思不得其解，为何出现这样的结果。后来经友人提醒才发现中国知网这几年经历过改版，数据库设置有变动，无法将此次检索结果与之前的检索结果进行比较。于是只能在现有的中国知网数据库中分别设置检索时间段，才能看出论文研究的变化趋势。经过一番检索统计，得出了如表1-1所示的无罪判决证据适用研究检索情况对比。从表1-1中可以看出，有关无罪判决证据适用问题的研究明显增多，但仔细阅读这些论文的题目、摘要和关键词等，就会发现这些论文具体的研究路径基本都是围绕"寻找无罪判决率低和错案频频发生的证据原因，以及如何从证据视角防范错案发生"进行，均未试图从无罪判例中总结梳理无罪裁判的证据逻辑和裁判规则。

表1-1 无罪判决证据适用研究检索情况对比

检索方式（主题词）	截至2016年12月31日	截至2020年12月31日
无罪判决	910篇	900篇
无罪判决+证据	145篇	526篇

续表

检索方式（主题词）	截至2016年12月31日	截至2020年12月31日
无罪证据+实证研究	14篇	53篇
无罪证据+证据+实证研究	5篇	43篇

第二，在专著方面。笔者也曾于2017年初在国家图书馆、京东、当当等网站做过检索，截至2016年12月31日，针对无罪判决这一研究领域，学界已出版了3部著作，即袁小刚著《无罪裁判研究》（人民法院出版社2014年版）、朱平著《无罪判例名案精析》（群众出版社2004年版）及胡云腾主编《宣告无罪实务指南与案例精析》（法律出版社2014年版）。但就内容而言，无罪判决案件的证据运用问题尚未引起这些研究者的足够重视。在上述著作中，第二部主要从实体法的角度研究无罪判决，第一部和第三部则主要从程序和司法体制角度研究无罪判决，仅对无罪判决的证据适用问题略有涉及。总之，上述研究成果为本课题的研究提供了较好基础，然而，基于统计分析等定量方法，对无罪判决案件证据适用的实证研究还有待进一步深入拓展。

同样地，2021年初本项目准备结项时，笔者再次在京东、当当等网站进行检索，截至2020年12月31日，除增加了上文提及的本项目组已经出版的阶段性研究成果9卷本"无罪判例规则与辩护攻略"丛书的其中3本之外，仍然未见对无罪裁判证据适用问题进行系统研究的论著。在本书即将交付出版之前的2023年初，笔者又进行了一次类似的检索，只多了2本由律师撰写的案例集，[1]以及1本金融犯罪无罪判例解析和辩护要点总结的专著，[2]仍然缺乏专门研究无罪判例证据适用问题的专著。

---

[1] 一本是由中国政法大学出版社2021年出版，星火律师经典案例编委会编著的《无罪辩护 星火律师经典案例集》，另一本是由中国政法大学出版社2021年出版，朱明勇主编的《2017年度十大无罪辩护经典案例》。

[2] 参见由法律出版社2022年出版，盈科律师事务所编、刘高著的《无罪的逻辑 金融犯罪无罪判例解析及辩护要点》。

第二节 本书的研究思路与方法

一、本书的研究思路

根据上文的文献综述可知，已有研究的基本路径基本都是围绕"寻找无罪判决率低和错案频频发生的证据原因，以及如何从证据视角防范错案发生"进行，均未试图从无罪判例中总结梳理无罪裁判的证据逻辑和判例规则。因此本书试图弥补已有研究的这一缺憾。具体而言，本书将从横向和纵向两个视角来审视无罪裁判的证据逻辑和判例规则。

在横向视角方面，锚定司法证明过程，我们可以将证据逻辑分为以证据能力（可采性）为中心的静态逻辑和以证明力（推论链条）为中心的动态逻辑。相应地，在无罪裁判中的证据逻辑也就可以分为以证据能力（可采性）为中心的静态证据无罪逻辑和以证明力（推论链条）为中心的动态证据无罪逻辑。其中，本书的第四章证据不具有关联性、第五章证据不具有真实性和第六章证据不具有合法性，即属于以证据能力（可采性）为中心的静态证据无罪逻辑。而以证明力（推论链条）为中心的动态证据无罪逻辑，则由本书第七章证据缺失与孤证不能定案、第八章证据证明力不足、第九章证据矛盾与不符合常理和第十章涉其他证据情形的无罪逻辑组成。

在纵向视角方面，本书主要关注法官在无罪判例中对证据规则形成的创造性程度。根据法官的创造性程度不同，将无罪判例证据规则分为四大类：一是规则解释，即无罪判决对现有证据规则的解释适用；二是法官续造，即法官在无罪判决中对现有证据规则的突破或续造；三是实践创新，即体现在无罪判决中基于实践智慧产生的证据潜规则；四是比较视野，即无罪判决中对域外证据规则的援引和借鉴。

因此，本书的结构大致可以分为三部分：第一部分是前三章，可以视为本书的总论，第一章主要是引出问题和文献综述，以及介绍本书的研究思路、主要框架和研究方法,第二章是对无罪裁判总体情况的分析介绍,第三章是对无罪裁判证据逻辑的类型化分析,为本书的主体部分奠定相应的理论基础。第二部分是第四章至第六章,即以证据能力(可采性)为中心的静态证据无罪逻辑,分别从无罪判例中总结有关相关性、真实性和合法性的证据逻辑和判例规则,并分析实践中这些证据逻辑在运行中存在的困境,并寻找完善改进的路径。第三部分是第七章至第十章,即以证明力(推论链条)为中心的动态证据无罪逻辑,分别从证据缺失与孤证不能定案、证据证明力不足、证据矛盾与不符合常理和涉其他证据情形的无罪逻辑等方面,从无罪判例中总结相关的证据逻辑和判例规则,并在类型化分析的基础上,反思这些实践中的证据逻辑和判例规则在运行中遇到的困境,以及它们的改革完善路径。

二、本书的研究方法

国外学者们已经运用定量分析方法对证据法的相关领域进行了初步研究。例如,汉斯·采泽尔和戴维·凯在《用数字证明 法律和诉讼中的实证方法》(黄向阳译,中国人民大学出版社 2008 年版)一书中对如何运用统计方法证明案件事实进行了细致研究;里德·黑斯蒂在《陪审员的内心世界 陪审员裁决过程的心理分析》(刘威、李恒译,北京大学出版社 2006 年版)一书中运用各种数学模型对陪审团如何认定案件事实、如何作出裁决的心理进行了细致分析;理查德·A.波斯纳在《证据法的经济分析》(徐昕、徐昀译,中国法制出版社 2004 年版)一书中运用经济分析方法对证据法进行了系统分析;波士顿大学法学院编辑出版的《证据法中的盖然性和推定:贝叶斯主义的运用及其局限》一书则运用贝叶斯理论,即以主观性为特征的数学概率理论对证明责任、证明标准等问题的探讨;[1]等等。

---

[1] 转引自[美]理查德·A.波斯纳:《证据法的经济分析》,徐昕、徐昀译,中国法制出版社 2004 年版,序言。

由此不难看出，定量分析方法尤其是统计分析方法的引入，极大地拓宽了证据法学的研究视域。将"统计分析"这一定量研究方法引入证据法学研究，既有理论意义又具实践价值。理论意义在于，定性分析方法一般基于经验与逻辑，具有难以克服的局限，如过于粗糙、主观和抽象等。而统计分析方法的运用则彰显了研究的细致、客观和具体，从而可以弥补上述缺陷，得出单纯依赖定性分析难以得到的重要结论，甚至可能带来证据法学理论方面的创新。实践价值在于，通过统计分析的方法，我们可以更为精确地发现和研究中国无罪判决证据适用实践中存在的"真问题"。

本书也试图将上述统计分析方法引入无罪裁判证据适用这一重要的微观领域，试图突破只侧重制度研究和规范分析的学术研究传统，力争用真实无罪判决案件说话，用统计数据说话，并透过个案的证据分析与应用，对证据分析方法、推理模式和适用规则进行类型化总结和深入分析。

此外，本书还将运用定性研究与定量研究相结合的方法。对同一事物既可以用定性的方法理解，也可以通过定量的方法描述，两者相互弥补不足。只有当定性与定量分析相结合，才能够既对事物的范围、等级、规模、程度等数量关系进行准确描述，又可以对这种数量关系的特征、性质、价值、功能等进行深入把握。

第二章 无罪裁判的总体情况

本章主要介绍无罪裁判的总体情况,并把影响无罪裁判的各种因素作为变量,分析其对无罪裁判的影响程度。首先在客观方面,一是从案件的生效时间,看某个时间段无罪判决数量的变化,以分析生效时间对无罪判决产生的影响;二是从宣判无罪判决的地域统计分析,看我国无罪判决的分布情况,以及地域因素对无罪判决的影响。其次在案件方面,将无罪裁判的影响因素按照案件细化分析,即按照无罪裁判所适用程序中的法院级别和案件审级等进行统计分析。

本书所有无罪裁判的数据均来源于中国裁判文书网,统计分析时间为2021年2月27日,统计分析数据收集的截止时间为2020年12月31日,具体检索筛选条件为判决结果中包含"无罪"。依照上述方法进行检索,最终获得无罪判例6334个。

第一节 无罪判例的分布情况

一、无罪判例的地域分布

从地域上看,无罪判例分布最多的省(区、市)是云南省(896个)、河北省(578个)、广东省(478个)、湖南省(332个)和四川省(320个)。最少的省(区、市)则是新疆维吾尔自治区高级人民法院生产建设兵团分院(15个)、上海市(40个)、北京市(45个)、海南省(48个)和重庆市(52个)。其中共17个省、自治区和直辖市的无罪判例处于100—300个的区间之内。

第二章 无罪裁判的总体情况

表 2-1 无罪判例的地域分布

		数量（个）	百分比	有效百分比
有效样本	云南省	896	14.15%	14.19%
	河北省	578	9.13%	9.15%
	广东省	478	7.55%	7.57%
	湖南省	332	5.24%	5.26%
	四川省	320	5.05%	5.07%
	吉林省	264	4.17%	4.18%
	陕西省	264	4.17%	4.18%
	广西壮族自治区	232	3.66%	3.67%
	湖北省	231	3.65%	3.66%
	辽宁省	227	3.58%	3.59%
	河南省	219	3.46%	3.47%
	山西省	217	3.43%	3.44%
	甘肃省	195	3.08%	3.09%
	江苏省	193	3.05%	3.06%
	宁夏回族自治区	166	2.62%	2.63%
	安徽省	164	2.59%	2.60%
	山东省	161	2.54%	2.55%
	福建省	157	2.48%	2.49%
	黑龙江省	126	1.99%	2.00%
	江西省	124	1.96%	1.96%
	浙江省	105	1.66%	1.66%
	贵州省	100	1.58%	1.58%
	内蒙古自治区	92	1.45%	1.46%
	新疆维吾尔自治区	90	1.42%	1.43%
	青海省	88	1.39%	1.39%

续表

		数量（个）	百分比	有效百分比
	天津市	73	1.15%	1.16%
	重庆市	52	0.82%	0.82%
	海南省	48	0.76%	0.76%
	北京市	45	0.71%	0.71%
	上海市	40	0.63%	0.63%
	最高人民法院	23	0.36%	0.36%
	新疆维吾尔自治区高级人民法院生产建设兵团分院	15	0.24%	0.24%
	合计	6315	99.70%	100.00%
缺失样本		19	0.30%	
总合计		6334	100.00%	

注：造成缺失样本的原因是法院合并、变更造成不能和标准的法院进行匹配导致地域提取缺失，缺失样本为19份，占总样本的0.30%，根据统计学的规律对总体的研究不造成影响。（因百分比四舍五入取小数点后两位，存在求和不等于百分之百等情况，为正常现象，后文表格同，不再说明）

第二章 无罪裁判的总体情况

图2-1 无罪判例的地域分布 （单位：个）

二、无罪判例的时间分布

从时间上看,无罪判例主要集中于 2015—2019 年,数量均在 1000 个左右。数量较少的年份为 2014 年 705 个和 2020 年 522 个,而 2013 年则数量更少,仅为 108 个,2012 年以前数量均不足 100 个。

表 2-2　无罪判例的时间分布（1997—2020 年）

		数量（个）	百分比	有效百分比
有效样本	1997	1	0.02%	0.02%
	1999	1	0.02%	0.02%
	2003	1	0.02%	0.02%
	2004	4	0.06%	0.06%
	2007	1	0.02%	0.02%
	2008	4	0.06%	0.06%
	2009	2	0.03%	0.03%
	2010	3	0.05%	0.05%
	2011	15	0.24%	0.24%
	2012	31	0.49%	0.49%
	2013	108	1.71%	1.71%
	2014	705	11.13%	11.13%
	2015	952	15.03%	15.03%
	2016	844	13.32%	13.33%
	2017	1107	17.48%	17.48%
	2018	1086	17.15%	17.15%
	2019	946	14.94%	14.94%
	2020	522	8.24%	8.24%
	合计	6333	99.98%	100.00%

续表

	数量（个）	百分比	有效百分比
缺失样本	1	0.02%	
总合计	6334	100.00%	

注：由于中国各级法院的司法裁判文书系统规范化上网始于2014年，因此，目前各级法院在2014年之前作出的司法裁判文书尚未完整系统地予以公开，所以2014年以前的数据误差可能较大。

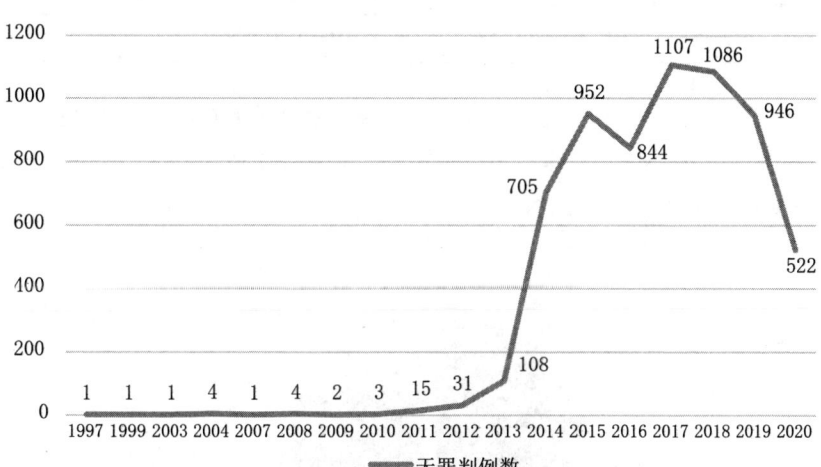

图2-2 无罪判例的时间分布 （单位：个）

三、无罪判例的法院层级分布

从法院层级上看，无罪判例由最高人民法院审理的共有23个，高级人民法院审理的共有281个，中级人民法院审理的共有1629个，基层人民法院审理的共有4393个。

表 2-3　无罪判例的法院层级分布

		数量（个）	百分比	有效百分比
有效样本	最高人民法院	23	0.36%	0.36%
	高级人民法院	281	4.44%	4.44%
	中级人民法院	1629	25.72%	25.75%
	基层人民法院	4393	69.36%	69.44%
	合计	6326	99.87%	100.00%
缺失样本		8	0.13%	
总合计		6334	100.00%	

注：造成缺失样本的原因是法院合并、变更造成不能和标准的法院进行匹配导致法院层级提取缺失，缺失样本为8份，占总样本的0.13%，根据统计学的规律对总体的研究不造成影响。

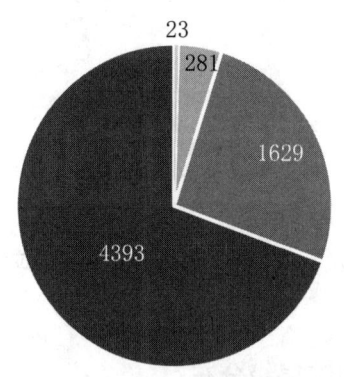

■最高人民法院　■高级人民法院　■中级人民法院　■基层人民法院

图 2-3　无罪判例的法院层级分布　（单位：个）

四、无罪判例的审级分布

从审理程序上看，在6331个无罪判例中，包括一审案件4359个，二审案件1075个，再审案件897个。

第二章 无罪裁判的总体情况

表2-4 无罪判例的审级分布

		数量（个）	百分比	有效百分比
有效样本	刑事一审	4359	68.82%	68.85%
	刑事二审	1075	16.97%	16.98%
	再审	897	14.16%	14.17%
	合计	6331	99.95%	100.00%
缺失样本		3	0.05%	
总合计		6334	100.00%	

注：造成缺失样本的原因为法院合并、变更造成不能和标准的法院进行匹配导致审级提取缺失，缺失样本为3份，占总样本的0.05%，根据统计学的规律对总体的研究不造成影响。

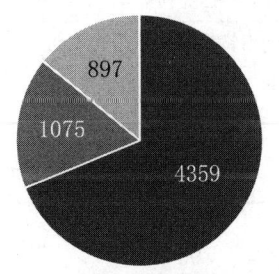

图2-4 无罪裁判的审级分布

五、无罪判例的指控/起诉案由分布

从主要案由上看，无罪判例主要集中于侵犯公民人身权利、民主权利罪（2410个）和侵犯财产罪（1125个）之中。相较而言，渎职罪（281个）和危害公共安全罪（284个）中的无罪判例数量较少。在具体案由上，故意伤害罪无罪判例的数量最多，达到1882个，显著多于其他案由。此外，诈骗罪（292个）、合同诈骗罪（214个）、贪污罪（206个）和侵占罪（203个）的无罪判例数均超过了200个。盗窃罪（187个），玩忽职守罪（155个），职务侵占罪（148个），受贿罪（134个），交通肇事罪（126个），寻衅滋事罪（121个），走私、贩卖、运输、制造毒品罪（111个），滥用职权罪（107个），重婚罪（100个）的无罪判例数均超过了100个。

表2-5 无罪判例的指控/起诉主案由分布

		数量（个）	百分比	有效百分比
有效样本	危害公共安全罪	284	4.48%	4.66%
	渎职罪	281	4.44%	4.61%
	妨害社会管理秩序罪	719	11.35%	11.79%
	贪污贿赂罪	449	7.09%	7.36%
	破坏社会主义市场经济秩序罪	733	11.57%	12.02%
	侵犯财产罪	1125	17.76%	18.45%
	侵犯公民人身权利、民主权利罪	2410	38.05%	39.53%
	1997年10月以前刑事案由或罪名	96	1.52%	1.57%
	合计	6097	96.26%	100.00%
缺失样本		237	3.74%	
总合计		6334	100.00%	

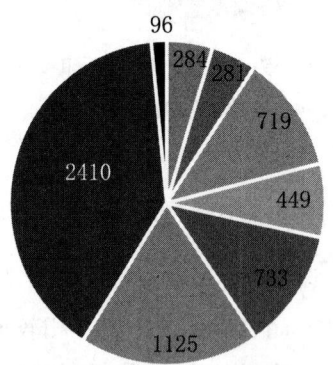

- 危害公共安全罪
- 渎职罪
- 妨害社会管理秩序罪
- 贪污贿赂罪
- 破坏社会主义市场经济秩序罪
- 侵犯财产罪
- 侵犯公民人身权利、民主权利罪
- 1997年10月以前刑事案由或罪名

图2-5 无罪判例的指控/起诉主案由分布 （单位：个）

第二章 无罪裁判的总体情况

表 2-6 无罪判例的指控/起诉具体案由分布

		数量（个）	百分比
有效样本	故意伤害罪	1882	29.51%
	诈骗罪	292	4.58%
	合同诈骗罪	214	3.36%
	贪污罪	206	3.23%
	侵占罪	203	3.18%
	盗窃罪	187	2.93%
	玩忽职守罪	155	2.43%
	职务侵占罪	148	2.32%
	受贿罪	134	2.10%
	交通肇事罪	126	1.98%
	寻衅滋事罪	121	1.90%
	走私、贩卖、运输、制造毒品罪	111	1.74%
	滥用职权罪	107	1.68%
	重婚罪	100	1.57%
	1997年10月以前刑事案由或罪名	96	1.51%
	非法经营罪	92	1.44%
	故意毁坏财物罪	87	1.36%
	挪用公款罪	85	1.33%
	敲诈勒索罪	80	1.25%
	诽谤罪	78	1.22%
	拒不执行判决、裁定罪	68	1.07%
	侮辱罪	62	0.97%
	故意杀人罪	60	0.94%
	抢劫罪	60	0.94%
	危险驾驶罪	57	0.89%

续表

	数量（个）	百分比
骗取贷款、票据承兑、金融票证罪	52	0.82%
非法占用农用地罪	51	0.80%
挪用资金罪	50	0.78%
非法吸收公众存款罪	48	0.75%
单位行贿罪	45	0.71%
非法侵入住宅罪	43	0.67%
遗弃罪	41	0.64%
妨害公务罪	41	0.64%
信用卡诈骗罪	39	0.61%
单位受贿罪	37	0.58%
强奸罪	37	0.58%
过失致人死亡罪	36	0.56%
非法拘禁罪	32	0.50%
虚开增值税专用发票、用于骗取出口退税、抵扣税款发票罪	32	0.50%
非法转让、倒卖土地使用权罪	31	0.49%
掩饰、隐瞒犯罪所得、犯罪所得收益罪	31	0.49%
容留他人吸毒罪	30	0.47%
虚假出资、抽逃出资罪	28	0.44%
聚众斗殴罪	27	0.42%
行贿罪	26	0.41%
非法制造、买卖、运输、邮寄、储存枪支、弹药、爆炸物罪	23	0.36%
拒不支付劳动报酬罪	21	0.33%
生产、销售伪劣产品罪	21	0.33%

续表

	数量（个）	百分比
非法持有毒品罪	20	0.31%
虐待罪	20	0.31%
伪造、变造、买卖国家机关公文、证件、印章罪	19	0.30%
聚众扰乱社会秩序罪	19	0.30%
伪造公司、企业、事业单位、人民团体印章罪	18	0.28%
非法持有、私藏枪支、弹药罪	18	0.28%
非国家工作人员受贿罪	17	0.27%
滥伐林木罪	16	0.25%
破坏生产经营罪	16	0.25%
诬告陷害罪	14	0.22%
假冒注册商标罪	14	0.22%
开设赌场罪	14	0.22%
贷款诈骗罪	14	0.22%
失火罪	13	0.20%
污染环境罪	13	0.20%
生产、销售假药罪	13	0.20%
组织、领导传销活动罪	13	0.20%
窝藏、包庇罪	13	0.20%
销售假冒注册商标的商品罪	12	0.19%
重大责任事故罪	12	0.19%
非法采矿罪	12	0.19%
非法采伐、毁坏国家重点保护植物罪	12	0.19%
虚报注册资本罪	11	0.17%
徇私枉法罪	11	0.17%
放火罪	11	0.17%

续表

		数量（个）	百分比
	非法处置查封、扣押、冻结的财产罪	11	0.17%
	非法收购、运输、出售珍贵、濒危野生动物、珍贵、濒危野生动物制品罪	10	0.16%
	生产、销售有毒、有害食品罪	10	0.16%
	强迫交易罪	10	0.16%
	集资诈骗罪	9	0.14%
	刑讯逼供罪	9	0.14%
	赌博罪	9	0.14%
	妨害作证罪	8	0.13%
	私分国有资产罪	8	0.13%
	对非国家工作人员行贿罪	8	0.13%
	串通投标罪	8	0.13%
	过失致人重伤罪	7	0.11%
	盗伐林木罪	7	0.11%
	逃税罪	7	0.11%
	高利转贷罪	7	0.11%
	组织、利用会道门、邪教组织、利用迷信破坏法律实施罪	7	0.11%
	猥亵儿童罪	7	0.11%
	组织、领导、参加黑社会性质组织罪	7	0.11%
	对单位行贿罪	7	0.11%
	抢夺罪	6	0.09%
	聚众哄抢罪	6	0.09%
	非法行医罪	6	0.09%
	违法发放贷款罪	6	0.09%

续表

	数量（个）	百分比
伪证罪	6	0.09%
侵犯商业秘密罪	5	0.08%
走私普通货物、物品罪	5	0.08%
以危险方法危害公共安全罪	5	0.08%
医疗事故罪	5	0.08%
虚开发票罪	5	0.08%
票据诈骗罪	4	0.06%
绑架罪	4	0.06%
帮助毁灭、伪造证据罪	4	0.06%
生产、销售不符合安全标准的食品罪	4	0.06%
非法进行节育手术罪	4	0.06%
拐卖妇女、儿童罪	4	0.06%
侵犯公民个人信息罪	4	0.06%
组织考试作弊罪	4	0.06%
虚假诉讼罪	4	0.06%
引诱、容留、介绍卖淫罪	4	0.06%
违法发放林木采伐许可证罪	4	0.06%
走私废物罪	4	0.06%
侵犯著作权罪	3	0.05%
非法猎捕、杀害珍贵、濒危野生动物罪	3	0.05%
走私珍贵动物、珍贵动物制品罪	3	0.05%
工程重大安全事故罪	3	0.05%
保险诈骗罪	3	0.05%
破坏电力设备罪	3	0.05%
生产、销售伪劣农药、兽药、化肥、种子罪	3	0.05%

续表

	数量（个）	百分比
国有公司、企业、事业单位人员失职罪	3	0.05%
提供虚假证明文件罪	3	0.05%
强制猥亵、侮辱罪	3	0.05%
暴力干涉婚姻自由罪	3	0.05%
非法种植毒品原植物罪	3	0.05%
介绍贿赂罪	3	0.05%
偷税罪	2	0.03%
执行判决、裁定失职罪	2	0.03%
徇私舞弊不移交刑事案件罪	2	0.03%
抢劫枪支、弹药、爆炸物、危险物质罪	2	0.03%
强制猥亵、侮辱妇女罪	2	0.03%
非法买卖制毒物品罪	2	0.03%
洗钱罪	2	0.03%
非法集会、游行、示威罪	2	0.03%
投放危险物质罪	2	0.03%
爆炸罪	2	0.03%
骗取出口退税罪	2	0.03%
非法搜查罪	2	0.03%
非法收购、运输、加工、出售国家重点保护植物、国家重点保护植物制品罪	2	0.03%
协助组织卖淫罪	2	0.03%
枉法裁判罪	2	0.03%
执行判决、裁定滥用职权罪	2	0.03%
聚众冲击国家机关罪	1	0.02%
危险物品肇事罪	1	0.02%

第二章 无罪裁判的总体情况

续表

	数量（个）	百分比
破坏广播电视设施、公用电信设施罪	1	0.02%
伪造、变造居民身份证罪	1	0.02%
招摇撞骗罪	1	0.02%
聚众扰乱公共场所秩序、交通秩序罪	1	0.02%
生产、销售不符合安全标准的产品罪	1	0.02%
国有公司、企业、事业单位人员滥用职权罪	1	0.02%
破坏交通设施罪	1	0.02%
非法制造、买卖、运输、储存危险物质罪	1	0.02%
重大劳动安全事故罪	1	0.02%
教育设施重大安全事故罪	1	0.02%
不报、谎报安全事故罪	1	0.02%
走私国家禁止进出口的货物、物品罪	1	0.02%
走私淫秽物品罪	1	0.02%
隐匿、故意销毁会计资料罪	1	0.02%
非法经营同类营业罪	1	0.02%
擅自设立金融机构罪	1	0.02%
伪造、变造金融票证罪	1	0.02%
妨害信用卡管理罪	1	0.02%
伪造、变造国家有价证券罪	1	0.02%
内幕交易、泄露内幕信息罪	1	0.02%
用账外客户资金非法拆借、发放贷款罪	1	0.02%
违规出具金融票证罪	1	0.02%
信用证诈骗罪	1	0.02%
奸淫幼女罪	1	0.02%
侵犯通信自由罪	1	0.02%

续表

		数量（个）	百分比
	破坏选举罪	1	0.02%
	组织未成年人进行违反治安管理活动罪	1	0.02%
	盗窃、抢夺、毁灭国家机关公文、证件、印章罪	1	0.02%
	伪造、变造、买卖身份证件罪	1	0.02%
	非法生产、买卖警用装备罪	1	0.02%
	破坏计算机信息系统罪	1	0.02%
	扰乱无线电通讯管理秩序罪	1	0.02%
	扰乱国家机关工作秩序罪	1	0.02%
	引诱未成年人聚众淫乱罪	1	0.02%
	辩护人、诉讼代理人毁灭证据、伪造证据、妨害作证罪	1	0.02%
	破坏监管秩序罪	1	0.02%
	脱逃罪	1	0.02%
	妨害文物管理罪	1	0.02%
	非法狩猎罪	1	0.02%
	窝藏、转移、隐瞒毒品、毒赃物罪	1	0.02%
	组织卖淫罪	1	0.02%
	强迫卖淫罪	1	0.02%
	制作、复制、出版、贩卖、传播淫秽物品牟利罪	1	0.02%
	私分罚没资产罪	1	0.02%
	徇私舞弊减刑、假释、暂予监外执行罪	1	0.02%
	动植物检疫徇私舞弊罪	1	0.02%
	为亲友非法牟利罪	1	0.02%
	放纵制售伪劣商品犯罪行为罪	1	0.02%
合计		6378	100.00%

注：一个案件可能有多个案由，因此，其合计数量超过案件总量。

第二章 无罪裁判的总体情况

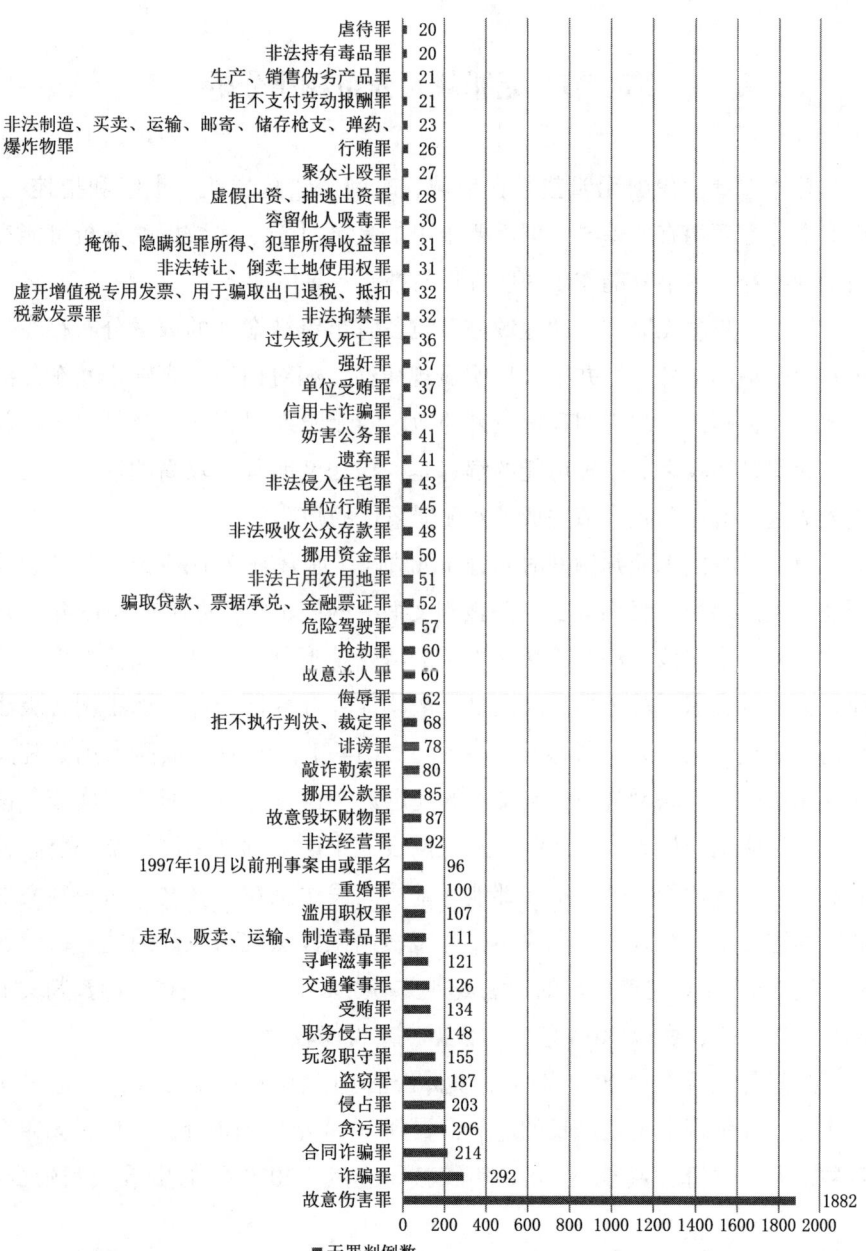

图 2-6 无罪判例的指控/起诉具体案由前 50 名分布 （单位：个）

第二节　无罪裁判分布规律分析

总体来看，我国无罪裁判在地域、时间、法院层级、审级和指控/起诉案由等方面均有所差异。但需要指出的是，对于一些数据的分析可能有很多种解释，本书只能作出一些分析与推测，具体如下。

第一，我国无罪判例的地域分布与各省市审结案件的数量分布存在一定差异，整体案件分布并未呈现明显规律性。相对而言，直辖市及东部沿海地区，特别是司法文明程度较高的地区的无罪判例数量更少，[1]中西部地区无罪判例较多。一种可能的解释是，司法文明程度较高的地区在案件进入法庭前就在前置环节完成了对无罪案件的筛选。

第二，我国无罪判例的时间分布或许与中国裁判文书网2013年才正式开通有关，因为《最高人民法院裁判文书上网公布暂行办法》2013年7月正式实施。依据该办法，除法律规定的特殊情形外，最高人民法院发生法律效力的判决书、裁定书、决定书一般均应在互联网公布。而中国各级法院的司法裁判文书系统规范化上网始于2014年，因为《最高人民法院关于人民法院在互联网公布裁判文书的规定》2014年1月1日正式实施。该司法解释明确，最高人民法院在互联网设立中国裁判文书网，统一公布各级法院的生效裁判文书；中西部地区基层人民法院在互联网公布裁判文书的时间进度由高级人民法院决定，并报最高人民法院备案。因此，目前各级法院在2014年之前作出的司法裁判文书尚未系统完整地在中国裁判文书网上予以公开，所以2014年前的数据误差可能较大。

从趋势上看，自2012年《刑事诉讼法》[2]修正后，无罪案件数量明显增多，并呈现出迅猛增长的趋势，直到2018年达到顶峰。此后，无罪案件数量开始下降，甚至在2020年骤减。当然，2020年的生效裁判较少，

---

[1] 参见张保生等：《中国司法文明指数报告2019》，中国政法大学出版社2020年版，第39页。

[2] 为表述方便，本书中涉及的我国法律法规直接使用简称，省去"中华人民共和国"字样，例如《中华人民共和国刑事诉讼法》简称为《刑事诉讼法》，全书统一，不再说明。

或许与裁判文书的上网时间延迟有关。因为本书的统计分析时间为2021年2月27日，统计分析数据收集的截止时间为2020年12月31日，在统计时估计还有诸多在此之前生效的裁判文书尚未上传到中国裁判文书网上。

第三，我国无罪判例的法院层级分布多以基层人民法院审理为主，这基本符合我国审结案件数量的法院层级分布规律。

第四，我国无罪判例的审级分布多以一审案件为主，这基本符合我国审结案件数量的审级分布规律。

第五，我国无罪判例的指控/起诉案由分布基本符合我国审结案件数量的案由分布规律，但也有个别案由较为突出，例如故意伤害罪无罪判例数量比例极大，这或许与故意伤害罪有大量的自诉案件有关。此外，重婚罪虽然整体审结案件数量不多，但无罪案件数量却较高，这或许与重婚罪的证明难题有关。

第三章 无罪裁判的证据逻辑类型

第一节 基于证据属性层次性对横向
证据逻辑体系的修正[1]

我国证据属性研究曾有四次比较大的争议：一是证据是否具有阶级性。在以"阶级斗争为纲"的20世纪60年代，证据法学界就围绕着证据是否具有阶级性展开过一场激烈的争论。[2]一部分学者认为证据不具有阶级性，[3]另一部分学者认为证据具有阶级性。[4]改革开放以后，随着"实践是检验真理的唯一标准"大讨论的展开，以及"以经济建设为中心"路线逐渐取代"以阶级斗争为纲"路线，在1981年就有学者对证据具有阶级性的观点进行了系统的批判和清算，[5]之后证据具有阶级性的观点就

---

[1] 本节原载《法学研究》2021年第2期，本书出版时做了部分修改。

[2] 关于这场争论的综述，参见崔敏："刑事证据理论研究综述（第一部分）《刑事证据的理论与实践》课题组研究成果之一"，载《公安大学学报》1988年第6期。

[3] 参见田静仁："关于刑事诉讼证据的客观性和阶级性问题"，载《政法研究》1964年第2期；戴福康："证据本身是没有阶级性的"，载《政法研究》1964年第3期；凌相权："两点意见"，载《政法研究》1964年第3期；陆研："谈谈刑事诉讼证据有无阶级性的问题"，载《政法研究》1964年第4期；王净："关于刑事诉讼证据理论几个问题的商榷"，载《政法研究》1964年第4期。

[4] 参见张绥平："关于刑事诉讼证据理论的几个问题的探讨"，载《政法研究》1964年第1期；前进："谈谈刑事诉讼证据的阶级性"，载《政法研究》1964年第3期；孙兴起："有无阶级性要区别看待"，载《政法研究》1964年第3期；戴福康："刑事诉讼证据为什么具有阶级性"，载《政法研究》1964年第4期。

[5] 参见戴福康："刑事诉讼证据有没有阶级性？"，载《复印报刊资料（法律）》1981年第10期。有趣的是，戴福康的观点前后经历了"否定—肯定—否定"的三个阶段，颇有"否定之否定"的哲学意味。20世纪60年代，他先是反对证据具有阶级性（参见戴福康："证据本身是没

逐渐被人们摒弃，故本书不再讨论证据的阶级性问题。二是证据是否具有客观性。1966 年以前，围绕证据属性的争论焦点主要集中在证据是否具有客观性，以及是否具有阶级性。[1]尽管 1981 年之后，阶级性观点逐渐被摒弃，但学界对其客观性一直争论不休，到 21 世纪后仍然争议不断。[2]三是关于证据是否具有合法性或法律性的争议，主要在两性说与三性说之间展开，两性说不承认证据具有合法性，三性说则赞同证据具有合法性。[3]四是随着研究的不断深入，进入 21 世纪后学界又提出应从证据属性研究转向证据能力和证明力研究。[4]

证据属性研究在 21 世纪沉寂一段时间后，近来又有重回争论热点之势，尤以张保生教授与何家弘教授的隔空商榷为标志。张保生教授主张证

（接上页）有阶级性的"，载《政法研究》1964 年第 3 期），但随后又很快发表文章公开声明放弃原来的观点，反过来论证刑事证据应当具有阶级性（参见戴福康："刑事诉讼证据为什么具有阶级性"，载《政法研究》1964 年第 4 期）。到了 20 世纪 80 年代，他又撰文论证刑事证据不具有阶级性（参见戴福康："刑事诉讼证据有没有阶级性？"，载《复印报刊资料（法律）》1981 年第 10 期）。这个有趣的现象是被阳平博士再次挖掘出来的（参见阳平："从客观性到相关性：中国证据法学四十年回顾与展望"，载《浙江工商大学学报》2018 年第 6 期），最早是由崔敏总结发现出来的（参见崔敏："刑事证据理论研究综述（第一部分）《刑事证据的理论与实践》课题组研究成果之一"，载《公安大学学报》1988 年第 6 期）。

〔1〕参见崔敏主编：《刑事证据理论研究综述 《刑事证据的理论与实践》课题组研究成果之一》，中国人民公安大学出版社 1990 年版，第 14—20 页。

〔2〕参见张晋红、易萍："证据的客观性特征质疑"，载《法律科学（西北政法学院学报）》2001 年第 4 期；张弢、王小林："诉讼证据客观性的理性定位：与绝对肯定说、否定说和统一体说商榷"，载《现代法学》2002 年第 3 期；熊志海："论证据的本质"，载《现代法学杂志》2002 年第 4 期；周千淇："证据客观性的重新解读"，载《法律适用》2015 年第 5 期；阳平："从客观性到相关性：中国证据法学四十年回顾与展望"，载《浙江工商大学学报》2018 年第 6 期；张保生、阳平："证据客观性批判"，载《清华法学》2019 年第 6 期；何家弘、马丽莎："证据'属性'的学理重述——兼与张保生教授商榷"，载《清华法学》2020 年第 4 期。

〔3〕"持两性说者认为，证据具有客观性与相关性两种属性，它们是证据的本质属性；持三性说者则认为，证据具有客观性、相关性和法律性三种属性，法律性是将诉讼证据与一般证据区分开来的基本属性。"卞建林主编：《证据法学》，中国政法大学出版社 2000 年版，第 78 页。

〔4〕参见陈瑞华："关于证据法基本概念的一些思考"，载《中国刑事法杂志》2013 年第 3 期；李勇："重视证据能力与证明力之证据判断功能"，载《检察日报》2017 年 12 月 31 日，第 3 版；陈卫东、谢佑平主编：《证据法学》，复旦大学出版社 2009 年版，第 51 页；占善刚、刘显鹏：《证据法论》，武汉大学出版社 2009 年版，第 27 页；易延友：《证据法学》，法律出版社 2017 年版，第 12 页。

据属性"是证据法学的'本体论'问题，是构建证据制度的理论基础",[1]并极力批判证据客观性，认为相关性才是证据的根本属性。[2]何家弘教授则认为证据属性已成为"伪命题"和"废矿区"，"我们应该从证据属性问题的研究转向证据的审查认定标准的研究"。[3]双方最大的争议在于证据属性问题是否还值得进一步研究。本书即针对此问题，从证据属性的类型化出发，以要素论和结构论、认识论和价值论的区分为基础，提出证据属性层次论。

一、证据属性的类型化

张保生教授和阳平博士仔细梳理了证据属性学说的发展史，[4]对54部主流的证据法学教材中关于证据属性（或特征）的各种学说作了横向整体统计，分为老三性说、两性说、新三性说、四性说等，见表3-1。[5]

表3-1 证据法学教材中关于证据属性（或特征）的各种学说

学说类型	属性内容	教材部（版）数（个）
老三性说	客观性、关联性、合法性	28
	客观性、关联性、可采性	4
两性说	客观性、关联性	3
	证据能力、证明力	4
	关联性、适格性	2

---

[1] 张保生、常林：《中国证据法治发展的轨迹：1978—2014》，中国政法大学出版社2016年版，第282页。

[2] 参见张保生、阳平："证据客观性批判"，载《清华法学》2019年第6期。

[3] 何家弘："证据'属性'的学理重述——兼与张保生教授商榷"，载《清华法学》2020年第4期。

[4] 参见阳平："从客观性到相关性：中国证据法学四十年回顾与展望"，载《浙江工商大学学报》2018年第6期。

[5] 参见张保生、阳平："证据客观性批判"，载《清华法学》2019年第6期。

第三章　无罪裁判的证据逻辑类型

续表

学说类型	属性内容	教材部（版）数（个）
新三性说	证据能力、证明力、证据的客观性与主观性	2
	真实性、关联性、合法性	1
	真实性、关联性、可采性	1
	关联性、客观性、合法性	3
	相关性、可采性或证据能力、证明力	2
四性说	客观性、主观性、证明性、法律性	1
	关联性、可采性、证据能力、证明力	1
	相关性、可采性或证据能力、证明力、可信性	2

如果对这些学说中提到的所有证据属性（或特征）作进一步的纵向类型化分析，可以大致将它们分为以下五类，见表3-2。

表3-2　证据法学教材中关于证据属性（或特征）的类型

属性含义	属性内容
证据是否具有证明作用	关联性、相关性、证明性
证据是否真实可信	真实性、客观性（主观性）、可信性
证据是否符合法律所规定的要求	合法性、法律性
证据准入资格	证据能力、可采性、适格性
证据的证明作用大小或程度	证明力

第一类是关于证据是否具有证明作用的属性，主要有三种表述：关联性、相关性、证明性。关联性是中国证据属性的传统表述之一，[1]相关性

---

[1]　最早明确使用"关联性"一词的司法解释是2001年的《最高人民法院关于民事诉讼证据的若干规定》第66条："审判人员对案件的全部证据，应当从各证据与案件事实的关联程度、各证据之间的联系等方面进行综合审查判断。"2002年的《最高人民法院关于行政诉讼证据若干问题的规定》第54条规定："法庭应当对经过庭审质证的证据和无需质证的证据进行逐一审查和对全部证据综合审查，……确定证据材料与案件事实之间的证明关系，排除不具有关联性的证据材

则译自英美法系，[1]但二者实质上是一致的，只是表述稍有差异而已。证明性源自对我国2018年《刑事诉讼法》第50条证据概念的解析，"可以用于证明案件事实的材料，都是证据"。但这里的"用于证明"的证明作用（证明性）只是与《美国联邦证据规则》规则401（a）中的"证明性"相同，而与规则401（b）中的"实质性"有很大差距，后者指对待证要件事实的证明性。《美国联邦证据规则》规则401规定，"如果证据具有使对确定诉讼具有重要意义的事实更有可能或者更不可能的任何趋向性，则该证据具有相关性"。根据该定义，相关性实际上包含了两层关系，一是证据与事实主张的证明性，二是事实主张对审判的实质性，也即事实主张必须对确定诉讼具有重要意义。由此可见，完整的关联性（相关性）应等于证明性加实质性，即证据对待证要件事实的证明性。鉴于关联性和相关性已是规范性文件和学术研究的通常表述，关于证据对待证要件事实是否具有证明作用的属性，宜用关联性或相关性来表达，下文会结合语境交替使用这两个词汇。

第二类是关于证据是否真实可信的属性，也有三种表述：客观性、真实性（主观性）、可信性。客观性是中国证据属性的传统表述之一，主要受苏联"客观真实"学说和"实事求是"政治思想路线的影响，[2]但客观性学说存在客观性与主观性之谬，混淆了本体论问题与认识论问题，将证据与事实混为一谈，没有认识到事实认定的盖然性特点等问题。[3]而真

（接上页）料，准确认定案件事实。"对证据相关性的一个相对完整的表述，是2012年《刑事诉讼法》第48条（现为2018年《刑事诉讼法》第50条），即"可以用于证明案件事实的材料，都是证据"，这被认为是中国式证据相关性定义。

[1] 《证据的相关性》一文较早向国内介绍了证据"相关性"概念。参见［美］格雷厄姆·利利："证据的相关性"，蒋恩慈摘译，陈光中校，载《环球法律评论》1984年第2期。

[2] 中华人民共和国成立初期，随着我国学界对苏联刑事诉讼法、证据法教材的译介，"客观真实"原则和证据"事实说"传播到中国，并俨然成为"我国证据制度的灵魂"。参见阳平："从客观性到相关性：中国证据法学四十年回顾与展望"，载《浙江工商大学学报》2018年第6期；张保生、阳平："证据客观性批判"，载《清华法学》2019年第6期。

[3] 参见阳平："从客观性到相关性：中国证据法学四十年回顾与展望"，载《浙江工商大学学报》2018年第6期；张保生、阳平："证据客观性批判"，载《清华法学》2019年第6期。

实性更多是一个认识论概念。按照逻辑实证主义的观点,"真理"就是"符合事实",[1]就是主观与客观的相符。舒炜光教授甚至认为:"主体和客体发生作用的结果,达到主观和客观的符合度占百分之五十以上,这种认识就具有真理性质。"故在事实认定领域应用体现认识论的"真实性"来替代"客观性"和"主观性",[2]所谓真实性即主观与客观相符的属性。而且我国现行《刑事诉讼法》、主要司法解释、部门规章和部门规范性文件的具体条文中也均未使用"客观性"一词,而是采用"真实性"的表述,见表3-3。可信性是英美法系中的概念,主要指证据本身及其来源是否可信,[3]对言词证据一般用"可信性"一词,如证人证言是否可信;对实物证据一般用"可靠性",如物证是否可靠。[4]从实质上讲,可信性其实就是指证据是否真实可信、是否真实可靠,如表3-3所示,我国法律中也常常用真实性来表达可信性。[5]但"真实性"从中文语境来讲,暗含"非真即假"之意,并不能很好地表达证据真实可信的程度,而"可信性"更能表达真实可信的程度。因此,从理论上讲,笔者更倾向于用"可信性"来表述证据的真实可信问题,但考虑到我国相关规范性文件更习惯用"真实性",后文如无特别说明,将根据不同语境交替使用二者。

---

[1] 参见[英]卡尔·波普尔:《猜想与反驳——科学知识的增长》,傅季重等译,上海译文出版社1986年版,第325页。

[2] 何家弘教授也持类似观点,认为应用"真实性"代替"客观性",参见何家弘、马丽莎:"证据'属性'的学理重述——兼与张保生教授商榷",载《清华法学》2020年第4期。

[3] 这里的证据本身既包括证据的载体也包括证据的内容,参见[美]特伦斯·安德森、戴维·舒姆、[英]威廉·特文宁:《证据分析》,张保生等译,中国人民大学出版社2012年版,第84-88页。

[4] 参见张保生主编:《证据法学》,中国政法大学出版社2018年版,第28页。

[5] 参见张保生主编:《证据法学》,中国政法大学出版社2018年版,第295页。

表3-3 现行《刑事诉讼法》、主要司法解释、部门规章和部门规范性文件中的"客观性"和"真实性"用词统计对比

序号	法律、主要司法解释、部门规章和部门规范性文件	客观性 出现次数（次）	客观性 具体内容	真实性 出现次数（次）	真实性 具体内容
1	《刑事诉讼法》	0	无	1	第190条第2款："……审查……认罪认罚具结书内容的真实性……"
2	《最高人民法院关于适用〈中华人民共和国刑事诉讼法〉的解释》	0	无	10	第74条："……导致有关证据的真实性无法确认的，不得作为定案的根据。" 第77条第1款："……材料来源不明或者真实性无法确认的，不得作为定案的根据。" 第91条第3款："……法庭对其证言的真实性无法确认的，该证人证言不得作为定案的根据。" 第105条："……（六）违反有关规定，不能确定辨认笔录真实性的其他情形。" 第114条："……（二）有增加、删除、修改等情形，影响电子数据真实性的；（三）其他无法保证电子数据真实性的情形。" 第139条第1款："对证据的真实性，应当综合全案证据进行审查。" 第249条第2款："控辩双方对……证据真实性……有异议……" 第351条："……认罪认罚具结书内容的真实性……" 第372条："……核实具结书签署的……真实性……"
3	《人民检察院刑事诉讼规则》	0	无	2	第75条第1款："……对……犯罪嫌疑人、被告人供述的真实性进行审查……" 第263条第3款："……对……讯问笔录真实性等产生疑问的……"

续表

序号	法律、主要司法解释、部门规章和部门规范性文件	客观性 出现次数（次）	具体内容	真实性 出现次数（次）	具体内容
4	《公安机关办理刑事案件程序规定》	0	无	1	第192条："……对收集、调取的证据材料的真实性……予以审查、核实。"
5	《关于办理刑事案件收集提取和审查判断电子数据若干问题的规定》	0	无	3	第2条："……应当围绕真实性……审查判断电子数据。" 第28条："……（二）电子数据有增加、删除、修改等情形，影响电子数据真实性的；（三）其他无法保证电子数据真实性的情形。"
6	《公安机关办理刑事案件电子数据取证规则》	0	无	2	第46条第2款："……可能影响证据真实性……" 第58条第1款："……并对报告的真实性……负责。"
7	《人民法院办理刑事案件庭前会议规程（试行）》	0	无	1	第21条："……人民法院核实被告人认罪的……真实性后……"
8	《人民法院办理刑事案件第一审普通程序法庭调查规程（试行）》	0	无	7	第7条第1款："……应当核实被告人认罪的……真实性……" 第11条第3款："……法庭核实被告人认罪的……真实性……" 第13条第3款："控辩双方对……证据真实性……有异议，……" 第25条第2款："为核实……证据真实性等问题……" 第45条第1款："……从……证据自身的真实性程度等方面，综合判断证据能否作为定案的根据。" 第47条："收集证据的程序、方式不符合法律规定，严重影响证据真实性的……" 第48条第1款："证人没有出庭作证，其庭前证言真实性无法确认的，不得作为定案的根据。"

续表

序号	法律、主要司法解释、部门规章和部门规范性文件	客观性		真实性	
		出现次数（次）	具体内容	出现次数（次）	具体内容
9	《关于办理死刑案件审查判断证据若干问题的规定》	0	无	4	第26条第2款："……勘验、检查人员违反回避规定的等情形，应当结合案件其他证据，审查其真实性和关联性。" 第27条第3款："对视听资料，应当结合案件其他证据，审查其真实性……" 第29条第3款："对电子证据，应当结合案件其他证据，审查其真实性……" 第30条第1款："……不能确定其真实性的，辨认结果不能作为定案的根据……"

第三类是关于证据是否符合法律所规定的要求的属性，主要有两种表述：合法性和法律性。二者没有显著差别，均代表法律关于证据的特别评价，主要指取证的合法性，但也涉及广义合法性所包含的合伦理性（如近亲属作证特免权规则）、合效率性（如《美国联邦证据规则》规则403[1]）和合政策性（如不得用以证明过错或责任的证据规则）等，即公正、人权、和谐和效率等方面的法律要求。从证据规则的角度讲，相对于法律性，合法性更符合其本质特征，即证据必须符合法律所规定的要求，否则不可采或不具有证据能力。

第四类是关于证据准入资格的属性，主要有三种表述：证据能力、可采性、适格性。证据能力是大陆法系的表述，已被学术界和实务界普遍接

---

[1]《美国联邦证据规则》规则403（因损害、混淆、浪费时间或者其他原因而排除相关证据）规定："如果相关证据的证明价值为以下一个或者多个危险所严重超过，则法院可以排除该证据：不公平损害、混淆争点或者误导陪审团、不当拖延、浪费时间或者不必要地出示重复证据。"

受;可采性是英美法系的概念,近年来也逐渐被学术界和实务界接受。二者本质上没有区别,均指证据的适格性,是法律拟制的证据准入资格,只是在表述和适用程序上有两点差异:(1)需要排除的证据,在大陆法系被称为"不具有证据能力"或"缺乏证据能力",在英美法系被称为"不具有可采性"或"不可采性"(inadmissibility);〔1〕(2)大陆法系的证据能力规则主要适用于严格证明,英美法系的可采性规则则没有此限制。〔2〕鉴于证据能力和可采性已在实务界和学术界使用,因此后文将结合语境交替使用这两个词。

第五类是关于证据的证明作用大小或程度的属性,是唯一表述较为统一的属性,即"证明力"。〔3〕不管是大陆法系还是英美法系均使用这一词汇,但有时也会有与之类似的不同表述,比如《美国联邦证据规则》规则403中的"证明价值"(probative value)等,但在实质意义上并无不同,均指证据对待证要件事实的证明作用大小或程度。

在我国已有的各种学说中,学者们总是将上述五种证据属性类型进行各种混搭,导致了理解上的混乱。究其根本原因,各种学说都是一种二维平面式思维,未认识到证据属性具有层次性,〔4〕因此大家基本上都是各说各话。为进一步厘清各方争论的实质,必须对上述五类证据属性的层次性

---

〔1〕 参见张保生主编:《证据法学》,中国政法大学出版社2018年版,第23页。

〔2〕 参见卞建林主编:《证据法学》,中国政法大学出版社2007年版,第59页。

〔3〕 证明力在英文中主要有两种表述:probative force 和 weight of evidence。前者主要是指单个证据的证明力,后者指的是与对方的证据进行比较后,己方证据在总体上具有的证明力。参见王进喜:《美国〈联邦证据规则〉(2011年重塑版)条解》,中国法制出版社2012年版,第26页。

〔4〕 根据笔者的详细检索与查阅,目前尚未发现英文文献中有关于证据属性层次性的研究,这可能是因为英美法系主要以程序结构进程为主来架构证据法。在中文文献中有论及层次性的论文,但主要是针对证据在诉讼过程中所展现的层次性,而未论及证据属性的层次性(参见金彭年、王若青:"关于证据定义、属性及层次分类的法理思考",载《浙江社会科学》2005年第3期)。其中只有一篇论及了"证据属性层次理论"(参见栗明:"民事诉讼测谎意见证据地位的实证考察与理论反思——以北大法宝188份民事判决书为分析样本",载《河北法学》2018年第5期),虽然作者指出了传统三性(关联性、真实性和合法性)具有并列性,并提到英美法系和大陆法系国家"对证据属性的描述重在从动态上考察证据对程序的作用或影响,并对此进行价值评断后来设定证据的条件",但是作者并未进一步准确揭示传统三性与英美法系和大陆法系的"证据能力""可采性""证明力"的关系。

作系统梳理。从比较法、立法和司法实践等角度看，我国已经形成了四套关于证据属性的主流话语体系：一是传统的三个基本属性，关联性、真实性和合法性；二是大陆法系的证据能力和证明力；三是英美法系的可采性和证明力；[1]四是我国立法和司法实践中逐渐形成的证据资格、定案根据资格和证明力。[2]对此，本书将基于对要素论与结构论、认识论与价值论的分析，最大程度地厘清证据属性的层次性以及四套主流话语体系之间的关系，并进一步反思我国证据规则的结构体系。具体的证据属性的层次性结构见图3-1。

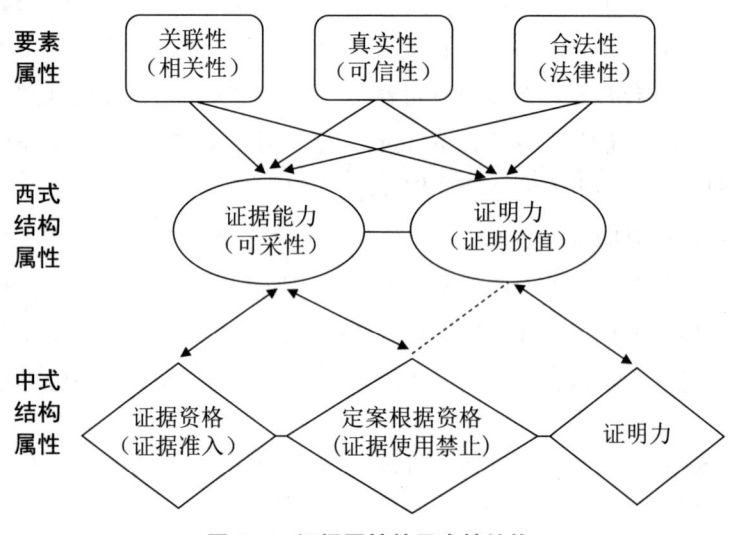

图3-1 证据属性的层次性结构

---

[1] 笔者认为相关性是可采性的前提和影响因素之一，故将其纳入可采性。对此，后文将详细论述。

[2] 参见吴洪淇："刑事证据审查的基本制度结构"，载《中国法学》2017年第6期。

二、证据属性的层次性

（一）层次性体现一：要素属性与结构属性

1. 区分标准：要素论与结构论

根据要素论与结构论的观点，可以将前述五类证据属性（见表3-2）分成两个层次：要素属性和结构属性。

首先，要素属性是证据评价的基本要素。所谓要素论，指的是从证据评价的角度看，影响证据评价的基本要素或标准是什么。[1]这些基本要素或标准就是证据的要素属性，包括证据对待证要件事实是否具有证明作用的关联性（相关性），证据本身和来源是否真实可信或真实可靠的真实性（可信性），以及证据是否符合法律相关要求（这些要求包括公正、人权、和谐和效率等）的合法性。需要注意的是，完整性并非证据的要素属性，证据是否完整主要是证据真实性的一个影响因素。例如，2016年最高人民法院、最高人民检察院和公安部联合印发的《关于办理刑事案件收集提取和审查判断电子数据若干问题的规定》（以下简称2016年《电子数据规定》）第22条，就将"完整性"作为"真实性"的一个影响或考察因素，即"对电子数据是否真实，应当着重审查……电子数据的完整性是否可以保证"。

其次，结构属性是程序结构进程的体现。所谓结构论，指的是从事实认定的程序结构进程角度看，可以将事实认定分成若干审查判断阶段，每个阶段针对证据评价设置了不同规则，由此形成了结构属性，主要包括作为证据准入资格的证据能力（可采性），以及获得证据准入资格后判断证明作用大小的证明力（证明价值），也称"采纳"与"采信"。[2]例如，

---

[1] 这里的"要素属性"就是何家弘教授所说的审查认定证据的标准，即采纳标准和采信标准。参见何家弘："证据'属性'的学理重述——兼与张保生教授商榷"，载《清华法学》2020年第4期。

[2] 何家弘教授的所谓"采纳"与"采信"基本可以对应"证据能力（可采性）"和"证明力（证明价值）"，参见何家弘："证据的采纳和采信——从'两个证据'规定的语言问题说起"，载《法学研究》2011年第3期。

英美法系陪审团审判就将证据的可采性主要交由法官来判断,然后再由陪审团对具有可采性的证据之证明力进行自由评价并最终作出事实裁判。而大陆法系在严格证明中,也会首先判断证据是否具有证据能力,然后在具有证据能力的证据基础上判断现有证据能在多大程度上证明案件事实,即判断证据的证明力。由此可见,两大法系的证据结构属性基本是一致的,即证据能力(可采性)与证明力(证明价值)。

2. 各层次内部的逻辑关系:平行关系与递进关系

在基于要素论和结构论,对证据属性作了要素属性与结构属性的层次区分后,须进一步探讨各层次内部证据属性之间的关系。

首先,三个要素属性在逻辑上是平行关系,体现的是一种二维平面思维,类似于刑法中犯罪构成"四要件"之间的关系。[1]三个要素属性是分别从三个不同维度对证据进行的评价:(1)关联性是指证据对待证要件事实之证明作用的有无,指代的是证据与待证要件事实的证明作用关系维度,体现的是证据与待证要件事实之间的逻辑联系;(2)真实性是证据本身及其来源的真实可信性或真实可靠性,指代的是证据本身及其来源的真实可信或真实可靠维度,体现的是对证据本身可信程度的要求;(3)合法性是指证据是否符合法律所规定的要求,指代的是法律规定对进入诉讼中的证据的基本要求维度,是法律对司法证据的特别要求。然而,在表3-1的统计中,我们却看到部分学说只考虑证据的关联性(相关性),不考虑证据的真实性(可信性),例如认为证据属性包括"关联性、适格性""相关性、可采性或证据能力、证明力""相关性、可采性、证据能力、证明力"等学说。需要注意的是,三个要素属性之间的平行关系是从证据评价的维度讲的,实质上,从重要性的程度看,相关性是现代证据制度的根本原则和逻辑主线,[2]因此三个要素属性体现的是相关性统领下的不同证据

---

[1] 参见李勇:"重视证据能力与证明力之证据判断功能",载《检察日报》2017年12月31日,第3版;栗明:"民事诉讼测谎意见证据地位的实证考察与理论反思——以北大法宝188份民事判决书为分析样本",载《河北法学》2018年第5期。

[2] 参见张保生、阳平:"证据客观性批判",载《清华法学》2019年第6期。

评价维度。如果从三个要素属性的相互影响关系看，真实性在某种程度上是关联性的影响因素之一，例如2018年1月1日起施行的《人民法院办理刑事案件第一审普通程序法庭调查规程（试行）》第46条第1款就明确规定："通过勘验、检查、搜查等方式收集的物证、书证等证据，未通过辨认、鉴定等方式确定其与案件事实的关联的，不得作为定案的根据。"此外，证据收集程序的合法性通常也会成为真实性的保障，例如2018年1月1日起施行的《人民法院办理刑事案件第一审普通程序法庭调查规程（试行）》第47条规定："收集证据的程序、方式不符合法律规定，严重影响证据真实性的，人民法院应当建议人民检察院予以补正或者作出合理解释；不能补正或者作出合理解释的，有关证据不得作为定案的根据。"

其次，两个结构属性之间是递进关系，是根据事实认定的程序结构进程得出的。在这一点上两大法系比较相似，一般都是先判断证据是否具有证据能力（是否具有可采性），如果有，再判断其证明力大小，呈现出程序结构进程的递进性。因此，两个结构属性之间"在逻辑结构上是递进的关系，没有证据能力就不具备作为认定案件事实根据的资格，当然也就谈不上证明力，即没有对事实的证明作用与证明价值，换言之，证据能力是证明力的前提和条件。这与犯罪构成'三阶层'理论中构成要件符合性、违法性和有责性逻辑上的递进关系是一致的"。[1]但在表3-1的统计中，我们却看到部分学说对结构属性的概括不周延，只考虑证据能力（可采性），不考虑证明力，例如认为证据属性包括"客观性、关联性、可采性""关联性、适格性""真实性、关联性、可采性"等学说。

3. 各层次之间的逻辑关系：要素属性都不同程度地影响着结构属性的判断

除了讨论各层次内部证据属性之间的关系，还要进一步讨论不同层次之间证据属性的关系。总体来看，每一个要素属性都不同程度地影响着每一个结构属性的判断。

---

[1] 李勇："重视证据能力与证明力之证据判断功能"，载《检察日报》2017年12月31日，第3版。

首先，相关性是证据能力的必要条件，例如《美国联邦证据规则》规则402就明确指出，相关的证据一般是可采的，不相关的证据不可采。[1]同样地，相关性的程度也是证明力的重要影响因素。甚至一般来讲，当证据的真实性、合法性没有异议时，证明力就是证据与待证要件事实的关联程度，即关联性的大小。[2]例如，2021年《最高人民法院关于适用〈中华人民共和国刑事诉讼法〉的解释》（以下简称2021年《刑事诉讼法解释》）第139条第2款就将证据与待证要件事实的关联程度作为证据证明力审查判断的重要因素，即"对证据的证明力，应当根据具体情况，从证据与案件事实的关联程度、证据之间的联系等方面进行审查判断"。

其次，真实性是证据能力的重要影响因素，不具有真实性（可信性）或真实性较弱的证据，有可能被相应的证据规则排除。2018年《刑事诉讼法》第50条第3款就明确规定："证据必须经过查证属实，才能作为定案的根据。"与之相似，英美证据法"有一个普遍原则，即必须首先证明有关证据就是提出证据的人所主张的证据，然后才有该证据的可采性问题。这个普遍要求有时被称作为证明奠定基础"。[3]具体到实物证据，作为证据铺垫的辨认、鉴真规则所保障的就是证据的真实性和同一性，证据的真实性和同一性是证据可采性的基础。比如，传闻证据规则的理论基础之一就是传闻易于失实，"传闻是一种存在固有不可靠性的证据"，[4]其可信性不足。由此可见，真实性（可信性）显然是证据能力的重要影响因素。同样地，真实性（可信性）也是证明力的重要影响因素，尽管有的证据被采

---

[1] 参见《美国联邦证据规则》规则402，"相关证据的一般可采性。相关证据具有可采性，下列规定另有规定者除外：《合众国宪法》；联邦制定法；本证据规则；或者最高法院制定的其他规则。不相关证据不可采"。

[2] 张保生教授对证明力也作出了类似定义："证明力是相关性的程度。证明力（probative force），又称'证明价值'（probative value），是指证据对待证要件事实证明作用的大小或程度。"参见张保生主编：《证据法学》，中国政法大学出版社2018年版，第24页。

[3] [美]罗纳德·J. 艾伦等：《证据法：文本、问题和案例》，张保生、王进喜、赵滢译，高等教育出版社2006年版，第205页。

[4] [美]罗纳德·J. 艾伦等：《证据法：文本、问题和案例》，张保生、王进喜、赵滢译，高等教育出版社2006年版，第675页。

纳了，但如果其真实性（可信性）存疑，其证明力也会受到很大影响。例如被采纳的目击证人证言，如果我们相信证人所说的为真，显然可以不经推论就能证明案件主要事实。但如果证人本身的可信性存疑，比如证人撒谎成性或与案件有利害关系等，不管证人说得多么详细、描绘得多么似真，都必然会影响事实认定者对证人证言的证明力的判断。正如特伦斯·安德森等人所说："任何一项直接相关的证据，必须通过推论链条与次终待证事实联系起来。这个链条包括几个环节。在这个链条中，第一个环节总是可信性环节，……一个证据的证明力取决于该链条中的每一个环节的强度。"[1]边沁也认为，证据的证明力既取决于前提具有怎样的盖然性（可信性或可靠性的程度），也取决于前提与结论之间的联系强度（相关性程度）。由此可见，真实性（可信性）显然也是证明力大小的重要影响因素。

最后，合法性同样也是证据能力的影响因素，典型的例子是非法证据排除规则。尽管证据是相关的，但取证违法，违反了法律的强制性规定并侵犯了公民在宪法上的基本权利，该证据也是不可采的。当然，这里的合法性宜作广义理解，除违法取证侵犯人权的取证合法性问题外，基于公正、和谐和效率等广义合法性价值考量的证据排除规则，比如近亲属作证特免权规则、不得用以证明过错或责任的证据规则等，也是证据广义合法性的体现。同样地，合法性也影响着证明力的判断，典型的例子是瑕疵证据规则。严重的违法取证侵犯了基本人权，所获取的证据是非法证据，应当排除；但并未侵犯基本人权的轻微违法取证，其获取的证据应属瑕疵证据，经过补正或合理解释之后仍然可以采纳。然而需要注意的是，尽管瑕疵证据经过补正或合理解释之后仍然可采，但在法官对瑕疵证据进行证据评价时，其程序违法总会或多或少地影响证据证明力的判断。

综上所述，每一个要素属性都不同程度地影响着每一个结构属性的判断，只不过这种影响的程度有大小和情形之分。但在表3-1的统计中，笔

---

[1] [美]特伦斯·安德森、戴维·舒姆、[英]威廉·特文宁：《证据分析》，张保生等译，中国人民大学出版社2012年版，第93页。

者未发现任何一种学说谈到了要素属性与结构属性之间的逻辑关系,相反,这些学说存在以下三种不足:第一,只考虑证据的要素属性,不考虑证据的结构属性,例如认为证据属性包括"客观性、关联性、合法性""客观性、关联性、可采性""客观性、关联性""真实性、关联性、合法性""关联性、客观性、合法性""客观性、主观性、证明性、法律性"等学说;第二,只考虑证据的结构属性,不考虑证据的要素属性,例如,认为证据属性包括"证据能力、证明力"等学说;第三,要素属性与结构属性混搭,没有区分要素属性与结构属性的不同层次,例如认为证据属性包括"客观性、关联性、可采性""证据能力、证明力、证据的客观性与主观性""真实性、关联性、可采性""相关性、可采性或证据能力、证明力""相关性、可采性或证据能力、证明力、可信性"等学说。

(二)层次性体现二:自然属性与法律属性

1. 区分标准:认识论与价值论

在英美法系证据法传统中,基于认识论与价值论的区分,一般将证据规则分为内部规则与外部规则。所谓内部规则,是以准确认定案件事实为主要目标而设立的证据规则;所谓外部规则,是主要为了追求准确认定事实以外的其他价值(包括公正、人权、和谐和效率)而设立的证据规则。[1]

---

[1] 例如被称为"英美证据法学集大成者"的威格莫尔就将证据规则分为外部政策规则与辅助性证明政策规则,参见 John H. Wigmore, Evidence in Trials at Common Law, Tillers rev., 1983, p.689. 转引自[美]米尔建·R. 达马斯卡:《漂移的证据法》,李学军等译,中国政法大学出版社2003年版,第17页脚注13和第19页脚注20。同样地,比较证据法学大师达马斯卡也将证据规则区分为外部排除规则与内在排除规则,参见[美]米尔建·R. 达马斯卡:《漂移的证据法》,李学军等译,中国政法大学出版社2003年版,第16-23页。然而,亚历克斯·斯坦区分内外部规则的标准与威格莫尔和达马斯卡有一些区别。他以是否促进内部事实认定的目标(获得最好的事实认定裁决,而非单纯的准确的事实认定裁决)为标准,认为"只有那些促进内部事实认定目标的规则才真正地属于证据法;促进其他目标和价值的规则虽然关涉证据(evidence-related),但不属于证据法领域"。内在事实认定的目标包括三个:"(1)提高事实认定的准确性,换言之,使错误风险最小化;(2)使事实认定程序及裁决所引发的成本最小化;(3)在诉讼双方之间分配错误风险以及由此引发的错案风险。"参见[美]亚历克斯·斯坦:《证据法的根基》,樊传明、郑飞等译,中国人民大学出版社2018年版,第1页。本文采用了威格莫尔和达马斯卡的区分方式,因为

在证据属性的层次性区分上，也可以借鉴此种分类方式，将证据属性区分为自然属性与法律属性。在三个要素属性中，关联性和真实性显然指向的是案件事实的准确认定，属于自然属性，而合法性则指向除求真价值外的其他价值，如公正、人权、和谐和效率等，属于广义的法律属性。在结构属性中，证据证明力大小的判断是属于认识论的事实问题，在陪审团审判中主要是陪审团的职权，在我国七人合议庭审判中，人民陪审员也只负责事实问题的裁决，[1]故其属于自然属性；证据能力则主要是属于价值权衡的法律问题，在陪审团审判中主要是法官的职权，故其属于法律属性。

2. 要素属性中的自然属性与法律属性：内部目标与外部目标

在三个要素属性中，关联性和真实性是所有类型的事实认定者都必须考虑的因素，促进的主要是事实认定准确性这一内部目标，具有认识论上的普适性。这种普适性表现在两个方面，一是司法领域中的事实认定与其他领域比如历史领域中的事实认定一样，都要考虑证据本身及其来源的真实性，以及作为证据与待证要件事实之间逻辑联系的关联性；二是中外的司法事实认定无一例外地都要求考虑证据的真实性和关联性，尽管它们在各国法律中的表现形式不同。

而要素属性中的合法性"并非证据与生俱来的属性，合法性是为保证证据的品质以及法律诸多价值的实现而存在的"，[2]因此"合法性作为证据的属性是外加进去的"，[3]促进的主要是与事实认定准确性无关的外部目标，如公正、人权、和谐和效率等。为进一步理解该观点，可以将证据分成两类，一类是非司法领域中的证据，我们可以通过过去事件发生后遗留下来的痕迹或信息来证明过去的事实，此时考虑的主要是证据的关联性

（接上页）这种方式贯彻了认识论与价值论分离的立场，不仅更加融贯，而且与当代证据法的体系比较契合。参见郑飞：《证据性权利研究》，法律出版社2019年版，第46-49页。

[1]《人民陪审员法》第22条规定："人民陪审员参加七人合议庭审判案件，对事实认定，独立发表意见，并与法官共同表决；对法律适用，可以发表意见，但不参加表决。"

[2] 王晶、张弘："从功能视角看证据的属性"，载《人民检察》2005年第21期。

[3] 黄耀祖："'合法性'不是民诉证据的本质属性"，载《法学杂志》1984年第11期。

和真实性，起作用的主要是认识论；另一类是司法程序中的证据，除了考虑证据的关联性和真实性，还要考虑取证的合法性，以及基于该证据的事实认定是否会产生其他风险，如经济风险、侵权风险和伦理风险等。[1]如果存在这些风险，又应该如何权衡错误风险与其他风险，这主要取决于特定国家法律所体现的社会主流价值观。因为每个国家的历史传统和具体国情不一样，其社会主流价值观也不太一样，所以证据的合法性就较多地具有了地方性。例如，从纵向看，法定证据主义时期的刑讯合法化与现代自由证明制度的禁止酷刑、要求取证合法性形成了鲜明对比；从横向看，不同国家对取证合法性的要求也不一致，"渗透着立法者的价值选择，是为实现国家一定的法律或政策目的而存在的"。[2]

但在表3-1的统计中，笔者却发现有些学说只考虑要素属性中的自然属性，不考虑要素属性中的法律属性，例如认为证据属性包括"客观性、关联性"等学说。

3. 结构属性中的自然属性与法律属性：事实问题与法律问题

在两个结构属性中，证明力的判断是事实问题，一般不由法律预先规定，而是在陪审团审判中由陪审团成员基于本案证据（也称"基础性证据"），并运用常识和经验法则（也称"概括"或"推论性证据"）以及逻辑规则等作出自由评价，[3]在法官审中则由法官自由评价，属于认识论层面的自然属性。而证据能力（可采性）是法律问题，是法律对进入诉讼程序的信息进行过滤筛选的一道证据准入资格门槛，是法律外加进司法事

---

[1] 关于司法事实认定中的各类风险，参见郑飞：《证据性权利研究》，法律出版社2019年版，第33-39页。

[2] 王晶、张弘："从功能视角看证据的属性"，载《人民检察》2005年第21期。

[3] 基础性证据和推论性证据的概念由亚历克斯·斯坦提出，其中基础性证据是指本案中的具体证据，总是个案具体化的；推论性证据是指事实认定者从常识和经验中提取出来的普遍规律性，也被称为二阶证据（second-order evidence），"这种规律性转换为概括，并通过将基础性信息转换为证据来推动推论过程向前发展。事实认定者诉诸将相关概括与符合其事实模式的基础证据联系起来的论证，来完成推论过程"。因此，我们一般也将"推论性证据"称为概括，或者常识和经验法则。参见[美]亚历克斯·斯坦：《证据法的根基》，樊传明、郑飞等译，中国人民大学出版社2018年版，第111-113页。

实认定中的证据法律属性,是司法事实认定与其他领域事实认定的重要区别之一。对于证据能力(可采性),两大法系都采取了法定证据主义,即由法律预先规定证据能力(可采性)规则,法官在个案中适用这些规则;而证明力的判断,则普遍采用自由评价的自由心证主义,很少对作为事实认定者的陪审团和法官施加法律限制。

三、横向证据逻辑体系的修正

(一) 从"只注重要素论"或"只注重结构论"迈向"要素论与结构论并重"的研究范式

证据属性在20世纪八九十年代是中国证据法学的核心命题之一,讨论者众多,但进入21世纪之后,证据属性的讨论逐渐减少,证据法学的核心命题逐渐转移到了证据能力(可采性)和证明力上。[1]甚至有学者主张无须关注证据属性问题,应转而研究证据能力(可采性)规则和证明力规则。[2]还有学者甚至进一步断言,证据属性已经成为"伪命题"和"废矿区"。[3]但是,这些观点忽略了一个问题:证据的要素属性正是证据的结构属性的影响因素或判断标准,二者只是不同层次的存在而已。对作为结构属性的证据能力(可采性)和证明力的审查判断,离不开对作为证据要素属性的关联性、真实性和合法性的研究,后者是前者的审查判断基础。这一点上文已经阐释得非常清楚,在此不再赘述。

需要强调的是,我国之前的证据属性研究更多偏向"证据到底具有哪些属性"的语词之争,而对各种证据的证据属性影响因素缺乏更深入的研

---

[1] 参见何家弘:"证据'属性'的学理重述——兼与张保生教授商榷",载《清华法学》2020年第4期。

[2] 相关论述参见陈瑞华:"关于证据法基本概念的一些思考",载《中国刑事法杂志》2013年第3期;李勇:"重视证据能力与证明力之证据判断功能",载《检察日报》2017年12月31日,第3版;陈卫东、谢佑平主编:《证据法学》,复旦大学出版社2007年版,第51页;占善刚、刘显鹏:《证据法论》,武汉大学出版社2009年版,第27页;易延友:《证据法学》,法律出版社2017年版,第12页。

[3] 参见何家弘:"证据'属性'的学理重述——兼与张保生教授商榷",载《清华法学》2020年第4期。

究。例如，对于证人证言的可信性问题，我国的相关规范主要通过是否直接感知、认知能力、记忆能力、表达能力、利害关系、取证程序以及与其他证据相互印证等因素来判断，[1]但国外对此已经有了更为深入的理论研究，包括证人证言三角形理论[2]、言词证据的可信性理论[3]。综合国内外观点，影响证人证言可信性的因素主要包括：（1）认知能力的差异：认识因素与控制因素、精神状况与年龄差异。（2）证人证言来源的不确定性：亲身知识、传闻与意见。（3）感知能力的差异：自身条件与环境条件的不同。（4）信念加工根据不同：感官证据、前理解与愿望。（5）记忆能力的差异：干扰记忆的各种因素。（6）诚实性的考量：品性、倾向与利害关系。（7）陈述能力的差异：能力程度与反常表现。针对上述影响因素，应从不同角度进行不同程度的体系化规制：（1）对认知能力与表达能力的规制，主要由证人资格规则来承担。（2）对证人证言来源的规制，需要由传闻证据规则和意见证据规则来承担。（3）对其他因素的程序规制，需要由证人出庭规则、对质与交叉询问规则来承担。（4）除此之外，还需要对事实认定者施加特定要求的直接审理原则与审理者裁判原则等。显然，我国在体系化规制方面还存在很多问题，比如部分影响因素分析不足、缺失

---

[1] 例如，2021年《刑事诉讼法解释》第87条规定："对证人证言应当着重审查以下内容：（一）证言的内容是否为证人直接感知；（二）证人作证时的年龄，认知、记忆和表达能力，生理和精神状态是否影响作证；（三）证人与案件当事人、案件处理结果有无利害关系；（四）询问证人是否个别进行；（五）询问笔录的制作、修改是否符合法律、有关规定，是否注明询问的起止时间和地点，首次询问时是否告知证人有关权利义务和法律责任，证人对询问笔录是否核对确认；（六）询问未成年证人时，是否通知其法定代理人或者刑事诉讼法第二百八十一条第一款规定的合适成年人到场，有关人员是否到场；（七）有无以暴力、威胁等非法方法收集证人证言的情形；（八）证言之间以及与其他证据之间能否相互印证，有无矛盾；存在矛盾，能否得到合理解释。"另参见该解释第75条至第79条的相关规定。

[2] 证言三角形的概念是由劳伦斯·特赖布教授在其文章"对传闻的三角形测量"[Laurence Tribe, Triangulating Hearsay, 87 HARVARD LAW REVIEW 957 (1974)]和理查德·O. 伦珀特与斯蒂芬·A. 萨尔茨伯格在其文章"证据法的一个现代进路"[Richard O. Lempert & Stephen A. Saltzburg, A MODERN APPROACH TO EVIDENCE (1977)]中论述之后，才开始在法学界流行起来。转引自 Ronald J. Allen et al., AN ANALYTICAL APPROACH TO EVIDENCE: TEXT, PORBLEMS, AND CASES (6th Edition), Wolters Kluwer, 2016, p.446。

[3] 参见［美］特伦斯·安德森、戴维·舒姆、［英］威廉·特文宁：《证据分析》，张保生等译，中国人民大学出版社2012年版，第84-93页。

部分规制规则（如传闻证据规则和对质规则）等。囿于本书的主题，进一步的详细分析笔者将另文阐释。

综上所述，证据属性仍应是我国证据法学的核心命题之一。我们的研究范式不应从一个极端，即"只注重要素属性（关联性、真实性和合法性）的要素论"，转向另一个极端，即"只注重程序结构进程（证据能力与证明力）的结构论"，而应当迈向"要素论与结构论并重"。这种"要素论与结构论并重"的研究范式，主要涉及两个先前被忽视的面向：第一是微观的面向，即影响各类证据要素属性判断的因素或标准分别有哪些。第二是宏观的面向，即证据属性（包括要素属性和结构属性）与证据规则体系的关系如何。下文将对这两个问题展开深入详细的分析。

（二）证据规则体系是证据属性层次性的逻辑展开

大陆法系并未形成体系化的证据法和证据法学，但其仍然将证据规则分成两类：一是证据能力规则，二是证明力规则。在证据能力问题上，大陆法系一般"不对证据的采纳作出明确的限制性规定"，[1]但零星的规定其实也是以证据属性为基础展开的。例如，德国的证据禁止理论包括"证据取得之禁止"与"证据使用之禁止"，前者以限制国家刑事机关之取证过程为目的（如不当讯问、违反告知义务、侵犯公民特定之拒绝作证权等）；后者的目的在于禁止法院使用特定证据作为判决之基础。[2]这类规则便是关于证据合法性的规定，其中的证据使用之禁止是典型的证据能力规则。

在英美法系，从吉尔伯特、边沁、斯蒂芬到塞耶、威格莫尔、摩根已经形成了体系化的证据法和证据法学。证据法的体系化工作始于1872年英国高等法院法官斯蒂芬起草的《印度证据法》，该法典将一些程序性规定排除出了证据法。此后，塞耶继承了这一路线并奠定了现代英美证据法的基础。[3]

---

〔1〕 何家弘、姚永吉："两大法系证据制度比较论"，载《比较法研究》2003年第4期。

〔2〕 参见刘磊："德美证据排除规则之放射效力研究"，载《环球法律评论》2011年第4期。

〔3〕 See William Twining, *Rethinking Evidence: Exploratory Essays*, 2d ed., Cambridge University Press, 2006, pp. 56-63.

以美国为例,塞耶的排除性原则和包容性两原则[1]、摩根的自由裁量权规则[2]共同架构了《美国联邦证据规则》:塞耶的两原则被修改吸收为规则401和规则402,摩根的自由裁量权规则被修改吸收为规则403。[3]因此,规则401、规则402和规则403便成为理解《美国联邦证据规则》体系的钥匙。通过对英美证据法体系的进一步解剖,还可以明显看出证据规则体系是证据属性层次性的逻辑展开。

在要素属性方面,英美证据法强调证据的真实性(可信性或可靠性)、相关性和合法性,例如真实性(可信性或可靠性)主要体现在辨认、鉴真、专家证人和传闻证据等规则上;相关性主要体现在表达逻辑相关性的《美国联邦证据规则》规则401关于相关性的定义和规则402关于"相关证据具有可采性……不相关证据不可采"的部分规定上;合法性则主要体现在规则402的剩余部分规定,即即使是相关的证据,如果《合众国宪法》、联邦制定法、《美国联邦证据规则》或者最高法院制定的其他规则另有规定的,也不可采,以及其他大部分证据排除规则。

在结构属性方面,英美陪审团审判将可采性的判断与证明力的判断做了二分,前者主要是由法官判断的法律问题,后者主要是由陪审团判断的事实问题。如果对英美陪审团审判的证据结构属性作进一步精细化分析可以发现,英美证据法的体系可以被形象地比喻成两个湖和一条河流,上游的湖叫"证据信息",下游的湖叫"具有可采性的证据",连接上下游两个湖的是一条充满"暗礁"的河流,英美证据法的形象比喻如图3-2所

---

[1] 第一个原则为排除性原则,即对被要求证明的任一问题在逻辑上无证明力的证据不可采;第二个原则为包容性原则,即任何具有证明力的都应该进入,除非有一个明确的法律上的政策理由将其排除在外。See James Bradley Thayer, *A Preliminary Treatise on Evidence at the Common Law*, Little Brown, 1898, p.314.

[2] 由摩根担任报告人的《模范证据法典》(Model Code of Evidence)第303条确立了法官裁量权的权衡框架:"(1)当法官发现证据的证明力被采纳该证据的下列风险所超过,他可以行使裁量权将证据予以排除:(a)不必要的时间耗费;(b)产生不恰当的偏见或者混淆问题或者误导陪审团等重大危险;(c)将使一方当事人由于没有合理基础预测到将会提出该证据而导致不公正的惊诧。(2)所有规定证据可采性的规则都应该遵守本规则,除非明确规定相反的情形。"

[3] 参见张保生主编:《证据法学》,中国政法大学出版社2018年版,第113页。

示。[1]这些"暗礁"就是一个个证据排除规则,大致可以分为四类:(1)第一类"暗礁"是关于证据本身及其来源之真实性的证据铺垫规则,主要涉及证据的真实性和同一性认定,主要体现在《美国联邦证据规则》规则104的预备性问题以及规则901至规则903的辨认鉴真规则上,属于真实性问题。(2)第二类"暗礁"是关于证据对待证要件事实是否具有证明作用的相关性规则,主要体现在《美国联邦证据规则》规则401、规则402关于"相关证据具有可采性……不相关证据不可采"的部分规定,属于逻辑相关性问题。(3)第三类"暗礁"是其他证据排除规则,即逻辑上相关的证据也有可能基于其他价值比如公正、人权、和谐和效率等方面的权衡而不可采。这类规则主要由因其他原因而否定逻辑相关性的《美国联邦证据规则》规则402的剩余部分规定,以及规则403至规则415和其他大部分证据排除规则组成,主要涉及的是因其他原因而否定逻辑相关性的问题以及其他合法性问题(如非法证据排除规则[2]),当然也包含真实性问题,如传闻证据规则。(4)第四类"暗礁"是美国证据法所特有的规则403平衡检验规则。当所有证据排除规则都未能排除该证据时,法官还可以适用规则403赋予法官的自由裁量权,以决定是否排除该证据。

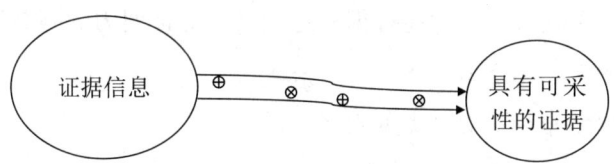

图3-2 英美证据法的形象比喻

在上述四类规则中,前两类无疑更为重要,这是因为任何证据都需要

---

[1] 这个比喻来自笔者2012—2013年在美国西北大学法学院访学期间选修证据法课程时受到的启发。

[2] 尽管非法证据排除规则并未直接规定在《美国联邦证据规则》中,其通常被视为一个宪法性刑事诉讼规则,但从《美国联邦证据规则》规则402的剩余部分规定看,基于宪法的非法证据排除规则也可以纳入美国证据法体系。

通过辨认、鉴真和相关性判断,这是所有证据审查的必经程序。而"其他证据排除规则"正逐渐表现出缩小的趋势。以传闻证据规则为例,在美国,一场被称为"传闻证据规则自由化"的运动已经悄然拉开帷幕。[1]麦考密克也认为,美国法官适用传闻证据规则要比法律条文的规定自由得多。[2]这一变化趋势体现了证据法鼓励采纳证据的基本精神。同样,平衡检验规则被适用的频率也十分有限。据有关学者统计,只有在证据的证明力很低、危险性很高的情况下,法官才运用自由裁量权排除该相关证据。[3]

当上游湖泊中的"证据信息"历经劫难,通过了上述四类"暗礁"之后,就来到了下游湖泊成为"具有可采性的证据"。整个过程都由法官在主导,法官根据法律所规定的可采性规则作出采纳或排除的裁决。庭审结束之后,陪审团再闭门评议这些"具有可采性的证据"的证明力,并作出最终的事实裁判。一般来讲,证明力的判断秉持自由心证主义,除证据补强规则外,几乎没有对证据的证明力判断进行法律上的预先规制。由此可见,英美证据法主要是以相关性为逻辑主线、以可采性为中心的证据规则体系,真实性、相关性和合法性的判断都是影响证据可采性的主要因素,其证据规则体系显然是证据属性层次性的逻辑展开。类似地,大陆法系也以证据能力规则为中心,秉持证据法定主义;对证明力的判断则由法官自由评价,同样秉持自由心证主义。

(三) 重塑中国的证据规则体系

1. 中式结构属性的弊端与改良

有学者对我国刑事证据审查的基本制度结构进行了细致考察,认为我国"刑事证据立法已经通过'材料—证据—定案根据'这三个基本范畴确

---

[1] 较详细的阐述参见周叔厚:《证据法论》,三民书局1995年版,第796页以下。

[2] See McCormick, *Evidence*, 3rd ed., West Publishing Co., 1984, p.918.

[3] [美] 罗纳德·J. 艾伦等:《证据法:文本、问题和案例》,张保生、王进喜、赵滢译,高等教育出版社2006年版,第175页。

立起证据准入的两道审查门槛"。[1]从证据结构属性的角度看，实际上我国已经形成了包括证据资格、定案根据资格和证明力在内的"中式结构属性三分法"，见图3-1。首先，证据资格主要包括两个判断因素，即相关性（证明作用的有无）和是否属于法定的证据种类。需要注意的是，将是否属于法定的证据种类作为证据资格的判断因素之一，是早已被大陆法系弃用的法定证据主义的遗存。其次，定案根据资格的判断性质有点含混不清，既包括了西方意义上的证据能力（可采性）规则，又包括了证据证明力不够而不得作为定案根据的判断，这其实是证据的证明力问题，而不属于证据能力问题。"将证据的真实性、合法性以及证明力要求都附加于'定案的根据'这一范畴之下的一个直接结果就是证据准入与证据证明力评估这两项活动被有意无意地混同在一起了。当两者趋于混同的时候，将会带来以下两种危险。第一种危险是将大大提高证据准入的一般性标准，一个具有证明力的证据如果与其他证据无法形成相互印证共同指向待证事实，则极有可能被过早地排除。……第二种危险是可能鼓励事实认定者为了获得证据的相互印证而忽略了证据的准入这一前提条件。"[2]因此，在图3-1的"西式结构属性"中的"证明力（证明价值）"与"中式结构属性"中的"定案根据资格（证据使用禁止）"之间用虚线相连，以表示存在学者指出的上述问题。最后是证明力的判断，我国基本沿袭了自由评价传统，但在之前很长一段时间都存在证明力法定的法定证据主义的残留。[3]

针对传统"中式结构属性三分法"的问题，可以对其进行改良，方案

---

[1] 吴洪淇："刑事证据审查的基本制度结构"，载《中国法学》2017年第6期。
[2] 吴洪淇："刑事证据审查的基本制度结构"，载《中国法学》2017年第6期。
[3] 例如，2001年《最高人民法院关于民事诉讼证据的若干规定》第77条规定："人民法院就数个证据对同一事实的证明力，可以依照下列原则认定：（一）国家机关、社会团体依职权制作的公文书证的证明力一般大于其他书证；（二）物证、档案、鉴定结论、勘验笔录或者经过公证、登记的书证，其证明力一般大于其他书证、视听资料和证人证言；（三）原始证据的证明力一般大于传来证据；（四）直接证据的证明力一般大于间接证据；（五）证人提供的对与其有亲属或者其他密切关系的当事人有利的证言，其证明力一般小于其他证人证言。"

大致有两种。一种是直接将大陆法系和英美法系的证据能力和证明力体系与我国传统的三个基本属性（关联性、真实性和合法性）相对应，见图3-3。这种方案需要我们摒弃"定案根据资格"的提法，将"定案根据资格"融入"证据能力（可采性）"，这会对传统的证据规范体系和用语造成较大冲击。

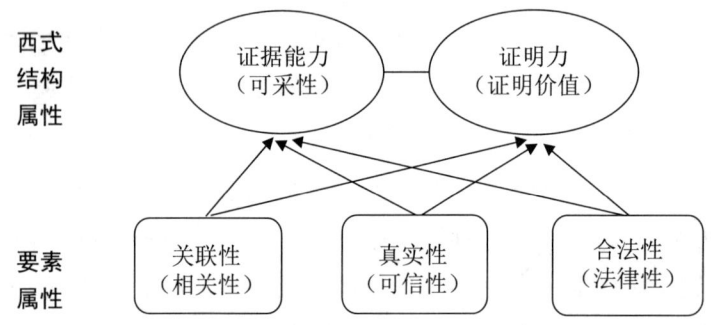

图3-3 改造后的中式传统三属性与改造后的西式结构证据属性对应示意

另一种是对目前的"中式结构属性三分法"进行改良，见图3-4。第一，证据资格（证据准入）的判断只应关注2018年《刑事诉讼法》第50条第1款规定的证据的相关性，证据信息或材料只要与待证要件事实相关，具有证明作用，就应当是证据，就应当获得进入法庭审判的资格，而不再将第50条第2款规定的法定证据种类作为证据准入的资格标准。对此，可以通过修法在第50条第2列举完证据种类之后加一个"等"字，将封闭式证据种类规定改为开放式证据种类规定，以符合现代自由证明主义抛弃法定证据主义的取向。第二，定案根据资格主要关注证据的真实性、合法性而非证据证明力不够而不得作为定案根据的判断。2018年《刑事诉讼法》第50条第3款明确规定："证据必须经过查证属实，才能作为定案的根据。"这是在证据信息或材料具有了相关性，获得了进入法庭的证据资格后，再判断其是否真实可信、是否可以作为定案根据，这是一个证据使用禁止问题。有论者指出，"我国的非法证据排除，指的就是不得作为定案根据,属于证据使用禁止,而并非指不得进入法庭的准入资格"。[1]这样,证据资格(证据准入)和定案根据资格(证据使用禁止)的双重门槛既保留了我国证据规范的话语体系,又可以合在一起与西方的证据能力(可采性)相对应,构成了广义上的证据准入资格。第三,在证据的证明力方面,以2019年新修正的《最高人民法院关于民事诉讼证据的若干规定》删除2001年《最高人民法院关于民事诉讼证据的若干规定》第77条有关证据证明力大小比较的规定为代表,我国证据法正在摒弃证据证明力的法定主义,逐渐迈向证据证明力的自由评价,由法官结合个案中的具体情况自由判断证据的证明力。

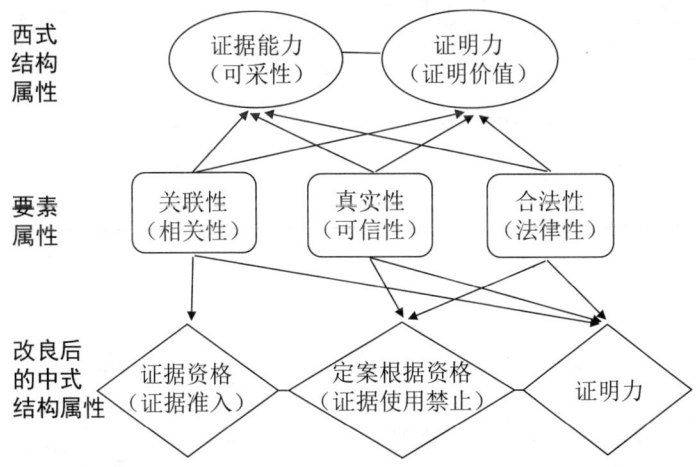

图3-4 改良后的"中式结构属性三分法"对应示意

---

[1] 2018年《刑事诉讼法》第52条规定的是证据取得禁止,即"严禁刑讯逼供和以威胁、引诱、欺骗以及其他非法方法收集证据,不得强迫任何人证实自己有罪"。第56条规定的是证据使用禁止,即"采用刑讯逼供等非法方法收集的犯罪嫌疑人、被告人供述和采用暴力、威胁等非法方法收集的证人证言、被害人陈述,应当予以排除。……在侦查、审查起诉、审判时发现有应当排除的证据的,应当依法予以排除,不得作为起诉意见、起诉决定和判决的依据"。这两条"完整地体现了大陆法系的证据禁止理论(证据取得禁止和证据使用禁止)……可见,我国刑事诉讼在立法和司法解释上采取的是大陆法系的证据禁止理论和证据能力的概念"。参见李勇:"重视证据能力与证明力之证据判断功能",载《检察日报》2017年12月31日,第3版。

当然，前述两种改革方案各有利弊。第一种完全移植西式话语体系的方案，需要考虑我国的程序法环境以及与现有证据规范话语体系的冲突等问题；第二种本土化改造方案则需要进一步改造和澄清"定案根据资格"的含义，并讨论如何与国际接轨。最终采用何种方案，需要证据法学者继续从各个维度进行深入论证，并由规则制定者作最终决断。

2. 改良后的"中式证据规则体系"

基于改良后的"中式结构属性三分法"，可以构建一种改良后的"中式证据规则体系"，见图3-5。

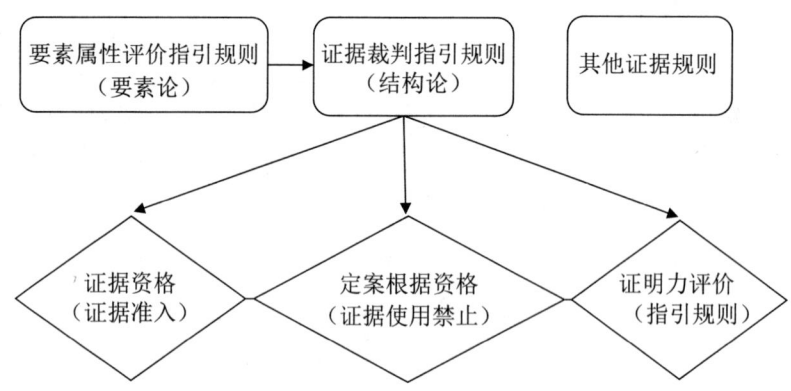

图3-5 改良后的"中式证据规则体系"对应示意

首先，要素属性评价指引规则。这类规则主要是从要素论的角度，细化规定各类证据的相关性、真实性和合法性的影响因素以及对法官的评价指引。这种指引并非像一般的证据规则那样具有强制效力，而仅仅是对法官如何评价证据要素属性的指引。现行司法解释中已有诸多类似规定，例如2016年《电子数据规定》第22条就明确规定了影响电子数据真实性的五类因素，第24条明确规定了影响电子数据合法性的四类因素。[1]此类

---

[1] 2016年《电子数据规定》第22条规定："对电子数据是否真实，应当着重审查以下内容：（一）是否移送原始存储介质；在原始存储介质无法封存、不便移动时，有无说明原因，并注明收集、提取过程及原始存储介质的存放地点或者电子数据的来源等情况；（二）电子数据是否具

指引规则是后续各种证据规则的基础。

其次，证据裁判指引规则。这类规则主要从结构论的角度，以证据属性评价为基础，从程序结构进程对证据资格、定案根据资格和证明力评价进行规制。具体包括三项内容：(1)证据资格（证据准入）规则。这类规则主要是传统的相关性（证明作用的有无）规则。是否具有相关性、是否具有证明作用或价值，决定了提交法庭的证据信息或材料是不是证据、是否具有证据资格。(2)定案根据资格（证据使用禁止）规则。这类规则涉及证据准入之后因真实性或合法性欠缺而导致的证据使用禁止，主要包括各种证据的真实性（可信性）规则和合法性规则。(3)证明力评价（指引规则）。这类规则与要素属性评价指引规则一样，是非强制性的，主要对法官或人民陪审员如何评价证据的证明力进行指引。

最后，其他证据规则。这类规则包括作为两个证明端口的证明责任与证明标准规则，作为司法事实认定三个阶段的举证、质证与认证的程序性规则等。[1]

总之，证据属性问题并非像有些学者所言是"伪命题"或"废矿区"，它仍然是我国证据法学的核心命题之一。证据属性是有层次性的，证据规则体系是证据属性层次性的逻辑展开。我们不应该从一个极端，即"只注重要素属性（关联性、真实性和合法性）的要素论"，转向另一个极端，即"只注重程序结构进程（证据能力与证明力）的结构论"，而应当迈向"要

（接上页）有数字签名、数字证书等特殊标识；（三）电子数据的收集、提取过程是否可以重现；（四）电子数据如有增加、删除、修改等情形的，是否附有说明；（五）电子数据的完整性是否可以保证。"第24条规定："对收集、提取电子数据是否合法，应当着重审查以下内容：（一）收集、提取电子数据是否由二名以上侦查人员进行，取证方法是否符合相关技术标准；（二）收集、提取电子数据，是否附有笔录、清单，并经侦查人员、电子数据持有人（提供人）、见证人签名或者盖章；没有持有人（提供人）签名或者盖章的，是否注明原因；对电子数据的类别、文件格式等是否注明清楚；（三）是否依照有关规定由符合条件的人员担任见证人，是否对相关活动进行录像；（四）电子数据检查是否将电子数据存储介质通过写保护设备接入到检查设备；有条件的，是否制作电子数据备份，并对备份进行检查；无法制作备份且无法使用写保护设备的，是否附有录像。"

[1] 参见张保生主编：《证据法学》，中国政法大学出版社2018年版，第92-93页。

素论与结构论并重"的证据法学研究范式,并深入探讨证据属性的微观和宏观两个层面的问题。在微观层面,要拓展研究影响各类证据(尤其是新技术条件下的电子数据)要素属性判断的因素或标准,以及相应的评价指引规则、程序和方法;在宏观层面,要深入研究证据属性(包括要素属性和结构属性)与证据规则体系的关系,澄清四套主流话语体系的相互关系,以构建适合我国国情的证据规则体系。

第二节 无罪裁判的纵向证据逻辑类型

根据法官在无罪判例中对证据规则形成的创造性程度不同,可以将无罪判例证据规则分为四大类:一是规则解释,即无罪判决对现有证据规则的解释适用;二是法官续造,即法官在无罪判决中对现有证据规则的突破和续造;三是实践创新,即体现在无罪判决中基于实践智慧而产生的证据潜规则;四是比较视野,即无罪判决证据规则的比较法借鉴或援引。

一、规则解释:无罪判决对现有证据规则的解释适用

本书中总结的大部分证据无罪逻辑和判例规则基本都是法官对现有证据规则的适用结果。但需要注意的是,法官在对现有证据规则适用时,依然存在偏差,比如,第一,未分清我国的传来证据规则与英美法系的传闻规则,导致二者在裁判中的混用。第二,在证据采纳与否的理由中常常混淆证据的真实性与证据的关联性。真实性是证据本身及其来源的真实可信性或真实可靠性,指代的是证据本身及其来源的真实可信或真实可靠维度,体现的是对证据本身可信程度的要求;而关联性是证据与待证要件事实之间所存在的一种逻辑联系,是指某个证据将有助于证明或反驳某个待证要件事实。这二者之间并不等同,也不能互相替换。第三,将证据之间无法相互印证,误认为是证据缺乏关联性,但证据的关联性是指证据与待证事实之间的逻辑联系,而非证据之间的逻辑联系。第四,将被告人与同案犯之间无犯罪勾连,误认为是二人之间缺乏关联性,等等。这些误用,很大程度上阻碍了

无罪规则的有效应用，我们将在下文一一详细分析和批判反思。

二、法官续造：法官在无罪判决中对现有证据规则的突破和续造

在 6000 多个无罪判例的裁判理由中，有一种典型的证据逻辑和判例规则是对我国现有证据规则的突破和续造，即孤证不能定案。2018 年《刑事诉讼法》第 55 条第 1 款规定："对一切案件的判处都要重证据，重调查研究，不轻信口供。只有被告人供述，没有其他证据的，不能认定被告人有罪和处以刑罚；没有被告人供述，证据确实、充分的，可以认定被告人有罪和处以刑罚。"也就是说，我国法律只明确规定了孤证不能定案的一种情形，即只有被告人供述，没有其他证据的，不能认定被告人有罪，但没有规定其他情形，比如只有一个证人证言、只有被害人陈述或只有一个物证等情形应该如何处理。而在 6000 多个无罪判例中存在诸多"孤证未能定案"导致被告人被判无罪的情况，例如在故意伤害罪无罪判例中，我们就发现共有 79 个案件都属于"只有被害人的陈述，系孤证，不足以认定被告人有罪"这种情形。本书第七章将详细分析孤证不能定案在无罪判例中的具体证据逻辑和判例规则。

三、实践创新：无罪判决中的证据潜规则

在我国证据立法和实务中一直存在这样一种观点："不符合法定的证据种类（形式），不能作为定案的根据。"我们可以称其为"证据种类法定主义"或"证据形式法定主义"。[1] 典型的立法表现如《最高人民检察院关于 CPS 多道心理测试鉴定结论能否作为诉讼证据使用问题的批复》明确规定，"CPS 多道心理测试（俗称测谎）鉴定结论与刑事诉讼法规定的鉴定结论不同，不属于刑事诉讼法规定的证据种类。人民检察院办理案件，可以使用 CPS 多道心理测试鉴定结论帮助审查、判断证据，但不能将 CPS 多道心理测试鉴定结论作为证据使用"。典型的司法案例如《刑事审判参

---

[1] 为了论述的方便，如无特殊情况，下文一律称为"证据种类法定主义"。

考》指导案例第1166号"王平受贿案"的裁判理由明确指出,"侦查机关在立案之前对上诉人王平所作的调查笔录,不符合法律规定的证据种类,不能作为诉讼证据使用"。[1]在6000多个无罪判例中,也有类似的裁判理由,例如武汉市华宝织染公司、罗某超单位行贿二审刑事判决书(2017)鄂01刑终1407号中,法院认为,彭某刚交代其收受上述单位行贿12万元的两份询问笔录系刑事犯罪立案前,在纪委"两规"期间所作,该笔录不符合刑事诉讼证据种类,不能作为诉讼证据使用。又如,在张某某故意毁坏财物一审刑事判决书(2015)城刑初字第523号中,法院认为,公诉机关根据青岛市价格认证中心出具了关于张某某故意损毁公私财物案中相关委托事项的函,该函不符合2012年《刑事诉讼法》关于鉴定意见的证据形式要件,其不具有鉴定意见的法定效力。上述判例中所持的"证据种类(形式)法定主义"的裁判理由显然是错误的,我们可以从历史渊源出发,对立法和司法中的这种"证据种类(形式)法定主义"进行彻底批判和解构。

在欧洲大陆法系国家,当神示证据制度衰落后,法定证据制度就登上了历史的舞台。法定证据制度的核心内容有三个,分别是法定证据形式、法定证明力规则和刑讯程序中酷刑的应用。[2]其中法定证据形式是整个法定证据制度的逻辑起点,因为法定证据制度所包含的另外两项核心内容法定证明力规则和刑讯程序中酷刑的应用,也是建立在法定证据形式之上的:首先,法定证明力规则把证据分为完整的证据和不完整的证据,"有了完整的证明必须作出判决,没有完整的证明不能作出判决"。[3]这种证明力区分规则把每一种法定证据形式都赋予预定的证明力,例如把被告人的自白视为完整的证据,两个可靠证人也是完整的证据,有瑕疵的证人则需要四个才能构成一个完整的证明。其次,尽管刑讯合法在法定证据主义

---

[1] 中华人民共和国最高人民法院刑事审判第一、二、三、四、五庭主办:《刑事审判参考(总第108集)》,法律出版社2017年版,第16页。

[2] 参见张保生主编:《证据法学》,中国政法大学出版社2018年版,第100-101页。

[3] 参见施鹏鹏:"法定证据制度辨误——兼及刑事证明力规则的乌托邦",载《政法论坛》2016年第6期。

时期的欧洲有各种各样的原因,[1]但不可否认的是正是法定证据形式和法定证明力规则对被告人自白和证人证言的苛求,使得刑讯自然被欧洲大陆各国合法化了。

  法国大革命后,欧洲大陆法系逐渐抛弃了法定证据主义,转变为自由心证制度。自由心证制度也有三个核心内容,分别是证据自由、证据自由评价和判决责任伦理。[2]其中,"所谓'证据自由',是指在刑事诉讼中,法律及判例原则上不对证据形式作特别要求,犯罪事实可通过各种形式的证据予以证明。证据自由确立的依据有四个方面,即刑事犯罪的特殊属性、自由心证制度体系的必然要求、提高打击犯罪效率的需要以及揭示案件真相的要求"。[3]但证据自由也是有限度的,在经历了早期的绝对自由心证制度后,为限制法官滥用权力,便产生了对"证据自由的正当性限制,即证据形式是自由的,但证据调查方式必须合法、正当。后者构成了对刑事证据自由原则的正当性限制"。[4]这就逐渐演变成了现代的相对自由心证制度,也就是法律已经不再限制何种形式(类别)的证据才能作为定案的根据,但是基于正当程序的要求,需要对证据的取证程序进行严格的限制。

  而我国证据立法对法定证据种类的规定呈半封闭半开放状态,其中半封闭性主要体现在2018年《刑事诉讼法》第50条,[5]在其第1款规定了证据的概念后,第2款随即规定了物证、书证等八种证据种类,但在最后并未用"等"者,呈现出一种半封闭式的法定证据种类规定。《民事诉讼

---

[1] 参见施鹏鹏:"法定证据制度辨误——兼及刑事证明力规则的乌托邦",载《政法论坛》2016年第6期。
[2] 参见张保生主编:《证据法学》,中国政法大学出版社2018年版,第105-106页。
[3] 张保生主编:《证据法学》,中国政法大学出版社2018年版,第105-106页。
[4] 张保生主编:《证据法学》,中国政法大学出版社2018年版,第105-106页。
[5] 2018年《刑事诉讼法》第50条规定:"可以用于证明案件事实的材料,都是证据。证据包括:(一)物证;(二)书证;(三)证人证言;(四)被害人陈述;(五)犯罪嫌疑人、被告人供述和辩解;(六)鉴定意见;(七)勘验、检查、辨认、侦查实验等笔录;(八)视听资料、电子数据。证据必须经过查证属实,才能作为定案的根据。"

法》第 66 条〔1〕和《行政诉讼法》第 33 条〔2〕也作了类似规定。在司法解释方面，最为典型的是上文所提及的《最高人民检察院关于 CPS 多道心理测试鉴定结论能否作为诉讼证据使用问题的批复》。

而半开放性则主要体现在以下三个方面：第一，随着科技的不断发展，立法主导的证据种类不断增加。以《刑事诉讼法》为例，1996 年修正时增加了视听资料，2012 年修正时增加了电子数据。第二，相关司法解释规定，部分非法定证据种类可以作为定罪量刑的参考。例如，2012 年《最高人民法院关于适用〈中华人民共和国刑事诉讼法〉的解释》（以下简称 2012 年《刑事诉讼法解释》）第 87 条规定："对案件中的专门性问题需要鉴定，但没有法定司法鉴定机构，或者法律、司法解释规定可以进行检验的，可以指派、聘请有专门知识的人进行检验，检验报告可以作为定罪量刑的参考。对检验报告的审查与认定，参照适用本节的有关规定。经人民法院通知，检验人拒不出庭作证的，检验报告不得作为定罪量刑的参考。"第三，2021 年《刑事诉讼法解释》通过司法解释的方式实际上增设了三种法定证据种类。首先，在鉴定意见之外增设了两种专家报告证据，第一种是该解释第 100 条第 1 款规定的专家报告，即"因无鉴定机构，或者根据法律、司法解释的规定，指派、聘请有专门知识的人就案件的专门性问题出具的报告，可以作为证据使用"。该条第 2 款规定，对该报告的审查与认定，参照适用鉴定意见有关规定。第二种是该解释第 101 条规定的有关部门出具的事故调查报告，即"有关部门对事故进行调查形成的报告，在刑事诉讼中可以作为证据使用；报告中涉及专门性问题的意见，经法庭查证属实，且调查程序符合法律、有关规定的，可以作为定案的根据"。其次，2021 年《刑事诉讼法解释》在第四章证据中增设了第八节技

---

〔1〕《民事诉讼法》第 66 条："证据包括：（一）当事人的陈述；（二）书证；（三）物证；（四）视听资料；（五）电子数据；（六）证人证言；（七）鉴定意见；（八）勘验笔录。证据必须查证属实，才能作为认定事实的根据。"

〔2〕《行政诉讼法》第 33 条："证据包括：（一）书证；（二）物证；（三）视听资料；（四）电子数据；（五）证人证言；（六）当事人的陈述；（七）鉴定意见；（八）勘验笔录、现场笔录。以上证据经法庭审查属实，才能作为认定案件事实的根据。"

术调查、侦查证据的审查与认定，明确增加了技术调查、侦查证据类型。

但这种半封闭和半开放式的法定证据种类并未完全否定"证据种类法定主义"，不符合法定的证据种类（形式）不得作为定案根据的"证据潜规则"仍然盛行于司法实践中。从证据法的基本原理来看，任何满足可采性要求的证据都应该可以作为证据使用。因为依据"证据之镜"原理，若将本就数量有限的证据因不符合法定种类而排除，无疑将使"证据之镜"更加破碎，导致我们更难通过"证据之镜"来探究案件事实。而且立法的滞后性决定了其无法及时吸收新产生的证据类型，寄希望于立法的及时更新显然对个案司法是不公正的。在证据种类法定主义早已被西方法律抛弃，西方法律不再限制何种证据形式才能作为定案的根据的历史背景下，我国应该彻底抛弃"证据种类法定主义"的潜规则，将注意力转到基于正当程序的要求对证据取证程序的严格限制上。

四、比较视野：无罪判决证据规则的比较法借鉴或援引

在6000多个无罪判例的裁判理由中，有两类证据逻辑和判例规则是通过比较法借鉴或援引而产生的：第一是在无罪判例中直接使用英美法系的传闻证据，但却常常与传来证据混用，对此，我们将在第八章证据证明力不足中进行详细分析和批判反思。第二是在无罪判例中已经出现了英美法系的不得用以证明过错或责任的证据规则的萌芽。

谈到不得用以证明过错或责任的证据规则，不得不提及南京彭宇案。《中国青年报》社会调查中心在"小悦悦事件"之后，曾通过民意中国网和新浪网做过一个在线调查，调查结果显示：造成社会冷漠的首要原因是"'南京彭宇案'等案例暗示公众做好事可能会吃亏（65.7%）"。[1]南京彭宇案之后，社会上出现了一种由社会冷漠造成的公众道德沦陷危机，例

---

〔1〕 向楠："76.3%受访者承认小悦悦的死让自己反思"，载《中国青年报》2011年10月27日，第7版。其他原因还有："社会安全感不够，人们自保心态重"（64.1%）、"现在社会怨气太重，缺少温暖"（49.4%）、"自利主义盛行，人们只关心自己的小利益"（45.1%）、"许多人自身利益常受侵害，无暇顾及他人"（37.2%）等。

如，2013年4月5日，长春市一老人在菜市场里突然摔倒，178人跨过仅1人救助；2011年10月13日，佛山市一名两岁女童小悦悦被两车三次碾压后，7分钟内经过的18个路人对此不闻不问，最后是一名清洁女工施以援手；2009年12月6日，杭州市一老人晕倒在地路人不敢扶，因耽误救助时机最后死亡……[1]

在仔细阅读南京彭宇案一审法院判决书以及相关新闻报道和调查后，笔者发现该案引起巨大争议的主要原因并不是该案最后的判决结果，而是在一审判决书中法官运用的两个所谓"常理推断"。其一，"如果被告是见义勇为做好事，更符合实际的做法应是抓住撞倒原告的人，而不仅仅是好心相扶；如果被告是做好事，根据社会情理，在原告的家人到达后，其完全可以在言明事实经过并让原告的家人将原告送往医院，然后自行离开，但被告未作此等选择，其行为显然与情理相悖"。[2]在这个所谓"常理推断"中，法官将"被告彭宇把原告扶起并送往医院"的善行作为对被告不利的证据。其二，"根据日常生活经验，原告、被告素不认识，一般不会贸然借款，即便如被告所称为借款，在承担事故责任之虞时，也应请公交站台上无利害关系的其他人证明，或者向原告亲属说明情况后索取借条（或说明）等书面材料。但是被告在本案中并未存在上述情况，而且在原告家属陪同前往医院的情况下，由其借款给原告的可能性不大；而如果撞伤他人，则最符合情理的做法是先行垫付款项。……综合以上事实及分析，可以认定该款并非借款，而应为赔偿款"。[3]在第二个所谓"常理推断"中，法官又将"被告彭宇垫付医药费"的善行作为被告应负过错责任的不利证据。这两个所谓"常理推断"都犯了相同的逻辑错误，即都是从行善者的行善行为推断出行善者应负过错责任。其逻辑错误的原因在于，行善者很有可能仅仅是出于人道主义而并非其对事故应负过错责

---

[1] 对诸多类似事件的汇总报道，请参见维基百科：http://zh.wikipedia.org/wiki/%E5%8D%97%E4%BA%AC%E5%BD%AD%E5%AE%87%E6%A1%88，最后访问日期：2013年4月8日。
[2] 江苏省南京市鼓楼区人民法院民事判决书，(2007) 鼓民一初字第212号。
[3] 江苏省南京市鼓楼区人民法院民事判决书，(2007) 鼓民一初字第212号。

任而实施救助行为,因此法官的常理推断过于武断,难以令人信服。在这种错误的常理推断背后,反映的是一种错误的价值权衡——用一个人的善行来反对该人,这不仅不符合社会道德原则,也不符合司法公正原则。

南京彭宇案二审最后以和解撤诉告终,而没有通过正式判决的方式对一审法院这种有违道德原则和公正原则的所谓"常理推断"作出明确否定,最后导致这种错误的常理推断和价值权衡成为一种新的"社会规范"。这种新的"社会规范"迄今已经造成了三种极其恶劣的影响:其一,它产生了一种阻却人们做好事的效应,它暗示人们做好事可能会吃亏,导致人们因怕掉入陷阱再也不敢做好事。因此,该案之后,全国各地都曾出现"老人摔倒无人敢扶,小孩被撞无人敢救,最终因救治不及时而身亡"的现象。其二,这种新的"社会规范"的产生,使得少部分自己摔倒的老人在子女和金钱等压力下,诬告做好事者为肇事者。尽管有部分做好事者因为有证人作证或其善行被公共摄像头等设备记录而得以清白,但仍有部分案件因缺少证人等原因而事实不清。其三,更有甚者利用这种新的"社会规范"牟利,通过"职业碰瓷"来讹诈好心人。这些现象的出现,造成了恶劣的社会影响。

针对这种不良现象,社会各界纷纷献计献策,有主张加强道德建设的,有主张建立见义勇为基金的,等等。但何种方式才是最紧要最重要的呢?"类似事件的反复发生有其内在的社会文化根源,道德层面的批判固然是必要的,但无法从根本上防止此类事件的再度发生。身处社会生活中的人们固然会受到道德规范的制约,但道德规范的制约是否有效还取决于社会激励机制的有效发挥。而在诸多社会激励机制中,法律无疑是最为重要的一种。"[1]

其实,造成此类社会不良现象的主要原因是我国至今仍未完全确立"不得用以证明过错或责任的证据规则",即事后补救措施、提议和解和谈判、支付医药费用或类似费用、购买责任保险等行为,不得作为证明行为

---

[1] 吴洪淇:"挽救社会公德法律亦有可为",载《法制日报》2011年10月12日,第10版。

人侵权或应当承担责任的证据使用。这是美国证据法中的一剂药方，可以治疗社会公德日益恶化的顽疾，鼓励人们积极从事对社会有益的行为。此类规则通过切断这些善意行为与行为责任之间的因果关系，消除了人们担心"自己的善意行为被反过来用作自己应该承担过错责任的证据"的后顾之忧，从而激励人们敢于积极从事对社会有益的行为，使得整个社会也因此而受益。因此，应该抓紧确立"不得用以证明过错或责任的证据规则"，使证据法能够充分发挥其正确引导社会道德的作用，促进整个社会道德风尚向有益于全社会的方向发展。这类规则体现了和谐政策，体现了求真与求善的一种价值平衡，旨在维护与市场经济秩序一致的诚实信用、公序良俗，鼓励人们采取救助、和解等不断增加社会和谐因素的行为，这些规则对提高社会道德水平、促进社会和谐和社会福祉具有重要意义。[1]

事后垫付赔偿作为一种事后补救措施，如果被认定为证据，则很有可能会引发强烈的社会危机。由此可见，对于类似有益于社会和谐的补救措施，虽然可能具有相关性，但不应被认定为证据。笔者有幸在相关无罪判例中发现了类似规则萌芽，例如，在何某甲滥用职权一审刑事判决书（2014）香刑初字第483号中，法官就提出了何某甲于案发当日的行车路线问题、事后垫付赔偿给死者家属赔偿款问题，无法证实何某甲驾车追缉的事实。该案例尚未被学界和实务界进一步深入挖掘和推广，但我们完全可以视该案为我国不得用以证明过错或责任的证据规则的第一案。

---

〔1〕 张保生主编：《证据法学》，中国政法大学出版社2018年版，第338页。

第四章　证据不具有关联性

关联性在西方法学界是一个毫无争议的证据属性，并被称为"所有证据法制度的基本原则"。[1]与此同时，我国无论是在法律规定上还是在学术理论中，都对证据的关联性予以认可。首先，在法律层面，2021年《刑事诉讼法解释》对各类证据的关联性审查作出了规定。例如，该解释第82条规定，"对物证、书证应当着重审查以下内容：……（四）物证、书证与案件事实有无关联……"；第97条规定，"对鉴定意见应当着重审查以下内容：……（八）鉴定意见与案件事实有无关联……"；第108条规定，"对视听资料应当着重审查以下内容：……（六）内容与案件事实有无关联……"。其次，在我国法学理论界和实务界，关联性作为证据的根本属性也正被更多的人所接受和运用。[2]但不可否认的是，我国实务界对关联性的理解及运用还存在一定的误区，对此下文将结合案例详细展开。

第一节　涉证据关联性无罪规则

一、书证与案件事实之间无关联性

书证是指以文字、符号、图画等传达的思想或者记录的内容来证明有关案件事实的书面文件或其他物品。[3]由此可见，尽管书证的范围、类型

---

〔1〕　Ronald J. Allen et al., AN ANALYTICAL APPROACH TO EVIDENCE: TEXT, PROBLEMS, AND CASES (6th Edition), Wolters Kluwer, 2016, p.121.
〔2〕　参见张保生、阳平："证据客观性批判"，载《清华法学》2019年第6期。
〔3〕　参见陈光中主编：《证据法学》，法律出版社2015年版，第163页。

可能十分广泛，但以表达的思想或者记录的内容来证明有关案件事实是书证的基本特征。[1]换言之，具备与案件事实的关联性是其可以被称为书证的基础条件。

在当前的司法实践中，书证仍是控辩双方所主要依赖的证据类型之一，因此法官必须对书证的关联性作出准确认定。通过对检索案例的研读发现，公诉机关可能存在将现有书证一股脑儿提交法院的情况，其中部分书证与案件事实并无关联性，这也是关联性证据无罪规则在判例中比较集中的原因。因此，下面将通过不同情形的判例详细展开。

（一）书证内容因时间问题而失去与案件事实的关联性

1. 案发后就诊不及时，导致被害人伤情的检查结果与案件的关联性无法确认

由于故意伤害案件的特性，证明被害人的伤情需要案发后及时、可信的诊断。但在实践中，许多被害人在案发后都会出现不及时就诊的情况，导致没有及时固定伤情、形成证据。而事发后一段时间再就诊将大大降低该诊断结果的准确性，也无法准确排除致伤原因的其他合理怀疑，最终无法确定证据与案件的关联性。因此在故意伤害案件中，没有及时就诊导致证据与案件缺乏关联性是常见的无罪判例规则。[2]例如，在张某1故意伤害案中，法院认为，公诉机关提供的证据不足以证实被告人张某1实施了故意伤害陶某1的行为。陶某1构成轻伤二级的关键性损伤左足第四跖骨骨折，是在距离本案发生一个月后拍片检查发现的，该损伤与本案的关联性无法确定，不能作为本案定案依据。故公诉机关指控被告人张某1犯故意伤害罪事实不清，证据不足，指控罪名不能成立。[3]

2. 书证所述事实发生的时间，被告人已经不具备构成犯罪的主体身份

部分刑事犯罪对犯罪主体的身份有一定要求，即身份犯，职务犯罪正

---

[1] 参见陈光中主编：《证据法学》，法律出版社2015年版，第164页。

[2] 参见郑飞、梁雅丽主编：《故意伤害罪 无罪判例规则与辩护攻略》，法律出版社2020年版，第5页。

[3] 江西省吉安县人民法院刑事附带民事判决书，（2016）赣0821刑初248号。

是其中典型的类型之一。因此,面对职务犯罪中公诉机关提交的书证材料,法官应当逐一审查书证材料所述事实发生的时间节点,进而判断该证据与指控的案件事实是否具备关联性,这也应当是辩护律师攻破公诉机关犯罪指控的有力出发点之一。在李某涛徇私舞弊不移交刑事案件中,就存在这样的情况。法院查明:"本案中,……这些证据中的证据18,证明有刑事案件的发生,但发生时间是2016年的4月以后,这时李某涛已不再担任所长,所以应认定该证据与本案无关联性。"〔1〕

(二) 书证与证据提出者的事实主张之间不具备关联性

当事人将照片等作为证据提交法庭,必然要有想用其来证明的事实主张;也正是因为照片所呈现的内容能够与事实主张之间成立某种逻辑联系,该证据才具有关联性,其才被认为是该案的书证。因此,面对公诉机关提交的书证,法官应结合其事实主张予以审查,进而判断该书证是否与证据提出者的事实主张之间具备关联性。

例如,在陈某平制造毒品案中,公诉机关提供了制毒窝点的照片,想以此证明陈某平制造毒品的现场情况。但是,法官审查发现,这张照片存在两方面的疑点:第一,公诉机关当庭出示的该照片为复印件,来源于蒋某制造毒品案中只经蒋某签名的卷宗;并且,这一判决中并未认定蒋某与陈某平共同制造毒品,所以这一照片的内容与陈某平存在制造毒品的行为没有关联性。第二,尽管该照片来源于其他案件,但若能够获得本案被告人或相关证人的确认也可称为本案的证据。显然,在该案中,这一照片并未获得当事人(陈某平)或其亲属的签名确认,无法确定该照片就是陈某平家,因此,更无法以此证明陈某平制造毒品的现场情况。申而言之,公诉机关提供的该组照片与其想要证明的事实主张之间不具有关联性,因此该组照片未能作为本案的证据使用。〔2〕

---

〔1〕 河北省武强县人民法院刑事判决书,(2017)冀1123刑初107号。
〔2〕 湖南省邵阳市中级人民法院刑事判决书,(2018)湘05刑初89号。

（三）书证所证明的事实主张，与待证事实要素之间不具备实质的关联性

1. 书证证明了被害人存在某些行为，但这些行为与其被伤害不存在实质的关联性

我们先来看一个无罪判例——韩某生、许某山、杨某凤和李某鹏故意伤害案。[1]

公诉机关为指控被告人犯故意伤害罪，向法庭提供了下列证据：

镐把照片、液化气罐照片，说明锦铁房地产开发公司在动迁过程中使用了这些工具，液化气罐说明被害人在拒绝拆迁过程中使用了液化气罐。

……

本院认为，公诉机关提供的证据17镐把照片、液化气罐照片，欲证明锦铁房地产开发公司在动迁过程中使用了这些工具，液化气罐说明被害人在拒绝拆迁过程中使用了液化气罐，因其不能证明本案被害人顾某斌被伤害的事实，该证据与本案待证事实没有关联性，对此证据不予采信。

证据的关联性不仅要求书证与其事实主张之间存在关联，而且要求事实主张与待证事实要素之间存在实质性的关联。[2]结合上述无罪判例来说，公诉机关通过提交第17组镐把照片、液化气罐照片的证据，其主张的事实是"说明锦铁房地产开发公司在动迁过程中使用了这些工具，液化气罐说明被害人在拒绝拆迁过程中使用了液化气罐"。诚然，该组证据能够证明公诉机关的这一事实主张，但问题在于，这一事实主张无法与被害人受到了故意伤害这一待证事实要素之间建立起关联性。因此，虽然表面上公诉机关的该组证据与其事实主张存在关联性，但是，公诉机关的这一事实主张与本案最终的待证事实之间并不存在任何实质的关联性，故该组照片不能作为本案的证据使用。

---

〔1〕 辽宁省兴城市人民法院刑事附带民事判决书，（2014）兴刑初字第00237号。
〔2〕 参见张保生主编：《证据法学》，中国政法大学出版社2018年版，第15页。

2. 书证证明了被害人受伤的事实，但无法证明该事实系被告人所为

在王某石故意伤害案[1]中，法院查明：

本案争议的焦点为王某石在案发时间是否在现场，张某1的伤是不是王某石所形成……本院认为，公诉机关提供的证据3于某2、证据4韩某2出具的工作说明能证实张某1在王某1家受伤的事实，与王某石是否在案发现场是否有伤害行为的待证事实无关联性。……对证据23接处警单、24照片、25车辆查询与（王某石是否在案发现场，是否有伤害行为的）待证事实无关联性。

判断证据与待证事实是否存在实质的关联性，首先应当明确两个问题：第一，证据提出者用该证据想要证明的事实主张是什么；第二，证据提出者通过这一事实主张，想要最终证明的待证事实是什么。通过回答上述问题，我们将探查到证据与最终待证事实之间的实质关联性究竟是否建立。回到上述无罪判例中，公诉机关提出的证据是于某2、韩某2出具的两份工作说明，通过这两份工作说明能够证实的控方事实主张是被害人张某1在王某1家受伤。然而，回到该案最为核心的待证事实，即本案的争议焦点是该伤是否为被告人王某石所为，显然，这两份工作证明所证实的事实主张，无法与这一待证事实要素之间建立连接。因此，这两份书证不具备实质的关联性，无法由此作出认定被告人实施了对被害人的伤害行为。

3. 证据与最终待证事实无关联性

在向某荣与钱某龙、何某滥用职权、受贿案[2]中，法院查明：

证人王某甲的证言及中国普法网2015年5月13日刊登的《不是承包到户的坡耕地不能享受钱粮补助政策》的行政诉讼案例，用以证明尚未承包到户的坡耕地，不纳入退耕还林兑现钱粮补助政策范围，但可以作宜林

---

[1] 黑龙江省哈尔滨市呼兰区人民法院刑事附带民事判决书，(2018) 黑0111刑初144号。
[2] 四川省巴中市中级人民法院刑事判决书，(2015) 巴中刑终字第82号。

荒山荒地造林，按每亩50元标准给予种苗和造林费补助……

经二审审理查明的事实及采信的证据与一审一致，本院依法予以确认。

本院认为，……关于巴中市人民检察院在二审中出示的钱某龙讯问笔录一份，证人赵某某、景某某、苟某某、王某甲证言及中国普法网2015年5月13日刊登的《不是承包到户的坡耕地不能享受钱粮补助政策》的行政诉讼案例证据及材料。本院认为，二审中出示的钱某龙讯问笔录，证人赵某某、景某某、苟某某、王某甲证言，结合本案原公诉机关出示的证据对原公诉机关指控钱某龙构成诈骗罪，向某荣、何某构成滥用职权罪仍然达不到证据确实充分的标准；中国普法网2015年5月13日刊登的《不是承包到户的坡耕地不能享受钱粮补助政策》的行政诉讼案例与本案抗诉机关指控犯罪事实没有关联性，决定不作为本案证据使用。

通过代入上文指出的判断证据与待证事实是否存在实质的关联性来看，在上述无罪判例中，公诉机关所需证明的核心待证事实是被告人存在滥用职权、诈骗的犯罪行为。该案原判法院认为，公诉机关指控被告人向某荣、何某犯滥用职权罪，被告人钱某龙犯诈骗罪的证据未能达到确实、充分的证明程度。基于此，抗诉机关提交了新证据，以期证明被告人确实存在滥用职权、诈骗的犯罪行为。但作为新证据之一的《不是承包到户的坡耕地不能享受钱粮补助政策》的行政诉讼案例，仅证明了"尚未承包到户的坡耕地，不纳入退耕还林兑现钱粮补助政策范围，但可以作宜林荒山荒地造林，按每亩50元标准给予种苗和造林费补助"，并不能进一步与被告人是否确实存在滥用职权、诈骗的犯罪行为这一最终待证事实建立必然、合理的逻辑联系。因此，控诉机关提出的这一行政诉讼案例与最终待证事实之间不具备实质关联性。

二、物证与案件事实之间无关联性

物证是指以其外部特征、存在状态、物质属性等来证明有关案件事实的实物和痕迹。[1]换言之，若将一项证据作为物证用以证明案件事实，必须能够证明该物是与犯罪有关的物品或因犯罪而遗留下来的痕迹。但在任某芳故意杀人案[2]中，相关物证却无法与待证事实建立此种关联性。该案客观性物证的收集来自两个现场，即位于被害人家的杀人现场和岷县清水电站的抛尸现场。在杀人现场提取了拖把、方头铁锹、打气筒（缺脚踏环）、灰色毛背心各一，不同位置的血迹6处。其中涉及的杀人工具的方头铁锹、打气筒以及清理现场的拖把上，经依法提取检验，没有检出与被害人和上诉人有关的任何痕迹物证及生物检材。尽管侦查机关在作案现场提取了若干物品，但是，物品被提取不必然等于其就是本案的物证。例如，对于本案中所提取的疑似杀人工具方头铁锹、打气筒以及清理现场的拖把等物品而言，经依法提取检验分析，并未检出与被害人和上诉人有关的任何痕迹物证及生物检材。因此，这些物品无法与案件待证事实之间建立任何逻辑联系，与本案不具有关联性。

二、证人证言与案件事实之间无关联性

证人证言是我国司法实践中的重要证据类型之一。证人证言能够直接或间接证明案件有关事实，即具有与案件事实的关联性。具体而言，有的证人直接目睹了案件主要事实经过，其陈述能够直接揭示案件主要事实；有的证人了解案件前后事实或者案件局部情况，虽非主要事实，但与其他证据结合起来能够揭示案件的主要事实。[3]申而言之，不管何种情形，证人证言必须与案件事实之间具有一定的逻辑联系，才能将其作为认定犯罪的证据。但是，司法判例中的某些证人证言并未达到这一要求。

如前文所述，证据的关联性不仅要求证据与其事实主张之间存在关联，而且要求事实主张与待证事实要素之间存在实质性的关联。书证如此，证人证言也是如此。结合相关判例来看，对于发生在公共环境下的故

---

[1] 参见陈光中主编：《证据法学》，法律出版社2015年版，第159-160页。
[2] 甘肃省高级人民法院刑事附带民事判决书，(2013)甘刑一终字第13号。
[3] 参见陈光中主编：《证据法学》，法律出版社2015年版，第173页。

意伤害犯罪而言，证人证言往往是认定犯罪较为重要的一种证据类型，即通过多名目击证人甚至是街坊四邻的众多证言来还原案件事实。对于采集到的证人证言，公诉机关或自诉人也将全盘移交至法院，但是，即使存在多份证人证言，也并不等于这一案件就能板上钉钉地予以确认。对此，法官很多时候会仔细审阅每份证人证言，分析、判断在案的证人证言究竟能否排除其他所有合理怀疑，证明被告人确实对被害人实施了故意伤害的行为，而证言的关联性判断正是法官审查判断的起点与基础。本书将以两个案例予以说明。

案例一：王某石故意伤害案[1]

本案争议的焦点为王某石在案发时间是否在现场，张某1的伤是不是王某石所形成……

本院认为，……证据6修配厂负责人唐某6、证据7修车工隋某的证言能证明案发当日王某1驾驶的本田车修车、送车的事实，与王某石的供述基本一致，但与（王某石是否在案发现场，是否有伤害行为的）待证事实无关联性。证据8张某2、证据9马某的证言证实其介绍张某1给王某1制作安装大门，2016年10月30日王某1与之通电话的事实，谈话内容与（王某石是否在案发现场，是否有伤害行为的）待证事实无关联性。证据10、证据11、证据12、证据13系120救护中心工作人员出具的证言，能证实2016年10月30日20：05分接警，与证据3、证据4印证，证明张某1于王某1家受伤的事实。同时孙某证实张某1没少喝，言语不清、大喊大叫，但与（王某石是否在案发现场，是否有伤害行为的）待证事实无关联性。

对于该案，第一，修配厂负责人唐某6、证据7修车工隋某的证言仅证明了案发当日王某1驾驶的本田车修车、送车的事实；第二，张某2、马某的证言仅证实了其介绍张某1给王某1制作安装大门，2016年10月

---

[1] 黑龙江省哈尔滨市呼兰区人民法院刑事附带民事判决书，(2018) 黑0111刑初144号。

30日王某1与之通电话的事实；第三，120救护中心工作人员出具的证言，只能证实2016年10月30日20：05分接警，证明张某1于王某1家受伤的事实。但是，所有的这些证人证言都与王某石是否在案发现场、是否对被害人有伤害行为这一核心的待证事实没有关联性，因此，无法认定被告人王某石构成故意伤害罪。

案例二：白某刚受贿案[1]

对于原审判决认定白某刚受贿5万元的犯罪事实，经本院再审认为事实不清，证据不足。原公诉机关指控白某刚受贿5万元所提供，经原审法院采纳及本院再审庭审质证的主要证据有：

……

证人祁某君证言，证明范某伟等人在辽化施工期间，祁某君曾帮辛某斌约白某刚到其办公室并介绍双方认识，没唠多长时间，白某刚就走了；辛某斌在与白某刚见面前曾让祁某君帮忙代其送给白某刚1万元钱，祁某君未予帮忙；之后白某刚曾给祁某君打过一次电话约辛某斌见面，祁某君在通知辛某斌时，辛某斌问祁某君是不是因为白某刚嫌给的钱少，祁某君说不知道的情况。

上述祁某君证言只能证明其介绍辛某斌与白某刚认识，对于辛某斌给白某刚送1万元的经过未予证实，与本案认定白某刚受贿5万元的事实无关，故祁某君证言对白某刚收受5万元的事实无证明力。

证人宋某丹证言，分别证明了在发现动力厂白钢管有丢失现象之后，白某刚多次向其汇报此事，因宋某丹向白某刚追问过多次，白某刚怕其解释宋某丹不相信，所以想让吉某建的人当面向宋某丹解释。白某刚介绍宋某丹与吉某建施工人员认识，吉某建的人当面称管线已经卖掉，暂时归还不了；白某刚收没收吉某建的钱宋某丹不清楚，2010年春节前，白某刚曾向厂长汇报，欲向吉某建要钱，厂长不同意，让白某刚找宋某丹商量，白

---

[1] 辽宁省鞍山市中级人民法院刑事判决书，(2017) 辽03刑再2号。

某刚对宋某丹称吉某建要主动给予赔偿,宋某丹不同意要钱。白某刚对宋某丹说过吉某建拆除管线验收资料需要白某刚签字,白某刚想借此向吉某建要15万元到20万元的事实,但宋某丹未允许。

上述宋某丹证言证实白某刚在吉某建施工中负责的工作及发生白钢管被盗后向有关领导汇报的情况。其证言反映出三个问题:第一,白某刚是否收吉某建的钱宋某丹不清楚,即其直接、间接均无法证实白某刚收受了贿赂;第二,白某刚将有关情况向相关领导作了汇报,且因吉某建没有处理好白钢管丢失的问题,白某刚一直未在验收资料上签字;第三,证明录音资料中涉及的15万元到20万元钱的性质问题,即这些钱是施工方对未归还管线的赔偿数额,而非白某刚向施工方索贿的数额。故上述证言不能佐证白某刚收受5万元的事实。

证人马某龙证言,证明白某刚于2009年年初和年末曾两次向马某龙汇报白钢管丢失,以及吉某建欲拿钱处理此事的情况,马某龙告诉白某刚此事让其找科长宋某丹商量,马某龙认为白某刚提及的吉某建欲化解此事的钱应该是给单位的。

上述马某龙证言能够佐证白某刚辩解,即丢失管线的事其向领导汇报过,且向吉某建要钱是要平单位的账,不是为自己。同样,马某龙的证言除证明白某刚所负责的工作和向其汇报过丢失管线的事外,对于本案受贿犯罪事实的指控没有证明力⋯⋯

本院认为,本案原公诉机关指控原审被告人白某刚犯受贿罪的证据不足,起诉指控的事实和罪名不能成立,本院对此不予支持⋯⋯证人祁某君、宋某丹、马某龙证言证实的内容,与起诉指控白某刚收受5万元的事实缺乏关联性。

该案的核心待证事实是被告人白某刚存在受贿5万元的行为。但是,第一,证人祁某君的证言只能证明,其介绍辛某斌与白某刚认识,与辛某斌是否对白某刚行贿、白某刚是否受贿的事实无关;第二,证人宋某丹的证言则证实了白某刚在吉某建施工中负责的工作及发生白钢管被盗后向有关领导汇报的情况，其中，宋某丹的证言证明了录音资料中涉及的15万元到20万元是施工方对未归还管线的赔偿数额，并非白某刚向施工方索贿的数额，与白某刚受贿收受5万元的事实没有关联性；第三，证人马某龙的证言仅能证明白某刚所负责的工作任务和向其汇报过丢失管线的事，与控方指控的受贿犯罪事实没有关联性。

四、鉴定意见与案件事实之间无关联性

（一）无法证实检材的来源，故鉴定意见与案件事实之间关联性存疑

司法实践中，经辨认和鉴真仍不能辨别或鉴定证据的同一性或真实性时，将启动鉴定程序，即通过鉴定人借助科学知识或技术手段，解决证据的同一性、可靠性问题。[1]但是，鉴定意见究竟能否作为认定案件事实的证据还应当满足多项要求，其与案件事实之间是否具有关联性便是其中重要的因素之一。2021年《刑事诉讼法解释》第97条规定，"对鉴定意见应当着重审查以下内容：……（八）鉴定意见与案件事实有无关联……"；第98条规定，"鉴定意见具有下列情形之一的，不得作为定案的根据：……（八）鉴定意见与案件事实没有关联的……"。因此，鉴定意见与案件事实之间的关联性应当是司法实践中不可忽视的重要问题之一。许多案件都是因为无法证实检材的来源，导致鉴定意见与案件事实之间关联性存疑，例如在陈某平制造毒品案[2]中，法院查明：

虽然理化检验鉴定报告具有真实性、合法性，但缺乏关联性。因公诉机关不能提供现场勘验笔录、现场搜查笔录、物品提取笔录、称重笔录、扣押物品和收缴物品清单等客观证据证实理化检验鉴定报告中所鉴定的物品来源于从陈某平家搜缴的物品，故理化检验鉴定报告中检验的毒品来源不清。被告人陈某平辩护提出"检验的物品不是他所有"以及辩护人提出

---

[1] 参见张保生主编：《证据法学》，中国政法大学出版社2018年版，第233页、第249页。
[2] 湖南省邵阳市中级人民法院刑事判决书，(2018) 湘05刑初89号。

"理化检验鉴定报告中检验的毒品疑似物不能确定是从陈某平家搜出的物品"的理由成立,本院予以采纳……

本院认为,公诉机关提供的理化检验鉴定报告虽然从部分检材检出甲基苯丙胺、磺甲烷、烟酰胺、茶碱及咖啡因成分,但缺失现场勘验笔录、现场搜查笔录、物品提取笔录、称重笔录、扣押物品和收缴物品清单等重要客观证据佐证,缺乏关联性,不能作为定案的依据。

检材是鉴定的基础材料,换言之,鉴定就是对检材与案件事实的同一性、可靠性进行分析与判断。因此,若检材的来源无法确定,鉴定意见与案件事实之间的关联性便失去了基础性根基。该案中,公诉机关对在陈某平家搜出疑似毒品的液体物质进行了鉴定,并从检材中检测出了毒品成分,便以此认定陈某平存在制造毒品的事实行为。但值得注意的是,尽管这一理化检验鉴定报告具有真实性、合法性,但是,公诉机关不能提供现场勘验笔录、现场搜查笔录、物品提取笔录、称重笔录、扣押物品和收缴物品清单等任何客观证据,以证实理化检验鉴定报告中所鉴定的物品来源于从陈某平家中搜缴的物品,即检材的来源无法确定。因此,理化检验鉴定报告与案件事实之间的关联性存疑,无法排除合理怀疑。

(二)被害人受伤后未及时鉴定,故鉴定意见与案件事实之间关联性存疑

我们来看一个无罪判例——李某仓故意伤害案。[1]

关于刘某某的伤情,事发后刘某某没有及时就医,在陪护其丈夫李某某期间,完全有条件医治和确诊,在时隔26天后即2015年1月31日进行诊断,不能排除再次受到其他伤害的情形;2015年1月31日诊断建议与2015年4月13日诊断建议情况不一致,结合侯某某笔录,前门牙右2到左2,有牙周病,左3和右1松动严重,保德县人民医院诊断是右上1、右

---

[1] 山西省河曲县人民法院刑事判决书,(2015)河刑初字第64号。

上2牙齿Ⅲ度松动。刘某某伤情鉴定及就医违反程序规定，本案发生后公安机关随即介入，河曲县公安局鹿固派出所告知并出具委托书让刘某某到忻州市公安司法鉴定中心鉴定，刘某某去忻州咨询后，在首诊医院没有建议情况下违反就医规定到保德县人民医院将牙拔除，当天随后去山西保德司法鉴定中心司法鉴定，不能排除自伤情形。

该案中，核心的待证案件事实之一是刘某某的伤情究竟如何。但是，刘某某在受伤后，具备伤情检验条件却未进行检验，首次诊断时已不能排除再次受伤等合理怀疑，并且，刘某某的前两次检查结果之间存在差异。不仅如此，刘某某在前往山西保德司法鉴定中心进行司法鉴定前，曾违反规定破坏原始伤情。因此，在此基础上作出的鉴定意见与案件事实之间的关联性存疑，无法直接作为定案证据之一。

五、在案证据与被告人被指控的事实之间不存在关联性

证据的关联性包括证明性与实质性，前者指证据对事实主张的证明作用，后者指事实主张与审判（要件事实）要有实质联系。在部分案件中，尽管在案证据对某些事实主张具有证明性，但证明的事实主张却与审判（待证要件事实）没有实质联系，因此导致要件事实得不到证明，最后被判无罪。

案例一：冀某伟、冯某甲等故意伤害和寻衅滋事案[1]

本院认为，被告人冀某伟、冯某甲、杨某林、向某故意非法损害他人身体××，致人重伤，其行为均已构成故意伤害罪，检察机关指控罪名成立，本院予以支持；针对检察机关提起的被告人冀某伟指使被告人冯某甲、杨某林、张某，持凶器随意殴打他人，致人轻微伤，四人的行为均已构成寻衅滋事罪的指控，本院认为，结合本案的证据查明，被告人冀某

---

[1] 河北省张家口市宣化区人民法院刑事判决书，（2014）宣区刑初字第83号。

伟、冯某甲、杨某林、张某欲伤害的对象明确为王某乙，所侵犯的是王某乙的身体××权，故四被告人在该起指控的犯罪事实中的行为应定性为故意伤害行为，不符合寻衅滋事罪的犯罪构成，造成的后果为被害人王某乙轻微伤，故在该起指控的事实中被告人冀某伟、冯某甲、杨某林、张某的行为不属于犯罪行为，检察机关指控被告人冀某伟、冯某甲、杨某林、张某犯寻衅滋事罪罪名不能成立，本院对其提起的该项指控不予支持；对其所举证据：证人杨某乙的证言，冯某甲书写的保证书，有被告人冀某伟签字的调解书，冯某甲的伤情照片，证人冯某乙、王某甲的证言等，本院认为与审理查明的事实不具备关联性，故不予认定。

案例二：杨某华、杨某雄走私、贩卖、运输、制造毒品案[1]

本院认为，公诉机关指控被告人杨某雄犯运输毒品罪，事实不清，证据不足，指控罪名不成立。理由如下：……第三，本案系事实不清，证据不足而被发回重审，在重审过程中，公诉机关虽已向法庭举示了侦查机关所补强的证据，但只能进一步证实被告人杨某运输毒品的事实，却不能证实被告人杨某雄参与其父运输毒品的主客观事实。在案证据与被告人杨某雄与其父共同运输毒品的事实不存在关联性。

在冀某伟、冯某甲等故意伤害和寻衅滋事案中，四被告人的犯罪行为应当定性为故意伤害行为，并非寻衅滋事行为，而公诉机关为指控被告人构成寻衅滋事罪而提出的证据也与该罪名的成立毫无关联性。而在上述杨某华、杨某雄走私、贩卖、运输、制造毒品案中，在杨某雄的定罪问题上，法官通过证据审查发现，在案证据与杨某雄构成毒品犯罪的待证事实之间不存在关联性，因此，无法证明被告人杨某雄构成犯罪。

六、证据不具有关联性的无罪逻辑

严格意义上讲，证据是否具有关联性与犯罪嫌疑人是否无罪之间并不

---

[1] 云南省怒江傈僳族自治州中级人民法院刑事判决书，(2019) 云33刑初2号。

存在决定性的关系。一方面,即使有一些证据不具有关联性,凭借其余具有关联性的证据也可能足以证明犯罪嫌疑人有罪。另一方面,即使全部证据都具有关联性,也并不一定意味着犯罪嫌疑人有罪。当然,基于前文案例分析不难发现,在一些案件中,证据的关联性也可以影响是否定罪,这可以总结为两种模式。

一种模式是关键证据不具有关联性导致其丧失证据能力,进而使得无法达到证明标准。例如,在前述张某1故意伤害案中,陶某1构成轻伤二级的关键性损伤左足第四跖骨骨折,是在距离本案发生一个月后拍片检查发现的,该损伤与本案的关联性无法确定,不能作为本案定案依据。是否承认该证据的证据能力实际上可以直接决定犯罪嫌疑人是否有罪,因为该证据直接关乎因果关系问题。而在这种情况下,当证据不具有关联性时,便出现了因关键证据不具有证据能力而导致无罪的情形。

另一种模式是证据不具有关联性而导致其余证据无法达到证明标准。一些时候,单一证据可能并不足以直接证明关键的待证事实,但是其可能通过影响其他证据的证明力进而使全案证据无法达到证明标准。例如,在前述向某荣与钱某龙、何某滥用职权、受贿案中,作为新证据之一的《不是承包到户的坡耕地不能享受钱粮补助政策》行政诉讼案例,仅证明了"尚未承包到户的坡耕地,不纳入退耕还林兑现钱粮补助政策范围,但可以作宜林荒山荒地造林,按每亩50元标准给予种苗和造林费补助",因不具有关联性而未被法庭采信。但这并未直接导致无罪,无罪的主要原因是综合其他证据未能达到证明标准。

第二节 关联性无罪裁判的困境及出路

如前文所述,证据不具有关联性与无罪判决之间存在一定关联。换言之,对于证据关联性的准确认定将有可能导致无罪判决。但从无罪判例中看,当前司法实践中对关联性概念的误用很可能导致关联性无罪裁判的效果不佳。

一、"关联性"概念的误用

(一) 混淆了证据的同一性、真实性与关联性

在周某安非法持有毒品案[1]中,法院查明:

本院认为,本案经庭审举证、质证确认的证据仅能证实检查站民警从周某安乘坐的出租车内查获了毒品,后将周某安移交至派出所的事实。但指控公安机关查获的毒品系周某安所持有缺乏确实、充分的证据予以证实:……庭审中,公诉机关向法庭提交的公安机关从公安部禁毒局重大毒品案件侦办平台上下的重点人员详细信息,该信息未得到有关单位的确认,证据缺乏关联性。

证据的真实性和关联性都是证据审查的基本内容。真实性是证据本身及其来源的真实可信性或真实可靠性,指代的是证据本身及其来源的真实可信或真实可靠维度,体现的是对证据本身可信程度的要求;而关联性是证据与待证要件事实之间所存在的一种逻辑联系,是指某个证据将有助于证明或反驳某个待证的要件事实。这二者之间并不等同,也不能互相替换。对于公诉机关向法庭提交的公安机关从公安部禁毒局重大毒品案件侦办平台上下的重点人员详细信息,这一书证所存在的问题是该详细信息未得到有关单位的确认。换言之,公诉机关对该详细信息的举证未能达成该证据的真实性证明,因此无法作为定案的依据,并非该详细信息与案件事实不具有关联性。

本案主要牵涉对于证据同一性、真实性和关联性之间关系的认识问题。所谓同一性,是指检察官对侦查机关移送的某一实物证据是否为其所声称的那份与案件有关的证据。[2]在既有讨论中,同一性问题是属于真实性问题还是关联性问题是存在争议的。例如,有学者认为:"根据司法实践

---

[1] 湖北省武汉市江岸区人民法院刑事判决书,(2017)鄂 0102 刑初 909 号。
[2] 参见李昌林、顾伟品:"论审查起诉阶段对非法证据的认定与排除",载《人大法律评论》编辑委员会组编:《人大法律评论 2013 年卷 第二辑》,法律出版社 2014 年版,第 196-209 页。

的法律规则,法庭主要从以下两个方面判断电子数据的真实性:电子数据来源的原始性、同一性和电子数据在侦查阶段、诉讼过程中的完整性、同一性。"[1]这一观点实际上是将同一性作为真实性的判断标准。但也有学者反对这一观点,其认为"更好的做法或许是把作为可靠性的真实性内嵌于证明力标准中,而用关联性标准吸收作为同一性的真实性"。[2]该观点实际上是将同一性作为关联性的判断标准。基于上述理论上的争议,法官在处理相关问题时,也就存在一定误区。因此,解决实践中的问题,首先要厘清上述三组概念之间的关系。

就同一性和真实性的关系上看,同一性问题解决的是证据是否被篡改或替换,其不关注证据的实质真实性问题。例如,同一性问题解决的是在犯罪现场发现的笔记本是否被侦查人员替换成一个伪造的笔记本,但并不解决笔记本中所记的内容是否准确,因此通过辨认鉴真程序解决同一性问题。但"鉴真"一词造成了认识上的误导和混淆,将鉴真规则与司法解释中的真实性审查规则相等同。与司法解释的规定不同的是,鉴真的"真"仅限于形式真实。鉴真在对关联性之基础事实提供证明的同时,能够从证据的存在形式、来源、保管状态等方面检验证据是否具备形式真实性,但是并不能揭示证据所包含的信息,因此无法解决证据的实质真实性问题。证据的实质真实性,指的是不同证据所包含的信息具有同一指向,彼此之间不存在矛盾或疑问,需要通过证据之间相互印证确定。[3]因此,同一性问题的审查,实际上解决的是"形式真实性"的问题,是该证据来源及其表现形式真实性的初步筛查机制。[4]

就同一性和关联性的关系上看,同一性问题可以看作关联性的预备问题。例如,《美国联邦证据规则》规则104(b)将证据铺垫问题作为"附

---

[1] 丁春燕:"区块链电子数据的证据能力分析——以农业保险欺诈刑事诉讼切入",载《法学杂志》2021年第5期。

[2] 徐舒浩:"基于决定关系的证据客观性:概念、功能与理论定位",载《法学研究》2021年第5期。

[3] 参见廖思蕴:"中国语境下实物证据鉴真规则的构建",载《证据科学》2021年第3期。

[4] 参见谢登科:"电子数据真实性审查规则的反思与完善",载《学术交流》2021年第3期。

条件的相关性"。所谓"附条件的相关性",是指证据的关联性取决于某个基础事实的存在,举证方必须提供足以支持认定该事实存在的证明,以使得证据被采纳。[1]从关联性判断的方法看,这一规定并不难理解。因为关联性是使待证要件事实更可能或更不可能的任何趋向性。而一旦证据遭到了篡改或替换,其显然无法证明待证要件事实,也自然就不具有关联性。例如,一般犯罪现场发现的沾有血迹的刀当然可以指向犯罪嫌疑人实施了犯罪行为。但是任意一把沾有血迹的刀则难以指向犯罪嫌疑人的行凶行为。而不具有同一性的证据属于后者,即不具有关联性。

综上所述,同一性问题解决的是证据的形式真实性问题,也是证据关联性的预备问题。在实践运用过程中,对三组概念的错误认识可能导致以下两种应用误区:(1)将同一性问题等同于实质真实性问题;(2)将真实性问题等同于关联性问题。故而,在未来关联性问题的审查判断中,法官应注意其与同一性和真实性问题的联系与区别。

(二) 印证与关联性混同

我们先来看几个无罪判例。

案例一:沈某宝、林某军等寻衅滋事案[2]

综上所述,本院认为,原裁判认定原审上诉人沈某宝、林某军、林某亮犯寻衅滋事罪的主要依据是其三人的有罪供述。经再审启动非法证据排除程序,确认原审上诉人沈某宝、林某军、林某亮的有罪供述不能排除存在被刑讯逼供的可能性,依法作为非法证据予以排除后,本案没有证明沈某宝、林某军、林某亮作案的客观证据,证人张某1、张某3的证言仅能够证明沈某宝、林某军案发当晚问路的情况,不能证明沈某宝、林某军带着林某亮第二次进村;没有找到凶器,无法就被害人江某1的损伤痕迹与凶器进行鉴定;江某1指证凶手的体貌特征与林某军、林某亮的体貌特征

---

[1] 参见王进喜:《美国〈联邦证据规则〉(2011年重塑版)条解》,中国法制出版社2012年版,第20页。
[2] 江苏省高级人民法院刑事判决书,(2016)苏刑再4号。

不符，且未能在侦查人员提供的一组照片中辨认出林某军、林某亮。本案在案的其他证据之间缺乏关联性、不能形成证据锁链，不具有绝对的排他性，原裁判认定原审上诉人沈某宝、林某军、林某亮犯罪事实不清，证据不足，不能达到确实、充分的证明标准。

案例二：刘某故意伤害案[1]

本院认为，公诉机关指控被告人刘某殴打孟某，致孟某轻伤的主要证据是法医鉴定、被害人孟某的陈述、证人宋某1和王某1的证言以及孟某、宋某1、王某1、孙某辨认被告人刘某的辨认笔录，而孟某、宋某1、王某1三人在2017年2月9日的第一次笔录中，均没有指出是被告人刘某将孟某打伤。而且，在公安机关让三个人看着出警录像指认谁打的他们时，被告人刘某就在录像中，三人谁也没能指认出被告人刘某是殴打孟某的人。直到2017年3月9日孟某才指出是被告人刘某殴打的他。王某1、宋某1是在2018年3月6日才指出是被告人刘某殴打的孟某。对这种情况孟某、宋某1、王某1不能作出合理解释。证人孙某辨认被告人刘某的辨认笔录，辨认在场人李某明系办案单位聘任的临时工作人员，该辨认笔录依法不能作为证据使用。并且，证人孙某的证言中，并没有证实被告人刘某将孟某打伤的内容，却在2017年12月1日对被告人刘某予以辨认。该辨认笔录与证言缺乏关联性……

案例三：李某成故意杀人案[2]

根据有罪供述未获取有价值的痕迹物证，供述的作案凶器铁锨上也未检出被害人的生物痕迹，有罪供述与在案其他证据关联性不强。

如前文所述，关联性是证据与待证要件事实之间存在的一种逻辑联系，是指某个证据将有助于证明或反驳某个待证的要件事实。因此，关联

---

[1] 河北省唐山市丰润区人民法院刑事判决书，（2018）冀0208刑初258号。
[2] 甘肃省高级人民法院刑事判决书，（2019）甘刑终102号。

性绝不是衡量证据之间相互关系的一种维度，而"本案在案的其他证据之间缺乏关联性""辨认笔录与证言缺乏关联性"等表述均是对证据关联性的错误解读与使用。

在证据之间相互关系的描述中，印证是最为常见的表述之一。印证证明是自由证明模式中的一个具体模式，而印证证明的核心要点之一便是强调证据之间的一致性，即"在这种以印证为最基本要求的证明模式中，证明的关键在于获得相互支持的其他证据"。[1]进一步而言，证据之间相互支持可以从正反两个方面展开。从正面来讲，用以支持案件事实定论的证据必须是复数，并且多种证据所内含的证据性命题必须能够相互支持。所谓相互支持，在逻辑上包括证据性命题之间相互解释、一个证据性命题蕴含了另一个证据性命题、证据性命题彼此之间形成融贯的叙事等。从反面来讲，证据性命题之间不能出现矛盾、冲突。如果证据性命题之间存在矛盾，那么就存在无法排除的合理怀疑。

由此来看，上述判例中法官真正想表达的是辨认笔录和证人证言等证据之间无法相互印证，而非证据之间不具有关联性；而证据之间的印证与证据的关联性作为不同层面的两个问题，不应当出现此种情形的混淆与误用。

除对关联性概念的理解不当外，过分强调印证在证据审查中的作用也是法官产生混淆的一个重要因素。2018年1月1日起施行的《人民法院办理刑事案件第一审普通程序法庭调查规程（试行）》第45条第1款规定："经过控辩双方质证的证据，法庭应当结合控辩双方质证意见，从证据与待证事实的关联程度、证据之间的印证联系、证据自身的真实性程度等方面，综合判断证据能否作为定案的根据。"该规则实际上是将印证与关联性和真实性上升为证据审查的同一层次。[2]这一规则实际上容易造成法官对于关联性和印证之间的错误解读。理由在于，一般而言，证据审查的主

---

〔1〕 龙宗智："印证与自由心证——我国刑事诉讼证明模式"，载《法学研究》2004年第2期。
〔2〕 参见谢澍："刑事司法证明模式之'作用维度'——反思'印证证明模式'的另一种理论框架"，载《东方法学》2021年第5期。

要判断对象是关联性、真实性和合法性。但突然加入的印证在证据审查体系中居于何种地位则存在疑问。本质上讲,证据之间是否印证无非也只能指向证据的关联性、合法性和真实性。[1]所以,法官在判断时,有可能将证据之间的印证联系与证据的关联性或真实性相混淆。某种意义上讲,过分强调印证的作用是导致法官混淆关联性与印证的根源,其问题不言而喻:法官对印证本身的认识不够,但却又迷信印证,游离于相互印证之证据链条以外的证据难以进入认定范围,可能导致遗漏案件事实。[2]

(三)关联性法律概念与生活概念混同

在胡某祥、玉某走私、贩卖、运输、制造毒品案[3]中,法院查明:

原判认为上诉人胡某祥采用高度隐蔽的方式藏匿、运输毒品,且绕道行驶逃避公安边防检查,在接受检查时也未如实申报,足以认定其主观明知是毒品而实施运输。根据在案证据证实,胡某祥与玉某无联系,二人在本案中缺乏关联性;玉某租乘胡某祥的客运面包车,胡某祥称系受玉某的安排走老公路的辩解符合常理;胡某祥在接受检查时未如实申报,但在手提袋被查获后即如实报告。原判据以定案的证据没有形成完整证据锁链,没有达到证据确实、充分的法定证据标准,根据现有证据,认定胡某祥主观明知运输毒品的证据不足,因此,原判认定胡某祥犯运输毒品罪的事实不清、证据不足。胡某祥及其辩护所提原判认定事实不清、证据不足的上诉理由及辩护意见成立,予以采纳。

法律概念来源于生活概念,生活概念是对生活中出现的现象进行的描述,法律概念是对生活概念进行筛选提炼而成,却区别于一般的生活概念,因为法律概念不是被制定来描写事实。就如黄茂荣先生所说:"盖法律概念之本来功能在于规范其所在之社会的行为,而不在于描写其所在之

---

[1] 参见龙宗智:"刑事印证证明新探",载《法学研究》2017年第2期。
[2] 参见谢澍:"刑事司法证明模式之'作用维度'——反思'印证证明模式'的另一种理论框架",载《东方法学》2021年第5期。
[3] 云南省高级人民法院刑事判决书,(2016)云刑终127号。

社会。"[1]法律的功能在于调整社会关系即权利与义务的关系，此功能决定了法律的基本单位即法律概念的规范性，正是因为具有规范性，才具备权利与义务的内容。[2]在本案中，法官出现了法律概念和生活概念混同的问题。"关联性"一词，在生活中是指事物之间存在关联。从这个意义上讲，"根据在案证据证实，胡某祥与玉某无联系，二人在本案中缺乏关联性"的表述并无不妥。但在证据审查的语境下，"关联性"一词有特定的法律含义，即证据与待证要件事实之间所存在的一种逻辑联系，是指某个证据将有助于证明或反驳某个待证的要件事实。因此，在事实认定环节，关联性有特定的法律含义，此时法官再使用生活含义，则很可能造成概念混乱。在胡某祥、玉某走私、贩卖、运输、制造毒品一案中，法官想要表达的真实意思是胡某祥与玉某之间不存在共同犯罪行为、不具备共同犯罪的故意，因此二人不成立共同犯罪。此处便不宜随意使用关联性的概念。

二、"关联性"误用的根源分析及出路

综合我国当前的司法实践来看，关联性在无罪判例中的适用主要存在的问题是，法官不会正确运用"关联性"，实践中出现了证据真实性与证据关联性的混淆、误将证据之间无法相互印证表述为证据之间缺乏关联性、误将同案被告人不成立共同犯罪表述为被告人之间无关联性。究其根源，我国理论界和实务界均对于关联性的重视程度明显不足。

从理论上看，很多学者并未将关联性当成证据的根本属性。有关调查研究显示，在 54 部影响力较大的教材中，有 36 部/版教材（占比 67%）将客观性视为证据的根本属性，有 41 部/版教材（占比 76%）将客观性视为证据的根本属性或属性之一。相比之下，主张相关性或关联性是证据根本属性的教材仅有 10 部/版（占比 18.5%）。[3]而即使是关于关联性的学

---

[1] 黄茂荣：《法学方法与现代民法》，法律出版社 2007 年版，第 67 页。
[2] 参见肖江忠："我国民事法律中的'修理、重作、更换'"，《华南师范大学学报（社会科学版）》2017 年第 5 期。
[3] 参见张保生、阳平："证据客观性批判"，载《清华法学》2019 年第 6 期。

术文献也很少对关联性进行定义。[1]

从实践中看,关联性问题往往不是司法实务关注的重点。一方面,我国尚未通过立法确定关联性的含义。在我国,最早明确使用"关联性"一词的司法解释是2001年的《最高人民法院关于民事诉讼证据的若干规定》第66条:"审判人员对案件的全部证据,应当从各证据与案件事实的关联程度、各证据之间的联系等方面进行综合审查判断。"以及2002年的《最高人民法院关于行政诉讼证据若干问题的规定》第54条:"法庭应当对经过庭审质证的证据和无需质证的证据进行逐一审查和对全部证据综合审查,……确定证据材料与案件事实之间的证明关系,排除不具有关联性的证据材料,准确认定案件事实。"对证据关联性相对完整的表述,是2012年《刑事诉讼法》第48条第1款,即"可以用于证明案件事实的材料,都是证据",这被认为是中国式证据关联性的定义。[2]申而言之,尽管我国目前的证据规则中有体现"关联性"精神的条款,但仍然缺乏对关联性的明确定义。反观在有证据法典的英美法系国家,通常都会明确规定证据关联性的概念。例如,《美国联邦证据规则》《澳大利亚1995年证据法》以及英国某些判例对证据关联性均有定义。[3]其中,《美国联邦证据规则》规则401规定:"如果证据具有使对确定诉讼具有重要意义的事实更有可能或者更不可能的任何趋向性,则该证据具有相关性。"由此可知,在美国,法官在判断某个证据是否具有关联性时,必须考虑两个问题:第一,提出某个证据,与证明案件中的某个"要件事实"是否相关。这个问题称为"实质性"问题,是指运用证据证明的问题属于依法需要证明的要件事实。第二,提出的证据,对该实质性问题是否具有证明作用。换言之,一

---

[1] 参见阳平:"从客观性到相关性:中国证据法学四十年回顾与展望",载《浙江工商大学学报》2018年第6期。

[2] 参见阳平:"从客观性到相关性:中国证据法学四十年回顾与展望",载《浙江工商大学学报》2018年第6期。

[3] 参见阳平:"从客观性到相关性:中国证据法学四十年回顾与展望",载《浙江工商大学学报》2018年第6期。

个证据必须使一个要件事实"更可能或更不可能",才是相关的。[1]与此同时,很多英美证据法学者也对证据关联性的概念作出了界定。其中,最为经典的是英国学者史蒂芬在其《证据法精要》中的表述:"关联性被用于说明任何两项彼此存在如下联系的事实,即按照事情的一般过程,一项事实本身或者与其他事实的联系,为另一事实过去、现在或未来的存在或不存在提供证明或提供可能性。"[2]由此可见,刑事证据的关联性必然是指某项证据与某一待证事实或某些待证事实具有积极或消极的某种联系。此种联系并无强弱之分。[3]

另一方面,我国立法并未将关联性作为证据最为根本的属性,甚至有时忽略关联性的重要地位。以2021年《刑事诉讼法解释》为例,该规定第82条对物证、书证的审查要求,仅将关联性列为倒数第二位;第97条对鉴定意见的审查要求,仅将关联性列为倒数第三位;第108条对视听资料的审查要求,仅将关联性列为最后一位。而对电子数据的审查,甚至删去了关联性的要求。这说明立法中并不重视关联性的地位。

上述理论与实践对关联性的轻视无疑是导致实务中法官对证据关联性解读错误和词语误用的重要原因。因此,对我国学术界和实务界所存在的证据关联性认识偏差的纠正,首先,应当通过相关学术研究、立法及发布指导性案例等形式,详细、明确地全面阐释证据关联性的相关内涵、外延及其重要地位,以此为我国学术界和实务界提供准确的指导与引领。其次,应基于实践中关联性具体的应用状况,进一步区分关联性与真实性、印证等概念之间的区别。最后,应强化法官对证据的关联性审查,特别是应注意其与无罪裁判相结合。

---

[1] 参见张保生主编:《证据法学》,中国政法大学出版社2018年版,第15页。

[2] Sir James Fitzjames Stephen, *A Digest of the Law of Evidence*, HARTFORD, CONN. DISSELL PUBLISHING COMPANY, 1902, p. 4.

[3] 参见陈岚、杜厚扬:"刑事证据关联性之司法审查",载《山东社会科学》2020年第5期。

第五章 证据不具有真实性

如前文所述,关于证据是否真实可信的属性,在我国有三种不同的表述:客观性、真实性、可信性。其中,客观性是我国证据属性的传统表述之一,但客观性学说存在客观性与主观性之谬,混淆了本体论问题与认识论问题,将证据与事实混为一谈,没有认识到事实认定的盖然性特点等问题。真实性更多的是一个认识论概念。可信性则是英美法系的一个概念,主要是指证据本身及其来源是否可信。故为了保证概念的正确性、同一性和可接受性,本书主要使用真实性的概念。

第一节 涉证据真实性无罪规则

一、实物证据不可靠

(一) 书证不可靠

从当前实践中看,涉及书证不可靠的情形主要有以下几个方面。

第一,书证不是原件。根据最佳证据规则,一般情况下,据以定案的书证应当是原件。只有取得原件确有困难的,才可以使用副本、复制件。在诸多无罪判例中均出现类似情况:提供的是复印件,未提供原件,不能证实是谁书写的,不具有真实性。例如,在梁某进贪污案[1]中,关键书证是1993年9月11日以封房公司名义出具给深房公司和新峰公司要求付款900万元港币到香港黄某2所在公司的委托书、1993年9月30日以中国

---

[1] 广东省封开县人民法院刑事判决书,(2016) 粤1225刑初40号。

银行封开支行名义发给深房公司要求付款900万元港币到香港黄某2所在公司的函，但委托书和函公诉机关都提供的是复印件，不能证实是谁书写的，不具有真实性。

第二，书证的来源不明。例如，在计某奎职务侵占案[1]中，法院就明确指出，一审对公诉机关指控的第一项、第二项即计某奎以虚报台账方式侵占单位资金的事实予以认定的主要证据之一是鸿亿公司提供的"承运商结算表——支出"（以下简称结算表），但鸿亿公司称此结算表是由计某奎提交的，而计某奎辩解否认。检察院出庭意见也仅提出该结算表不是鸿亿公司伪造的出庭意见，但没有具体的指向，故现有证据无法确定据以定案的该结算表来源于何处；另针对该结算表，福田公司先后出具的说明也均否认系该公司提供的，而辩护人提交的2012年8月21日由福田公司"乘用车销售管理部"出具的证明却证实有部分业务与指控的业务能够对应，并已计酬。最终，法院终审判决认为该结算表来源不明，不能作为证据使用。

第三，书证本身不可靠。在无罪判例中存在多种情形：第一种是书证的内容本身存在问题，其真实性存在问题。类似的案例有两个：（1）杨某甲职务侵占案[2]。威电公司2005年10月第9号记账凭证记账日期是2005年10月15日，即9月20日发生的借款在10月15日记账，但9月20日前后的2005年9月18日、9月21日、9月22日其他几笔借款均在9月记账，唯独9月20日的借款单在2005年10月15日记账，该2万元的借款单由高某甲填写的"2005年9月20日"这个日期的真实性值得怀疑。（2）张某职务侵占案[3]。隆盛商贸公司2009年7月29日打印的决算报表中虽未记张某2009年5月12日收取李某新11 989元货款，但该报表的统计周期为2008年6月1日至2009年5月31日。根据查明的事实，该期间隆盛商贸公司会计刘某某同时兼任隆盛种业公司会计，刘某某的工作地

---

[1] 河北省张家口市中级人民法院刑事判决书，（2017）冀07刑终18号。
[2] 吉林高新技术产业开发区人民法院刑事判决书，（2014）吉高新刑初字第12号。
[3] 新疆生产建设兵团第八师中级人民法院刑事判决书，（2015）兵八刑终字第1号。

点在石河子市，隆盛种业公司当时的主要业务发生地在南疆，刘某某是根据从南疆转递过来的隆盛种业公司的票据进行做账，二者之间存有一定的时间差，而且隆盛商贸公司提供的决算报表只有打印时间，没有录入时间，不能全面反映隆盛商贸公司2008年6月1日至2009年5月31日的经营支出。第二种是侦查机关在办案过程中形成的书证本身存在各种问题。例如，在贾某娥犯组织领导传销活动罪二审刑事判决书（2015）绵刑终字第258号中，就是这一问题的典型反映。尽管刑法将本罪规定为"组织罪"，[1]但不等于被告人只要存在组织行为即构成犯罪，我国相关法律法规、规范性文件对本罪追诉标准进行了明确规定。2010年《最高人民检察院、公安部关于公安机关管辖的刑事案件立案追诉标准的规定（二）》第78条明确规定，"……涉嫌组织、领导的传销活动人员在三十人以上且层级在三级以上的，对组织者、领导者，应予立案追诉"；2013年《最高人民法院、最高人民检察院、公安部关于办理组织领导传销活动刑事案件适用法律若干问题的意见》第1条关于传销组织层级及人数的认定问题之规定也对此予以肯定。不仅如此，2013年的意见也明确规定，"办理组织、领导传销活动刑事案件中，确因客观条件的限制无法逐一收集参与传销活动人员的言词证据的，可以结合依法收集并查证属实的缴纳、支付费用及计酬、返利记录，视听资料，传销人员关系图，银行账户交易记录，互联网电子数据，鉴定意见等证据，综合认定参与传销的人数、层级数等犯罪事实"。由此反观贾某娥组织领导传销活动案，公诉机关对被告人发展下线人数认定的主要证据有二：一是，对于举报材料及所附人员网络图，其文本格式、内容等细节均存在相似以及相同的情况，且举报材料并非各举报人自书，因此无法排除侦查机关统一制作的可能性，导致其真实性、客观性存疑；二是，相关证人证言，尽管2013年的意见指出，确因客观条件的限制无法逐一收集参与传销活动人员的言词证据的，可以结合依法收集并查证属实的传销人员关系图等证据综合认定犯罪事实，但本案

---

[1] 参见陈兴良：《口授刑法学（下册）》，中国人民大学出版社2017年版，第614页。

中的举报材料及所附人员网络图本身存疑，无法相互印证，且公诉机关指控的发展下线人数与被告人供述自始矛盾，无法排除合理怀疑，故无法形成完整的证据链条证明被告人客观方面的发展下线人数达到追诉标准。

（二）物证不可靠

实物证据的真实性是其可信性的维度之一，可信性又是证据被采纳和采信的充要条件。因此，公诉机关对其所出示的实物证据的真实性应予以充分证明。从实践中看，物证不可靠的情形大致有以下几种情况。

第一，物证的来源不明。例如，在刘某楠生产、销售伪劣产品案[1]中，物证是认定本案被告人刘某楠是否构成犯罪的关键证据，被害人张某成的首次陈述和证人李某华的首次证言相互印证，被害人张某成仅剩10吨疑似假有机肥尚未施用，提供给公安机关，虽然没有提取笔录，但系报案当时扣押，该10吨有机肥可视为涉案物证。被害人张某成后续又提供了在鹰湖山庄还存放有涉案有机肥，但扣押清单、证人证言、被害人陈述等证据之间相互矛盾，不能证明该有机肥包含在李某华于2014年11月20日送交张某成抵债的36吨有机肥之内，侦查机关后续扣押的10余吨有机肥来源不清，该有机肥不能作为定案物证。按照法律规定，10吨涉案有机肥价值不足以认定被告人构成犯罪，法院最后认定公诉机关指控被告人刘某楠犯生产、销售伪劣产品罪，事实不清，证据不足，指控罪名不能成立。

第二，物证的收集程序、方式不符合法律、有关规定。物证的来源、收集程序有疑问，不能作出合理解释的，不得作为定案的根据。例如，在李某成故意杀人案[2]中，就存在物证提取笔录无提取时间，被提取人签名为代签，无对物证特征、种类的描述，无照片佐证的情况。该案的关键物证烟蒂来源不清。案发次日即2015年12月10日从杨某1家羊圈厨房（李某成居住房）内提取一枚烟蒂，但该提取笔录无具体提取时间，被提

---

[1] 辽宁省北镇市人民法院刑事判决书，（2016）辽0782刑初210号。
[2] 甘肃省高级人民法院刑事判决书，（2019）甘刑终102号。

取人杨某1签名为代签,无对提取物的特征、种类描述,也无相关照片佐证,提取程序明显存在瑕疵。且即使烟蒂中检出被害人DNA,也仅证明被害人曾到过李某成住处,并不必然证明李某成杀人事实。因此,在无其他证据佐证的情况下,该证据与杀人事实的关联性难以建立。

第三,物证未经过辨认、鉴定。例如,对现场遗留与犯罪有关的具备鉴定条件的血迹、体液、毛发、指纹等生物样本、痕迹、物品,是否已作DNA鉴定、指纹鉴定等,并与被告人或者被害人的相应生物特征、物品等比对。对与案件事实可能有关联的血迹、体液、毛发、人体组织、指纹、足迹、字迹等生物样本、痕迹和物品,应当提取而没有提取,应当鉴定而没有鉴定,应当移送鉴定意见而没有移送,导致案件事实存疑的,人民法院应当通知人民检察院依法补充收集、调取、移送证据。例如,在李某莲故意杀人案[1]中,制作有毒桂花奶糖的过程无证据印证。对于如何将老鼠药拌在桂花奶糖上,李某莲供述称,其剪开老鼠药后,将桂花奶糖糖纸剥开,用火柴杆将老鼠药挑到桂花奶糖上,后将火柴杆丢到厅下门角垃圾堆里。因李某莲供述用于制作有毒桂花奶糖的火柴杆并未查获,在李某莲家提取的剪刀未进行任何技术鉴定,所以,李某莲制作有毒桂花奶糖的过程无法得到在案证据印证。

第四,物证本身不真实。物证本身存在问题,导致现场证据的形成时间无法判断。例如,在被告人曾某某、陈某某故意杀人案[2]中,根据湘潭市公安局出具的情况说明,现场提取的鞋印、指纹的遗留时间无法推断,指印存留时间的长短也无法鉴定。因此,不能排除指纹和鞋印系曾某某于案发前的10月15日或16日到308室时形成的。此外,由于公安机关没有提取陈某某及其他曾到过308室的人的鞋子底纹,与提取的鞋印进行比对,所以也无法排除该鞋印系其他人员所留。

---

[1] 江西省高级人民法院刑事判决书,(2018)赣刑再2号。
[2] 湖南省湘潭市中级人民法院刑事附带民事判决书,(2012)潭中刑初字第27号。

二、言词证据不可信

(一) 证人证言不可信

对于证人证言的可信性问题,国内立法主要通过是否直接感知、认知能力、记忆能力、表达能力、利害关系、取证程序和与其他证据相互印证等因素来判断,但其实国外已经对此有了更为深入的理论研究,包括证人证言三角形理论[1]和言词证据的可信性理论[2]。综合上述国内外理论,影响证人证言可信性的因素主要包括:(1) 认知能力的差异:认识因素与控制因素、精神状况与年龄差异。(2) 证人证言来源的不确定性:亲身知识、传闻与意见。(3) 感知能力的差异:自身条件与环境条件的不同。(4) 信念加工根据不同:感官证据、前理解与愿望。(5) 记忆能力的差异:干扰记忆的各种因素。(6) 诚实性的考量:品性、倾向与利害关系。(7) 陈述能力的差异:能力程度与反常表现。针对上述影响因素,应该从不同角度进行不同程度的体系化规制:(1) 对认知能力与表达能力的规制主要由证人资格规则来承担。(2) 对证人证言来源的规制,需要由传闻规则和意见证据规则来承担。(3) 对其他因素的程序规制,需要由证人出庭规则、对质与交叉询问规则来承担。(4) 除此之外,还需要对事实认定者施加特定要求的直接审理原则与审理者裁判原则等。显然,我国在这些体系化规制路径中还存在很多问题,比如部分影响因素分析不足、部分规制规则(如传闻规则和对质规则)的缺失等。

具体到实践中,证人证言不可信的具体情形如下。

---

[1] 证言三角形的概念是由劳伦斯·特赖布教授在其文章《对传闻的三角形测量》[Laurence Tribe, Triangulating Hearsay, 87 HARVARD LAW REVIEW 957 (1974)] 和理查德·O. 伦珀特与斯蒂芬·A. 萨尔茨伯格在《证据法的一个现代进路》[Richard O. Lempert & Stephen A. Saltzburg, A MODERN APPROACH TO EVIDENCE (1977)] 中论述之后,才开始在法学界流行起来。转引自 Ronald J. Allen et al., AN ANALYTICAL APPROACH TO EVIDENCE: TEXT, PROBLEMS, AND CASES (6th Edition), Wolters Kluwer, 2016, p. 446.

[2] 参见[美]特伦斯·安德森、戴维·舒姆、[英]威廉·特文宁:《证据分析》,张保生等译,中国人民大学出版社2012年版,第84-93页。

第一，证言的内容不是证人的直接感知。这种情况又分为两种：（1）意见证据规则：证人的猜测性、评论性、推断性的证言，不得作为证据使用，但根据一般生活经验判断符合事实的除外。例如，在刘某戊故意毁坏财物案[1]中，证人刘某丙证明其位于砸车现场东边，距刘某戊十几米远，只是听见刘某戊砸两下车的声音，像是玻璃声，该证言属推断性的证言，不能作为定案的依据。（2）传来证据。对于传来证据，本书将在第八章作详细阐述。

第二，证人与案件当事人、案件处理结果有利害关系。证人与本案有重大利害关系，其证言证明力较弱。该规则在各类案件中都比较常见，尤其是在犯故意伤害罪的案件中，我们共在24个故意伤害罪的无罪裁判文书中找到了类似规则。当然，在其他无罪判例中也时常出现，例如，在吕某某贪污案[2]中，对于本案的另外两名关键证人卜某某、范某某，虽然其二人指证吕某某借用了卜某某账户转款，但卜某某曾因涉嫌本案犯罪被调查，范某某最终将款项取出，负有说明款项去向的责任，二人与案件处理存在利害关系，且没有其他证据印证范某某将22万元车款交给了吕某某，故该款的去向并未查清，不能由此认定吕某某将该22万元车款据为己有。在邱某强职务侵占案[3]中，法院认定因唐某乙、陆某乙与本案存在重大利害关系，且不能排除两人互相影响的可能性，故两人证言证明力不强，仅凭两人证言不足以认定邱某强指使两人侵占货款。在陈某敲诈勒索案[4]中，关键证人龚某与陈某确有利害关系，陈某长期控告龚某，二人关系明显不睦，龚某是否有足够的影响力单独给陈某做化解工作存疑，在此情况下认定陈某在龚某给其做工作时提出要钱不符合常理。在张某霏销售伪劣产品案[5]中，江某、薛某1、薛某均系本案当事人，江某1系江某亲属，与本案当事人、案件处理结果均有利害关系，且无其他相应证据与该部分事实

---

[1] 河北省遵化市人民法院刑事附带民事判决书，（2016）冀0281刑初209号。
[2] 河南省济源市人民法院刑事判决书，（2013）济刑初字第15号。
[3] 广东省广州市中级人民法院刑事判决书，（2015）穗中法刑二终字第511号。
[4] 河北省邯郸市中级人民法院刑事判决书，（2017）冀04刑终82号。
[5] 湖南省桃江县人民法院刑事判决书，（2017）湘0922刑初54号。

相印证，故对江某、薛某1、薛某、江某1证言中所证实的"张某霏聘请江某销售假烟，给江某提供假烟的老板是张某霏"的事实，本院不予采信。对于该种情形，本质上影响的是证据证明力，所以本书将在第八章证据证明力不足中进行详细论述。

第三，询问证人的相关程序不符合规定。典型的无罪判例如王某学诉王某有故意伤害案[1]。关于证人秦某某、康某某的证言，询问证人应个别进行，该案中，对秦某某的询问笔录由另一名证人康某某代签，且在同一时间段由同一侦查人员进行记录，足以说明未对该二名证人进行个别询问，询问证人没有个别进行的，该证言不得作为定案依据。故证人秦某某、康某某于2015年10月14日所作证言均不能作为证据使用。

第四，有以暴力、威胁等非法方法收集证人证言的情形。这种情况属于典型的程序性违法，尽管因为非法获取的证人证言往往不可靠，但排除非法证据的根本目的还是保障证人的基本权利，其主要是合法性问题，所以主要于第六章证据不具有合法性详细论述，此处不再赘述。

第五，证言之间以及与其他证据之间能否相互印证，有无矛盾；存在矛盾的，能否得到合理解释。此种情形涉及证据矛盾问题，由本书第九章统一处理，此处不再赘述。

第六，证人证言前后矛盾时的处理。证人当庭作出的证言与其庭前证言矛盾，证人能够作出合理解释，并有其他证据印证的，应当采信其庭审证言；不能作出合理解释，而其庭前证言有其他证据印证的，可以采信其庭前证言。此种情形与上一种情形一样，涉及证据矛盾问题，由本书第九章统一处理，此处不再赘述。

第七，经人民法院通知，证人没有正当理由拒绝出庭或者出庭后拒绝作证，法庭对其证言的真实性无法确认的，该证人证言不得作为定案的根据。该规定实际上有利于加强证人出庭作证以及庭审实质化，是人权保障的重要方式。当然，在我国证人未出庭作证并不必然导致其证言失去证据

---

[1] 甘肃省泾川县人民法院刑事附带民事判决书，（2016）甘0821刑初78号。

能力。在无罪判例中，法官认定证言不得作为定案根据的理由还包括与其他证据存在矛盾。由此可知，目前我国对证人未出庭的后果执行依然留有不少余地。例如，在陈某受贿案[1]中，法院先后三次开庭前均依法通知证人杨某乙出庭作证，并告知相应的法律后果，但证人杨某乙拒不到庭作证。因此法院认为依照2012年《刑事诉讼法》第60条第1款的规定，杨某乙作为证人，在接到法院通知后，采取消极回避的方式拒不到庭作证，属于没有正当理由拒绝出庭。证人杨某乙证言对案件犯罪事实的认定会产生重大影响，且该证人证言与被告人供述以及证人徐某、杨某甲等的证言之间存在诸多矛盾，对证人杨某乙的证言的真实性无法确认，故杨某乙的证言不作为定案的根据。又如，在张某阳破坏生产经营案[2]中，尹某甲在侦查阶段仅做过一次陈述，又是本案的关键证人，一审法院几次通知尹某甲出庭作证，但其无正当理由，拒不出庭，因此对尹某甲证言的真实性无法确认。

第八，证人违规旁听庭审，证言证明效力较低，不能作为定案依据。2018年1月1日起施行的《人民法院办理刑事案件第一审普通程序法庭调查规程（试行）》第23条第2款规定："多名证人出庭作证的，应当在法庭指定的地点等候，不得谈论案情，必要时可以采取隔离等候措施。证人出庭作证后，审判长应当通知法警引导其退庭。证人不得旁听对案件的审理。"这是因为旁听庭审无论是出于主动还是被动都可能对证人如实作证造成不利影响，因此证人旁听庭审有可能导致其证言被排除。例如，在汪某故意伤害案[3]中，证人汪俊某证实在车上听吴某说他打了对方，被告人吴某辩称该证言不是事实。汪俊某未实际看到吴某打人，其听吴某所说的话也无其他在场证人证实，且证人汪俊某在接受调查前旁听了本案的二次庭审，从而影响了其证言的真实性，故汪俊某的证言不能作为定案依据。

（二）被害人陈述不可信

根据2021年《刑事诉讼法解释》第92条的规定，对被害人陈述的审

---

[1] 福建省福州铁路运输法院刑事判决书，（2013）福铁刑初字第31号。
[2] 山西省吕梁市中级人民法院刑事判决书，（2015）吕刑终字第117号。
[3] 四川省崇州市人民法院刑事判决书，（2014）崇州刑初字第190号。

查与认定,参照适用证人证言的有关规定。一般而言,被害人与被告人存在特殊关系,因此被害人的陈述存在虚假供述的可能。此外,辩护人在询问被害人或者审查记录被害人陈述的证据材料时,应当注意审查被害人陈述时的精神状态、心理活动以及语言逻辑。例如,在聂某某侵占案[1]中,庭审的证据表明,自诉人提供的被害人李某翁于2014年1月15日在市侨联向工作人员诉说要向聂某某催讨20万元钱款的视频资料,该视频资料中被害人李某翁意思表示不连贯、有的话甚至系旁人提示后所答,不能清晰反映其财产被被告人聂某某侵占的过程。根据2013年9月上海市长宁区精神卫生中心病历记的内容以及诊疗意见书证实,李某翁患有阿尔茨海默综合征,其意志要求缺乏、智能全面衰退、简单计算不能、个人生活不能自理、本能活动减退、自知力无,故该视频资料不足以证明被害人李某翁受到犯罪侵害。

(三) 被告人的有罪供述不可信

2018年《刑事诉讼法》第122条规定:"讯问笔录应当交犯罪嫌疑人核对,对于没有阅读能力的,应当向他宣读。如果记载有遗漏或者差错,犯罪嫌疑人可以提出补充或者改正。犯罪嫌疑人承认笔录没有错误后,应当签名或者盖章。侦查人员也应当在笔录上签名。犯罪嫌疑人请求自行书写供述的,应当准许。必要的时候,侦查人员也可以要犯罪嫌疑人亲笔书写供词。"此条规则为强制性排除证据规则,因此,缺少被告人签字的供述不得作为定案根据。辩护人不仅要对供述的内容本身以及取得程序进行审查,也要对被告人供述与辩解的形式合法性进行审查。例如,在被告人李某某、陈某甲侵占案[2]中,经查,2013年1月25日被告人陈某甲在公安机关的有罪供述因没有其本人的签字且其当庭陈述没有收到现金6万元,也没有欠条在手上,故被告人的有罪供述不可信。

此外,根据相关无罪判例,被告人有罪供述中对部分环境的正确描述

---

[1] 上海市静安区人民法院刑事判决书,(2014) 静刑初字第401号。
[2] 河南省光山县人民法院刑事判决书,(2014) 光刑初字第00118号。

并不必然证明有罪供述的真实性。例如,在缪某华等故意杀人、帮助毁灭证据案〔1〕中,柘荣县气象局的证明不具有证明力。原判认定柘荣县气象局出具 2003 年 4 月 6 日下半夜有小雨的证明,与缪某光、缪某加供述抛尸当晚下雨相吻合,证明有罪供述真实、可信,可作为定案证据。因 2003 年 4 月 6 日下半夜下小雨属于客观事实,为众人所感知,不属于先供后证,且两原审被告人该节供述并不必然证实有罪供述的真实性,该证明不能作为定案依据。

三、鉴定意见不可靠

从实践中看,鉴定意见不可靠的情形大致有以下几种。

第一,鉴定机构不具备法定资质,或者鉴定事项超出该鉴定机构业务范围、技术条件的,不得作为定案的根据。这种情况属于鉴定程序性违法,尽管因为不合法会导致鉴定意见不可靠,但其主要是合法性问题,所以主要于第六章证据不具有合法性详细论述,此处不再赘述。

第二,鉴定人不具备法定资质,不具有相关专业技术或者职称,或者违反回避规定的,不得作为定案的根据。这种情况也属于鉴定程序性违法,于第六章证据不具有合法性详细论述,此处不再赘述。

第三,送检材料、样本来源不明,或者因污染不具备鉴定条件的,不得作为定案的根据。这需要考察检材的来源、取得、保管、送检是否符合法律、有关规定,与相关提取笔录、扣押清单登记的内容是否相符,检材是否可靠。例如,在陈某甲非法经营案〔2〕中,对于被告人非法经营金额的认定,其非法销售数量由单方言词证据得出,以及认定其非法经营数额的鉴定意见的基础材料仅依据对证人证言的统计,无其他证据予以印证,故这一基础材料真实性存疑,无法排除合理怀疑,依法宣告被告人无罪。又如,在林某职务侵占案〔3〕中,公诉机关指控被告人林某利用职务上的

---

〔1〕 福建省高级人民法院刑事附带民事判决书,(2017)闽刑再 4 号。
〔2〕 四川省绵阳市中级人民法院刑事判决书,(2017)川 07 刑终 103 号。
〔3〕 广东省深圳市罗湖区人民法院刑事判决书,(2015)深罗法刑一重字第 1 号。

便利，将本单位财物非法占为己有，证实被告人构成犯罪的关键证据是广东广深司法会计鉴定所出具的鉴定意见书，鉴定意见书的数据来源于被害单位提供的盘点表。该盘点表显示，参加实盘人员为李某青、兰某、杨某林、张某丽四人。本案没有其他证据材料对上述四人的身份、盘点依据、盘点过程进行确认。盘点结论也没有得到被告人或第三方确认。用该鉴定意见作为定案依据，不能排除被告人对鉴定结论的合理怀疑。因此，本案现有证据证实被告人的行为构成职务侵占罪，事实不清，证据不足，指控的犯罪不能成立。再如，在董某甲故意毁坏财物案[1]中，经法庭通知出庭的鉴定人庭上证言证实，鉴定时，只是单纯依据照片作出的鉴定意见，并没有相关的技术规范予以支持。只是从照片上看认为属于整株破坏。价格认定中心人员出庭证言证实，其作出的价格认定是依据专家意见和张家口鼎盛林业司法鉴定中心的鉴定结论书而按照收益法得出的。分析上述证据，张家口鼎盛林业司法鉴定中心出具的司法鉴定意见书和廊坊市价格认定办公室关于被毁梨树直接损失的价格认定结论书所记的鉴定、评估依据及结论还无法认定具有科学性和准确性，对该两份证据，本院不作为定案的依据。

第四，鉴定对象与送检材料、样本不一致的，不得作为定案的根据。例如，在宋某富故意杀人案[2]中，法医生物物证鉴定意见书送检检材来源不清。一是送检的现场提取可疑血迹有6处，而现场勘查中提取的可疑血迹、斑迹仅有5处。二是送检的死者伍某丁指甲、血样，矿泉水瓶，蚊帐上的可疑斑迹，宋某富的血样无提取笔录或扣押清单。三是鉴定委托书上所送检检材与鉴定意见书中送检检材不一致。

第五，鉴定过程和方法不符合相关专业的规范要求的，不得作为定案的根据。例如，在李某甲非法经营案[3]中，公诉机关指控被告人李某甲犯非法经营罪，理由是被告人李某甲违反枪支管理规定，生产、销售仿真

---

[1] 河北省廊坊市广阳区人民法院刑事判决书，(2017) 冀1003刑初235号。
[2] 四川省内江市中级人民法院刑事判决书，(2014) 内刑初字第4号。
[3] 广东省东莞市第三人民法院刑事判决书，(2014) 东三法刑重字第5号。

枪零部件，扰乱市场秩序，情节严重。公诉机关提交了东莞市公安局司法鉴定中心出具的痕迹检验报告书，该鉴定意见仅以外观特征为基准认定涉案枪形物品及零部件是仿真枪和仿真枪零部件，未对涉案枪形物品及零部件的性能（杀伤力）作出测定。公诉机关的现有证据尚不足以证实涉案枪形物品及零部件的性质。即涉案枪形物品及零部件是枪支还是仿真枪，若属于仿真枪，是否对人身有伤害力，是否明显区别于玩具枪，公诉机关均未能举证充分证明。刑事案件的举证责任在于公诉机关，公诉机关提供的现有证据，无法对涉案枪形物品及零部件性质作出客观、科学的结论，达不到定罪的标准。按照疑罪从无的原则，应当宣告被告人李某甲无罪。又如，故意伤害罪中被害人的伤情问题属于审判中与专业知识相关的问题，必须以专业知识为支撑。如果鉴定书中缺乏专业常识的支持，便会使鉴定书内容被抽空，缺乏专业支撑，不具备证据效力。对此，我们可以举一个无罪判例，即王某某、缪某某、周某某故意伤害案[1]。

关于原判决认定王某某、缪某某、周某某犯故意伤害罪，本院认为，鹰手营子矿区司法鉴定中心对孟某某、于某某所作的轻伤鉴定意见，没有鉴定结论赖以成立的分析理由，程序上不符合相关专业的规范要求；没有司法医学鉴定的专业常识支持，尤其是鉴定人在出庭作证时陈述影像学资料如果符合外伤所致，片子上不会有表现，与司法医学鉴定的专业常识相悖。因此，该鉴定意见不具备刑事诉讼的证据效力，本院不予采信。北京明正司法鉴定中心对孟某某、于某某的鉴定意见，对孟某某、于某某的病历和影像学资料进行了认真的分析研究。其结论认为孟某某的颈椎、腰椎间盘突出系自身生理病理性改变，无直接外伤表现，与外伤无因果关系；认为于某某不存在外伤性颈椎、腰椎间盘突出，符合本案事实和司法医学的常识。其鉴定程序符合法律规定，本院予以采纳。王某某、缪某某上诉原判决据以定罪量刑的损伤鉴定不符合法律规定的理由，本院予以支持。原判决认定王某某、缪某某、周某某犯故意伤害罪，不符合2011年《刑

---

[1] 河北省承德市中级人民法院刑事附带民事判决书，（2014）承刑终字第00217号。

法》第234条规定的故意伤害罪的构成要件，予以纠正。

第六，经人民法院通知，鉴定人拒不出庭作证的，鉴定意见不得作为定案的根据。实践中鉴定人作为具有专门知识的人，并非一律都需要出庭作证，但是当法院发现了鉴定书中的问题需要鉴定人作出解释时有时会通知鉴定人出庭，如果鉴定人不出庭则关于鉴定意见的问题无法解决，疑点也将无法排除。因此究其根本，这一规则下的鉴定人未出庭作证并非导致鉴定意见被排除的直接原因，鉴定人未出庭从而导致一些重要问题无法得到解释和解决才直接导致法院无法认定该鉴定意见。例如，在冯某某故意毁坏财物案[1]中，公诉机关指控被告人冯某甲犯故意毁坏财物罪，并提供涉案物品价格鉴定中心的鉴定结论证实被毁财物数额，被告人对该鉴定结论有异议，申请鉴定人出庭作证，经法院通知，鉴定人拒不出庭作证，因此该鉴定结论不得作为定案的根据，而该案又无法进行价格重新鉴定，致使不能确定被毁财物的数额，而被毁财物的数额是本案区分罪与非罪的依据，因此公诉机关指控被告人犯罪证据不足，指控的犯罪不能成立。比较典型的例子如李某故意伤害案[2]。

本院认为，自诉人肖某银于2014年8月19日经泰兴市人民医院CT诊断为右胫骨平台髁间隆突基底部骨折，自诉人肖某银及其诉讼代理人所提供用以证明自诉人肖某银损伤程度的泰兴市公安局物证鉴定室出具的泰公物鉴（法检）字（2014）297号《法医学人体损伤程度鉴定书》中检验对象为家住泰兴市根思乡老复兴村复杨某组的肖某银，而非家住泰兴市根思乡老叶村肖利某组的自诉人肖某银；泰兴市公安局根思派出所出具的《情况说明》在未提交足以证明泰公物鉴（法检）字（2014）297号《法医学人体损伤程度鉴定书》中检验对象及检验材料就是自诉人肖某银的证据材料的情况下，擅自将泰公物鉴（法检）字（2014）297号《法医学人体损

---

[1] 河北省满城县人民法院刑事附带民事判决书，(2015) 满刑初字第45号。
[2] 江苏省泰兴市人民法院刑事附带民事判决书，(2014) 泰刑初字第0419号。

伤程度鉴定书》中检验对象肖某银的家庭住址变更为泰兴市根思乡老叶村肖利某组,鉴定人经本院通知无正当理由未出庭作证,致使本院无法对泰兴市公安局物证鉴定室出具的泰公物鉴(法检)字(2014)297号《法医学人体损伤程度鉴定书》中检验对象肖某银是否与自诉人肖某银系同一人进行审查确认,也无法对自诉人肖某银的损伤程度进行审查确认。经泰州市公安局物证鉴定所重新鉴定,泰兴市人民医院于2014年8月19日CT诊断自诉人肖某银右胫骨平台髁间隆突基底部骨折,系自诉人肖某银右膝关节胫骨平台骨质增生,而非骨折,泰兴市人民医院于2014年8月21日核磁共振诊断自诉人肖某银右膝周软组织肿胀符合外力作用形成,自诉人肖某银右膝关节胫骨平台骨质增生及右膝周软组织肿胀对照《人体损伤程度鉴定标准》4.3.3之规定,不宜对自诉人肖某银进行损伤程度鉴定。自诉人肖某银控诉被告人李某犯故意伤害罪的证据不足,不能依法认定被告人李某有罪。

四、其他证据不可信

(一)勘验、检查、辨认、侦查实验等笔录不可信

1. 勘验、检查笔录不可信

在具体实践中,勘验、检查笔录不可信的具体情形有以下几种。

第一,勘验、检查未依法进行,笔录制作不符合法律、有关规定,勘验、检查人员和见证人没有签名或者盖章。例如,在胡某英故意毁坏财物案[1]中,瑞金市公安局2013年6月8日制作的现场勘验笔录,有见证人赖某2的签名,但证人洪某1的证言又证明现场勘验时没有见证人,证人邓某1也表示不认识赖某2。瑞金市公安局扣押物品清单中物品持有人、见证人的签名为刘某1、赖某3。因此,现场勘验时是否有见证人,侦查人员不能作出合理的说明,对瑞金市公安局2013年6月8日制作的现场勘验

---

[1] 江西省赣州市中级人民法院刑事判决书,(2017)赣07刑终264号。

笔录的真实性和合法性，不予认定。

第二，勘验、检查笔录未记录提起勘验、检查的事由，勘验、检查的时间、地点，在场人员、现场方位、周围环境等，现场的物品、人身、尸体等的位置、特征等情况，以及勘验、检查的过程；文字记录与实物或者绘图、照片、录像不符；现场、物品、痕迹等存在伪造、破坏等情况；人身特征、伤害情况、生理状态有伪装或者变化等。如在盖某某故意毁坏财物案[1]中，辩护律师指出，首先，从公安局制作的现场照片看，孟某某车辆损坏的部位是右侧、前轮上方和前方，照片显示仅是剐、碰撞的痕迹，看不出车辆内部有损坏的情形，如车辆内部有损坏，那么作为专业的刑事技术部门应进行拍照确认。其次，现场勘查时不仅应当制作照片体现车辆损坏部位，而且应制作勘查笔录，但卷宗无勘查笔录，故可以推定车辆损坏的部位仅为照片显示的部位。最终法院认定，公诉机关针对被害人孟某某的车辆被毁坏的后果（毁损部位、程度及价值）的指控所提供的证据未达到确实、充分的标准，公诉机关就毁坏车辆价值的指控事实不清、证据不足，指控被告人盖某某犯故意毁坏财物罪不能成立，依法不予支持，而对辩护人的辩护意见予以采信。

第三，补充进行勘验、检查的，未说明再次勘验、检查的原由，或前后勘验、检查的情况存在矛盾。此种情形涉及证据矛盾问题，由本书第九章统一处理，此处不再赘述。

2. 辨认笔录不可信

在无罪判例中，辨认笔录不可信的规则存在以下几种情况：第一，辨认结果中仅有辨认照片，没有辨认笔录。例如，在李某成故意杀人案[2]中，李某成对被害人的第二次辨认仅有辨认照片，没有辨认笔录，辨认程序明显不当，不能作为证据使用。第二，辨认笔录不能排除事先制作的可能。如前文提到的缪某华等故意杀人、帮助毁灭证据案，辨认笔录制作不规范。辨认笔录记载笔录制作地点系用于组织辨认的警车上，而在辨认录

---

[1] 辽宁省新宾满族自治县人民法院刑事判决书，(2017) 辽 0422 刑初 84 号。
[2] 甘肃省高级人民法院刑事判决书，(2019) 甘刑终 102 号。

像中无侦查人员记录的画面,不能排除事先制作的可能性。第三,辨认对象没有混杂在具有类似特征的其他对象中,或者供辨认的对象数量不符合规定。如在任某芳故意杀人案〔1〕中,2011年3月经何某甲、何某翠、任某芳辨认,确认拖把、方头铁锹、打气筒等物品属被害人家,但辨认仅将上述物品照片直接交由他们进行辨认,没有依法进行混杂辨认。

3. 侦查实验笔录不可信

侦查实验的条件与事件发生时的条件有明显差异,或者存在影响实验结论科学性的其他情形的,侦查实验笔录不得作为定案的根据。例如,在被告人曾某某、陈某某故意杀人案〔2〕中,控方出示了侦查实验笔录,用以证明曾某某可以在20分钟之内往返沐风亭及工科楼并完成作案:经侦查实验,若分别以骑自行车、小跑、快步走的方式去现场杀人、抛尸然后返回,所需时间分别为11分12秒、13分16秒、17分31秒。曾某某、陈某某及陈某某的辩护人对该证据未提出异议,但曾某某的辩护人认为该侦查实验的结论不具有客观性。经查,该侦查实验是依据曾某某供述的路线及作案方式进行,而曾某某供述的路线与侦查机关提取到周某某左脚鞋子的位置矛盾,作案方式及过程无法真实模拟,故该侦查实验缺乏客观基础,不具有客观性,本院不予采信。

(二)视听资料、电子数据不可信

从实践中看,视听资料、电子数据不可信的关键在于视听资料、电子数据不真实的情形。例如,在王某某故意杀人案〔3〕中,视听资料显示,2011年10月30日22时33分,被告人王某某出现在陕西营小区×号楼西侧商店附近;23时12分一穿戴连体衣帽的男子拖拽一垃圾桶经过该处。但该男子是否为本案被告人王某某无同一性认定的证据,不能得出被告人拖拽垃圾桶准备抛尸的结论。

---

〔1〕 甘肃省高级人民法院刑事附带民事判决书,(2013)甘刑一终字第13号。
〔2〕 湖南省湘潭市中级人民法院刑事附带民事判决书,(2012)潭中刑初字第27号。
〔3〕 河北省承德市中级人民法院刑事附带民事判决书,(2014)承市刑初字第32号。

(三) 未经合法程序查证属实的证据不可信

从实践中看,未经合法程序查证属实的证据不可信的情况主要关注的内容是行政执法证据的转化问题。

2018年《刑事诉讼法》第54条第2款规定:"行政机关在行政执法和查办案件过程中收集的物证、书证、视听资料、电子数据等证据材料,在刑事诉讼中可以作为证据使用。"2021年《刑事诉讼法解释》第75条第1款也规定:"行政机关在行政执法和查办案件过程中收集的物证、书证、视听资料、电子数据等证据材料,经法庭查证属实,且收集程序符合有关法律、行政法规规定的,可以作为定案的根据。"2012年《人民检察院刑事诉讼规则(试行)》第64条第1款至第3款也规定:"行政机关在行政执法和查办案件过程中收集的物证、书证、视听资料、电子数据证据材料,应当以该机关的名义移送,经人民检察院审查符合法定要求的,可以作为证据使用。行政机关在行政执法和查办案件过程中收集的鉴定意见、勘验、检查笔录,经人民检察院审查符合法定要求的,可以作为证据使用。人民检察院办理直接受理立案侦查的案件,对于有关机关在行政执法和查办案件过程中收集的涉案人员供述或者相关人员的证言、陈述,应当重新收集;确有证据证实涉案人员或者相关人员因路途遥远、死亡、失踪或者丧失作证能力,无法重新收集,但供述、证言或者陈述的来源、收集程序合法,并有其他证据相印证,经人民检察院审查符合法定要求的,可以作为证据使用。"虽然2019年《人民检察院刑事诉讼规则》第64条删除了"人民检察院办理直接受理立案侦查的案件"之后的内容,但实务中仍然按其规定精神在操作。

以上为对不同审判程序、案件类型证据的转换使用的规定,特别是言词证据,在很多情况下需要重新收集,这是因为刑事诉讼中的证据必须由具有侦查权的主体依照刑事诉讼法的规定收集,而言词证据又具有很强的主观性,容易受到影响而发生变化,因此若要作为刑事证据使用则必须重新收集。此规则下的典型案例便是由于证据转换过程出现问题导致证据不足,案件中多名证人的证言均系立案前收集,在刑事案件立案后没有经过公安机关重新收集制作，因此不能作为刑事证据使用。典型无罪判例如汪某新、汪某安故意伤害案[1]。

本院认为，本案发生后，公安机关未对本案进行立案侦查，仅在黄某1寻衅滋事一案中有报警案件登记表，治安案件受理、立案登记表，受理刑事案件登记表，刑事案件立案报告表，刑事案件破案报告表，这些登记表登记的内容均是黄某1在峨边秋草OK厅和桂花桥加油站闹事的事实，后来转为劳动教养案件。在调查过程中对汪某安、梁某、蔡某1、李某1、尹某1、陈某2、李某2、曾某、李某3、汪某2、汪某3进行过询问，形成询问笔录。对证人罗某1的询问也是在本案立案前进行询问形成的询问笔录。本案在2013年12月30日立案后，侦查机关对这些询问笔录（言词证据），均未依法重新收集、制作，不能直接在刑事诉讼中作为证据使用。理由是：第一，从现行刑事诉讼理念出发，刑事诉讼中据以定案的证据必须系具有侦查权的主体依照刑事诉讼法的规定收集、调取、制作，并经庭审质证才可以作为证据使用。上述言词证据是由公安机关在办理黄某1寻衅滋事一案（后转为劳动教养）阶段收集，因此，除非法律有明确规定，否则上述言词证据不能作为刑事证据使用。第二，物证、书证等实物证据具有客观真实性，其本身的内容、性状及证明价值并不因取证主体、取证程序的不同而改变。而言词证据具有较强的主观性，容易发生变化，可变性强，因此对刑事诉讼中的言词证据要求更加严格。如有必要作为刑事证据使用的，必须依法重新收集、制作，才能作为刑事证据使用。在调查黄某1劳动教养中，证人汪某1、黄某2、赵某1、范某1、童某、罗某1、蔡某1、李某1、尹某1、陈某2、李某2、曾某、李某3、汪某2、汪某3的证言均系在立案前收集，本案立案后没有经过公安机关重新收集、制作，不能作为刑事证据使用。即使本案立案后重新收集的梁某、汪某安等人的证言能证明黄某1受伤的事实，但不能证明其损害后果系汪某新所为。

---

[1] 四川省峨眉山市人民法院刑事附带民事判决书，(2015) 峨眉刑初字第39号。

五、证据不具有真实性的无罪逻辑

在我国，证据排除规则除非法证据排除规则、不相关证据排除规则等与一般证据法理论相契合的排除规则外，还出现了一种"不可靠证据排除规则"。这种规则排除证据的根本原因在于证据的取证操作程序或证据自身存在某种可能影响其真实性、准确性的缺陷，所以默认证据的证明力存疑，并彻底否定其证据能力。[1] 例如，2021年《刑事诉讼法解释》第84条第2款规定："对书证的更改或者更改迹象不能作出合理解释，或者书证的副本、复制件不能反映原件及其内容的，不得作为定案的根据。"第90条规定："证人证言的收集程序、方式有下列瑕疵，经补正或者作出合理解释的，可以采用；不能补正或者作出合理解释的，不得作为定案的根据：（一）询问笔录没有填写询问人、记录人、法定代理人姓名以及询问的起止时间、地点的；（二）询问地点不符合规定的；（三）询问笔录没有记录告知证人有关权利义务和法律责任的；（四）询问笔录反映出在同一时段，同一询问人员询问不同证人的；（五）询问未成年人，其法定代理人或者合适成年人不在场的。"第105条规定："辨认笔录具有下列情形之一的，不得作为定案的根据：（一）辨认不是在调查人员、侦查人员主持下进行的；（二）辨认前使辨认人见到辨认对象的；（三）辨认活动没有个别进行的；（四）辨认对象没有混杂在具有类似特征的其他对象中，或者供辨认的对象数量不符合规定的；（五）辨认中给辨认人明显暗示或者明显有指认嫌疑的；（六）违反有关规定，不能确定辨认笔录真实性的其他情形。"第109条规定："视听资料具有下列情形之一的，不得作为定案的根据：（一）系篡改、伪造或者无法确定真伪的；（二）制作、取得的时间、地点、方式等有疑问，不能作出合理解释的。"第114条规定："电子数据具有下列情形之一的，不得作为定案的根据：（一）系篡改、伪造或者无法

---

[1] 参见纵博："不可靠证据排除规则的理论逻辑、适用困境及其出路"，载《环球法律评论》2020年第3期。

确定真伪的；（二）有增加、删除、修改等情形，影响电子数据真实性的；（三）其他无法保证电子数据真实性的情形。"以上规定，都是因为证据不满足某些形式上的要求而导致的证明力存疑而设计的排除规则。

而不可靠证据排除规则也就构成了我国证据不具有真实性的无罪逻辑的基础。在具体运行方式上，其与关联性规则的运行方式较为相似。一是通过直接排除关键的不可靠证据，导致没有证据指向待证要件事实。例如，在前述刘某楠生产、销售伪劣产品案中，作为物证的10吨疑似假有机肥的可靠性就受到法庭的质疑，最终也并未作为证据予以采信，而这也是本案定罪的关键证据，该证据的排除直接导致了无罪的结果。二是通过排除不可靠证据削减整个事实认定推论的强度，使其整体上无法达到定罪的标准。例如，在前述刘某戊故意毁坏财物案中，证人刘某丙的证言属推断性的证言，故被法庭所排除。但该证言实际上并不直接指向待证要件事实，故其排除并不直接导致无罪成立。但此证据的排除在一定程度上削弱了整体的证明强度最后导致了无罪。

第二节 真实性无罪裁判的困境及出路

从立法目的上看，不可靠证据排除规则本意是通过立法的方式，严格排除不可靠的证据，从而提升事实认定的准确性，并避免冤假错案的发生。但是，从实践中看，这种规则的运行却给法官带来了一定困境，而也正是这样的困境使法官很多时候不能基于此规则作出合理的无罪判决。

一、不可靠证据排除规则的立法意旨

因证据真实性问题而设计排除规则并非我国首创。在英美法系国家，为了避免陪审团对证据真实性产生错误认知，法官可以依据传闻证据规则、意见证据规则等对于真实性存疑的证据进行排除。以传闻证据为例，传闻证据的首要风险是，证人陈述真实性涉及其观察、记忆、表达以及诚实与否等问题。心理学实证研究表明，一般人在感知、记忆和陈述的过程

中常会出现一些错误。伊丽莎白·罗芙托斯等在《辩方证人：一个心理学家的法庭故事》一书中列举过大量因为证人感知、观察的瑕疵而导致辨认错误的案件，有很多证人看错、听错自己却浑然不知。哈佛大学心理学教授丹尼尔·沙克特用大量临床案例总结人类记忆与生俱来的"七宗罪"：(1) 随着时间而记忆褪色或消失的"健忘"；(2) 心不在焉，忘东忘西的"失神"；(3) 怎样想都想不出来，但事后又突然间想回来的"空白"；(4) 张冠李戴，误把幻想当作事实的"错认"；(5) 受到外界的误导而扭曲记忆的"暗示"；(6) 根据目前的认知或训练，而改变对过去的记忆的"偏颇"；(7) 一直无法释怀的恼人回忆的"纠缠"。[1]因此，传闻证据规则的设计主要是为了保证证据具有真实性。

但需要强调的是，我国的不可靠证据排除规则虽然与传闻证据规则、意见证据规则等因证据不具有真实性而排除的规则追求的目标是一致的，但是在作用范围上却有较大差异。申而言之，我国的不可靠证据排除规则排除的范围要更广，且没有例外。我国当前的规定为各种类型的证据设立了十分详细的不可靠证据排除规则。例如，物证、书证需要提供原件，只有在特殊条件下才可以提供复制件；勘验检查需要在符合法律规定的程序下进行，否则不具有证据能力；视听资料、电子数据不得被伪造、篡改等。相较而言，传闻证据规则、意见证据规则等只针对言词证据。而辨认鉴真规则只关注证据的形式真实性，不深入证据的实质真实性。除此之外，更为重要的是，我国的不可靠证据排除规则并未设置任何例外。在英美等国家，由于传闻证据规则、最佳证据规则、鉴真规则等本来就是为了保障证据的证明力，所以当证据具有一定的可靠性保障时，本应排除的证据就无须再排除，从而形成排除规则的例外。[2]以传闻证据为例，《美国联邦证据规则》规则803和规则804，一共列举了30多项传闻排除例外。

---

[1] 参见 SCHACTER、DANIELL 所著《记忆七罪》，本书由大块文化出版社2002年出版，译者是李明。

[2] 参见纵博："不可靠证据排除规则的理论逻辑、适用困境及其出路"，载《环球法律评论》2020年第3期。

英国证据法学家穆非的解释是:"例外情形的产生原因有两个:一是如果不对某些传闻证据设定例外规定,有些事实就难以证明或不可能证明,审判就不能进行下去。二是即使没有设定例外,也可以设置各种限制。"[1]相较而言,我国的不可靠证据排除规则却表现出了较强的刚性,无论是最高人民法院研究室对 2012 年《刑事诉讼法解释》的说明,还是最高人民法院刑事审判第三庭对 2010 年《关于办理死刑案件审查判断证据若干问题的规定》(以下简称 2010 年《死刑案件证据规定》)的理解,都对这类证据持绝对排除的态度。[2]以上差异决定了我国不可靠证据排除规则在适用时不具有灵活性,即只要不符合法律规定的情形就推定为不具有证据能力,而不与证明力相挂钩。换言之,我国的规则本质是证据真实性与证据能力之间直接发生关联。而英美法系的证据真实性规则,则给予了法官一定的自由裁量空间,允许其综合考量证据的证明价值与危险性之间的关系。

二、不可靠证据排除规则的运行困境

从实践中看,这种证据真实性直接与证据能力挂钩的方式,使法官在进行事实认定的过程中,有些时候会表现出一定的不适应。尽管在有些案例中,法官确实依照规则直接排除了证据,例如,前文提到的胡某英故意毁坏财物案,现场勘验时是否有见证人,侦查人员不能作出合理的说明,因此法院对瑞金市公安局 2013 年 6 月 8 日制作的现场勘验笔录的真实性和合法性,不予认定。本案中法院的做法便比较符合我国不可靠证据排除规则设计的初衷,即直接因证据可能不具有可靠性而对证据加以排除。但还有不少案件,法官仍然会根据证据的证明力判断证据是否具有可靠性,而最终决定是否被排除。例如,在前文提到的邱某强职务侵占案中,法院认定因唐某乙、陆某乙与本案存在重大利害关系,且不能排除两人互相影响

---

[1] See Peter Murphy, *Apractical Approach to Evidence*, 4th ed., (1992), p.205.
[2] 参见江必新主编:《〈最高人民法院关于适用中华人民共和国刑事诉讼法的解释〉理解与适用》,中国法制出版社 2013 年版,第 56 页;张军主编:《刑事证据规则理解与适用》,法律出版社 2010 年版,第 144 页、第 180 页。

的可能性，故两人证言证明力不强。仅凭两人证言不足以认定邱某强指使两人侵占货款。因此，从实践中看，虽然规则的设计是，当证据在某种条件下就默认不具有证明力而应该直接予以排除，但是法官在实际操作时，有时还是无法避免对证明力的考量。

出现这样的运行困境，与我国的诉讼结构不无关系。就英美法系国家而言，其证据可采性和证明力的审查是分别由法官和陪审团所承担的，因此，法官通过证据规则排除证据是有其存在意义的，其可以避免陪审团接触到真实性较差的证据。但我国法官兼具证据能力和证明力审查的职责，若不允许法官分析证据的证明力，而仅仅只能审查证据能力，则不具有实现可能性。也正是由于这个原因，大陆法系国家不过分强调法官"证据能力—证明力"审查时的不同职能。如达马斯卡所言，由于信息的证明价值和信息体的可靠性是综合加以考虑的，所以通过两个独立的概念范畴来表达证据处理过程之两个方面的需要，看起来就像无聊的理论冲动。[1]在英美法系，也有类似的实践情况。即在没有陪审团的案件中，法官往往不会严格实施相关的排除规则，因为其具有相对丰富的审判经验判断证据的真实性。[2]从这个意义上讲，在我国当前的诉讼结构下，让法官完全抛弃证明力的审查，而只对证据能力进行分析的方法并不具有可操作性。

但无论如何，这种对不可靠证据排除规则的认识错误都不利于法官作出合理的无罪判决。具体而言，证据的可靠性和证明力之间虽然有关联，但却并非决定与被决定的关系。如前文所述，证据的关联性和合法性都有可能影响证据的证明力。而法官一旦将可靠性等同于证明力，其决策的本质就变成了证明力低的证据被排除，证明力高即使不那么可靠的证据被接受。这其实会减少合理无罪判决的数量。因为，证明力低的证据无论是否允许其进入法庭，其能发挥的作用往往比较有限。但是证明力较高而可靠

---

[1] 参见［美］米尔建·R.达马斯卡：《漂移的证据法》，李学军等译，中国政法大学出版社2003年版，第78页。

[2] See Allen, Swift, Schwartz, Pardo, Stein, An Analytical Approach to Evidence: Text, problems, and Cases, Six Edition, Wolters Kluwer, 2016, p. 89.

性一般的证据有时可能决定案件的走向,从这个意义上说,法官的错误认识会导致一部分不利于无罪判决的证据进入法庭。

三、不可靠证据排除规则的未来

从当前的运行状况看,不可靠证据排除规则出现问题的根本原因,在于我国事实认定规则的设计,虽然极力区分证据能力和证明力之间的关系,但又很难真正划分出二者的独立范围。就法官审查而言,其更是无法彻底厘清二者之间的关系。因此,解决思路或是增加一个程序,即引入证据隔离机制,在该过程中专门解决证据能力问题,[1]或是彻底赋予法官自由裁量权,将不可靠证据排除规则变为指导性规则或是授权式排除规则。

就隔离机制而言,相对较为激进的做法是使证据能力和证明力的判断主体分离,例如有学者建议,在非法证据排除规则的适用中,应当实行预审法官与庭审法官之间的分离,由预审法官通过庭前会议程序解决包括是否排除非法证据在内的一些程序性问题。[2]这种方法的本质是将庭审彻底二元化,安全剥离证据能力和证明力评价的主体。其好处自然是具有彻底性,即从根本上解决证据能力与证明力评价的纠葛问题。但这种方法一方面不符合我国传统的证据审查模式,构建起来难度很大;另一方面需要投入更多的人力物力,考虑到我国当前"诉讼爆炸"的背景下法官资源的稀缺,[3]这种改革方法的操作难度也较大。相较于这种彻底的思路,一种更加温和的思路可能更加具有可行性,即由合议庭中的一人负责证据能力的审查,而由整个合议庭负责事实认定。例如,四川成都的庭审实质化改革中,为了避免合议庭法官接触案卷材料而形成预断,设计了一个折中方案,由合议庭的主审法官指派另一名合议庭法官作为程序法官,程序法官

---

[1] 参见纵博:"我国证据排除规则实施中隔离机制的构建",载《暨南学报(哲学社会科学版)》2021年第2期。

[2] 参见王超:"非法证据排除规则的虚置化隐忧与优化改革",载《法学杂志》2013年第12期。

[3] 参见左卫民:"'诉讼爆炸'的中国应对:基于W区法院近三十年审判实践的实证分析",载《中国法学》2018年第4期。

负责阅卷、召开庭前会议、处理包括非法证据排除在内的程序性事项,合议庭其他法官只能事后接触程序法官的报告和整理的争点,并不接触证据和其他材料。[1]这种方法当然不够彻底,但不失为一种利益权衡后的理想选择。

除了构建隔离机制的方法,赋予法官自由裁量权的方式也是一种可行的选择。即更加向大陆法系靠拢,给予法官充分的评价自由,允许其在全面审查证据后,综合评价证据的证据能力和证明力。当前的不可靠证据排除规则则应在一定程度上削弱,例如,变为对法官进行指导的规则。这种方式显然更加契合我国固有的事实认定传统,同时也可以从根本上解决当前不可靠证据排除规则的运行困局,即法官不必在证据评价时忽视证明力的影响,这符合事实认定的基本规律。当然,这种方式有悖于近年来对英美法系证据规则吸收的立法思路。此外,从运行上看,这种方式更加依赖于法官的个人能力,考虑到我国当前各地区法官能力参差不齐的现状,不同地区的法官在事实认定过程中可能表现出不同的适应能力。[2]此外,出于推卸责任的目的,不可靠证据排除规则尽管作为指导性规则,但同样可能被法官奉为圭臬,这可能无法起到改革的作用。总体而言,不同的改革方法各有利弊,至于选择何者还需要改革者根据需要进行设计。

---

[1] 参见万毅、赵亮:"论以审判为中心的诉讼制度改革——以 C 市法院'庭审实质化改革'为样本",载《江苏行政学院学报》2015 年第 6 期。

[2] 参见成都市中级人民法院课题组:"回归审判独立的理性界址:现行法院内设机构运行的问题与思考——以 C 市两级法院为样本",载《中国应用法学》2017 年第 6 期。

第六章 证据不具有合法性

第一节 涉证据合法性无罪规则

本节通过选取各类证据非法情况的典型案例，总结对应的无罪规则，摘取判决书中的法理依据，对个别典型案例进行简短评析。

一、涉非法证据的无罪规则

（一）物证具有非法性

当前的司法实践中，物证作为主要证据类型之一，是审判人员作出判决的重要依据。通过对有效案例的研读发现，物证存在非法性的情况在全部案例中占有很大比重。物证具有非法性的主要情况有两种，分别是物证来源不合法和收集、提取物证程序不合法。

第一，物证来源不合法，该物证不予采信。例如在周某虎、赵某民玩忽职守案[1]中，法院认为，当庭出示的教育培训学习笔记复印件五页，因证据来源不合法，不予采信。

第二，收集、提取物证程序不合法，该物证不予采信。例如在陆某军故意伤害案[2]中，法院认为，物证啤酒杯未附相关笔录、清单，亦无物品持有人、见证人的签名，收集程序不符合相关法律规定，且与本案关联

---

[1] 河北省宁晋县人民法院刑事判决书，（2018）冀0528刑初76号。
[2] 安徽省黄山市屯溪区人民法院刑事附带民事判决书，（2019）皖1002刑初34号。

性无法确认;……依法均不予采信。又如在李某德危险驾驶案[1]中,法院查明:

证据卷 P31 对李某德血液提取的情况照:"时间是 2017 年 12 月 19 日 48 分 39 秒。"而血样检查照:"时间是 2017 年 12 月 22 日,拍照地点是师宗县交通警察大队。"抗凝管上书"2ml 李某德"字样。该"李某德"是否为本案被告人李某德?而云云某通司法鉴定中心所出具的云某司某鉴定中心[2017]理化检字第 07154 号检验报告上书:"鉴定材料:李某德管装血液 5ml。"为何提取血样 2ml 而检验血样为 5ml 的云云某通司法鉴定中心所鉴血样上并没有"李某德"字样?该血样是否为本案被告人李某德的,还是其他人的?根据刑法存疑时有利于被告人的原则,依法应当判决本案被告李某德无罪。再者,2017 年 12 月 19 日,师宗县公安交警大队于师宗县现代医院对李某德血样提取是否使用一次性抗凝管收集?取样是否达到 3ml?是否达到容器的 60%?没有任何证据对上述事实予以佐证。血样提取时间为 2017 年 12 月 19 日,而云云某通司法鉴定中心所检验受理日期为 2017 年 12 月 26 日,已经严重违反了法律对"血样可在 3 日内送检"的强制性规定。综上,侦查机关在对本案证据收集时存在严重违法,依法应予以拍照封存的证据没有拍照封存,依法应及时送检的血样没有及时送检,依法应说明的情况未作任何说明。根据《关于办理刑事案件严格排除非法证据若干问题的规定》第 7 条之规定:收集物证、书证不符合法定程序,可能严重影响司法公正的,应当予以补正或者作出合理解释;不能补正或者作出合理解释的,对有关证据应当予以排除。本案中,侦查机关收集程序严重违法,并且侦查机关所收集的证据不足以证明案件的法律事实,综合全案相关证据,并不能认定本案被告人李某德构成犯罪。

需要注意的是,物证具有非法性时,不仅会直接影响该物证的采用,还会间接影响以这一物证为基础的鉴定意见的证据能力。在各类案件中,

---

[1] 云南省曲靖市师宗县人民法院刑事判决书,(2018)云 0323 刑初 224 号。

物证的收集、提取的程序是非常值得辩护方关注的细节。例如在上述李某德危险驾驶案中，公诉机关提供的对嫌疑人李某德提取血样的相关鉴定意见，法官审查发现这组证据有几个疑点。第一，收集的到底是不是嫌疑人的血样，无法证明。第二，为何以该血样为检材的鉴定意见，对该血样的信息登记与原始材料的信息有区别。第三，公安机关收集血样的程序是否合法、送检的程序是否合规都未被证明。因此，该物证以及以此物证为检材的鉴定意见都被排除。

(二) 书证具有非法性

书证是指以文字、符号、图画等传达的思想或者记录的内容来证明有关案件事实的书面文件或其他物品。由此可见，尽管书证的范围、类型可能十分广泛，但以表达的思想或者记录的内容来证明有关案件事实是书证的基本特征。2018年《刑事诉讼法》第56条第1款规定："……收集物证、书证不符合法定程序，可能严重影响司法公正的，应当予以补正或者作出合理解释；不能补正或者作出合理解释的，对该证据应当予以排除。"书证因非法性被排除的情况主要是由于引用的证据存在非法性，以此为材料的书证因此被排除。例如在刘某力交通肇事案[1]中，西藏自治区那曲县公安局交通警察大队出具的那县公交认字［2017］第073号道路交通事故认定书，该事故认定书采用道路交通事故现场勘查笔录及道路交通事故现场图，四川荣诚司法鉴定所出具的川荣鉴［2017］车鉴字953号司法鉴定意见书作为证据作出的认定，以上证据均已作为非法证据予以排除，故该认定书失去了客观公正性，法院最终予以排除。

需要注意的是，书证作为当前司法实践中控辩双方主要依赖的证据类型之一，在司法实践中应该重点关注。2021年《刑事诉讼法解释》第82条规定了书证的重点审查内容。在司法实践中，控辩双方可以根据相关解释，着重研究案件中的书证是否存在不可补正或解释的瑕疵，是否需要被排除。

---

[1] 西藏自治区那曲市中级人民法院刑事判决书，(2019)藏24刑终9号。

(三) 证人证言具有非法性

相较于物证、书证这类实物证据，法律对于犯罪嫌疑人、被告人供述以及证人证言、被害人陈述这类言词证据的合法性要求更加严苛。由于言词证据的特殊性，在获取这类证据时可能发生的侵害当事人权利的情况更多。不难看出，相关法律中，对此类证据的合法性审查的规定更为细致，实践中也更为审慎。

根据 2018 年《刑事诉讼法》第 56 条第 1 款的规定，采用刑讯逼供等非法方法收集的犯罪嫌疑人、被告人供述和采用暴力、威胁等非法方法收集的证人证言、被害人陈述，应当予以排除。在无罪判例中，证人证言属于非法证据的情形主要存在下列三种。

第一种情形：证人作出证言时受到侦查人员的诱导、威胁，为非法证据，予以排除。例如在被告人曾某某、陈某某故意杀人案[1]中，法官通过对证人询问笔录的研究，发现在询问的过程中，侦查人员存在故意引导、告知案情等非法方式，诱使证人说出"合适的"证人证言，这一情况符合 2018 年《刑事诉讼法》第 56 条规定的排除非法收集的证人证言的情况。具体裁判理由如下：

> 侦查人员先后 15 次询问或讯问李某，其证言前后反复：……2003 年 10 月 29 日，湘潭市公安局以涉嫌包庇为由将李某拘留，当日凌晨，李某接受讯问时称接父亲电话时没有注意曾某某是否在身边；29 日上午，侦查人员在湘潭市公安局讯问李某时称"根据现在的情况来看，曾某某从晚上九点和你在一起，中间确实与你分开了一段时间，你知道吗"，李某遂供称"接到李某 1 电话后精力不集中，曾某某若离开就是在这个时候"；……11 月 1 日上午，李某在湘潭市看守所接受讯问时称接完妹妹电话后有一段时间不确定曾某某是否在身边，侦查人员于是对李某说"我们现在非常明确地告诉你，曾某某参与了杀害周某某，你现在知道他犯了严重罪行而继续

---

[1] 湖南省湘潭市中级人民法院刑事附带民事判决书，(2012)潭中刑初字第 27 号。

隐瞒事实，将面临刑事追究"，李某遂称曾某某离开过约20分钟；……证人李某于2003年10月29日上午和11月1日上午所作证言明显受到侦查人员的诱导、威胁，系非法证据，本院已当庭予以排除。

第二种情形：证人证言系由一名侦查人员询问制作的，予以排除。例如在自诉人樊某1诉被告人方某1故意伤害案[1]中，在场人李某2询问笔录经祁连县人民检察院调查，该笔录确系一名侦查人员询问制作，取证违反法定程序，要求公安机关予以纠正，且该证人证言不属于有瑕疵可以补正的证据，故法院不予采纳。又如在被告人索某某故意伤害案[2]中，法院认为，"自诉人及委托代理人提出黄某和被告人索某某是朋友关系，而且取证时间是在案发后一个月，有串供可能，其证言可信度不高；黄某在祁连县公安局峨堡派出所的询问笔录中没有填写询问人信息，办案人员只有一名，程序不合法。本院认为该证人证言在收集程序上存在瑕疵，不能作为定案根据"。此案既存在没有填写询问人信息的瑕疵情形，也存在办案人员只有一名的非法情形。

第三种情形：证人证言存在其他非法因素，予以排除。例如在被告人张某某、乔某某邪教组织破坏法律实施案[3]中，法官采纳了辩护人关于证人证言为非法证据的辩护意见。辩护意见从证人的证人资格、与当事人的关系、辨认程序等角度阐述证据的非法性，在笔者看来这几个辩护角度更倾向于证据具有瑕疵，但在判决文书中，法院认定相关证人证言为非法证据，却没有对认定过程作出法理解释或论述。具体裁判理由如下：

辩护人的辩护意见为：……公诉机关补充起诉的"证人证言"为非法证据，应当予以排除；本案其他证据也存在瑕疵，因此，不能证明张某某的行为构成犯罪。理由如下：（1）盖某、王某平、桂某芳并非对本案审理的案情知晓人员，不符合作为证人的条件；（2）从证言内容来看，是对视

---

[1] 青海省祁连县人民法院刑事附带民事判决书，(2015) 祁刑初字第9号。
[2] 青海省祁连县人民法院刑事附带民事判决书，(2014) 祁刑初字第12号。
[3] 青海省西宁市城东区人民法院刑事判决书，(2016) 青0102刑初479号。

频资料人员的辨认,该证据属于辨认笔录,根据2012年发布的《公安机关办理刑事案件程序规定》的有关规定,辨认应当有见证人,并进行录像,辨认人员不得少于7人,以保证辨认的客观及公正;(3) 三位证人均系在2001年曾经办理过被告人相关案件的人员,他们进行辨认,显然带有先入为主的主观偏见,对被告人不公平,且相隔时间太长,不能准确进行辨认,更何况视频资料极其模糊,难以辨认;(4) 王某平的辨认内容与视频资料的内容及被告人的供述、证人杨某某的证言不符,显然不客观,说明了该三人的辨认并不是在一个客观公正的情况下进行的。

……对于辩护人所提证人盖某、王某平、桂某芳的证言为非法证据,应当予以排除的意见与法庭审理查明的事实及法律相符,予以采纳。

(四) 被害人陈述具有非法性

在无罪判例中,被害人陈述是非法证据的情形主要有制作笔录时程序违反了法律规定,侦查人员又无法作出解释,该笔录即为非法证据。例如在郦某成合同诈骗案[1]中,法院认为,关于2016年4月15日对被害人曲某1的询问笔录是否采信的问题。本案辩护人提出2016年4月15日对被害人曲某1的询问笔录,公安人员签字系伪造,该份证据造假。经当事的两名公安人员到法庭作证,确系公安人员当时漏签后补签且一人代签了另一人的名字。该份笔录的取得程序违反了2012年《刑事诉讼法》第120条的规定,侦查人员又不能作出合理解释,应以非法证据予以排除。

(五) 犯罪嫌疑人、被告人供述和辩解具有非法性

犯罪嫌疑人、被告人供述和辩解属于非法证据的情形在无罪判例中比较多,大致有如下九种情形。

第一种情形:讯问被告人时,公安机关没有依法对讯问过程进行同步录音录像,对应讯问笔录为非法证据,予以排除。此种类型又分为若干情形:

---

[1] 青海省西宁市中级人民法院刑事判决书,(2016) 青01刑初40号。

(1) 法律法规规定应当进行同步录音录像的案件,没有同步录音录像的。例如在被告人唐某康诈骗案[1]中,法院认为,该案系由国家审计署对专项资金审计时发现问题线索并移送司法机关处理的案件,且涉案金额达960万元,符合《关于办理刑事案件严格排除非法证据若干问题的规定》第10条规定的其他重大犯罪案件情形,在讯问被告人时应当进行同步录音录像。公安机关于2016年6月15日、6月17日两次在郴州市看守所对被告人聂某友讯问时未进行同步录音录像,违反了该规定,对上述二次讯问所取得的讯问笔录应依法予以排除,不予采信。

(2) 犯罪嫌疑人、被告人供述和辩解存在非法取证的嫌疑,公诉机关没有提供同步全程录音录像进行合理解释的。例如在卞某云、高某定等走私、贩卖、运输、制造毒品案[2]中,法院认为,赵某太本人及高某定在侦查阶段后期及庭审中均推翻了以前的供述,赵某太之辩护人当庭申请排除非法证据,并提出赵某太本人手腕上尚有连续三天戴手背铐的痕迹,二被告人翻供有符合逻辑的理由,且公安机关不能提供将被告人抓捕后三日内未送看守所羁押的合法理由和提供不了同步全程录音录像的合理解释,该案不能排除侦查期间公安人员采用非法手段收集证据的可能。指控赵某太制造毒品的证据不足,罪名不能成立。

(3) 讯问笔录只有同步录像,没有同步录音的。例如在王某某故意毁坏财物案[3]中,被告人王某某提出该笔录只有录像,没有同步录音,不应该采纳。根据《关于建立健全防范刑事冤假错案工作机制的意见》(以下简称《防范冤假错案意见》)的通知中有关"严格执行法定证明标准,强化证据审查机制"第8条第2款规定,"除情况紧急必须现场讯问以外,在规定的办案场所外讯问取得的供述,未依法对讯问进行全程录音录像取得的供述,以及不能排除以非法方法取得的供述,应当排除"。该份笔录从公安机关提供的情况说明来看,确实没有同步录音,故按照此文件规

---

[1] 湖南省临武县人民法院刑事判决书,(2016)湘1025刑初153号。
[2] 山西省忻州市中级人民法院刑事判决书,(2018)晋09刑初74号。
[3] 辽宁省黑山县人民法院刑事判决书,(2017)辽0726刑初129号。

定，应当予以排除。又如在杨某妹故意伤害案[1]中，被告人杨某妹共作出 8 次有罪供述，但其中于 2016 年 9 月 12 日在湖南省靖州苗族侗族自治县公安局执法办案区作出的第一次、第二次有罪供述的同步视频资料均为无声视频，第三次有罪供述的同步视频资料缺失。因此，全案不能排除合理怀疑。再如在王某某故意杀人案[2]中，法院认为，被告人关于购买射钉枪和射钉的供述时间是在尸体检验发现被害人颅内有射钉之后，属先证后供，且被告人在被监视居住期间的有罪供述，没有同步录音，不能达到应有的证明效力。同时被告人有罪供述中的一些细节不能与其他证据相印证。

（4）法院要求公安机关提供同步录音录像，但公安机关拒不提供的。例如在李某县、沈某成抢劫、非法持有、私藏枪支、弹药案[3]中，对于证据 11、证据 18、证据 23，沈某山当庭翻供，不认可抢劫的事实，称系公安机关对其进行刑讯逼供，其按公安机关所述陈述后所做的笔录。法院认为，在法院要求提供讯问沈某山的音像资料后，公安机关未能提供，不能证明其证据来源的合法性，该证据应作为非法证据予以排除。

（5）公安机关未对讯问过程依法进行全程录音录像，且审讯录像显示被告人的有罪供述受到公安机关提示的。例如在解某甲故意杀人案[4]中，法院认为，被告人解某甲在侦查初期否认杀害魏某丁，变更审讯地点和审讯人员后始作有罪供述；被告人解某甲当庭提出关于使用电话线捆绑尸体的供述是受到公安机关的提示。公安机关未对讯问过程依法进行全程录音录像，审讯录像显示被告人解某甲关于打击部位、有无向粪坑扔衣物等供述均受到公安机关的提示。

（6）没有对笔录形成的全过程进行录像，却称因为摄像机内存不够，

---

[1] 湖南省怀化市中级人民法院刑事附带民事判决书，（2017）湘 12 刑初 15 号。
[2] 河北省承德市中级人民法院刑事附带民事判决书，（2014）承市刑初字第 32 号。
[3] 云南省个旧市人民法院刑事判决书，（2014）个刑初字第 00169 号。
[4] 江苏省镇江市人民法院刑事判决书，（2013）镇刑初字第 10 号。

导致没有全程录像的。例如在高甲、高乙、高丙非法拘禁案[1]中,公诉机关向法庭提交的讯问高丙的录像没有准确的起止时间,持续时间是31分钟,但是根据该份讯问笔录记载,讯问的时间应当是1小时35分钟,录像明显是剪接过的,仅仅是对核对笔录的过程进行了录像,没有对笔录形成的全过程进行录像。虽然出庭侦查人员解释称,当时是因为摄像机内存不够,导致没有全程录像,但这明显违反了2012年《公安机关办理刑事案件程序规定》第203条第3款"对讯问过程录音或者录像的,应当对每一次讯问全程不间断进行,保持完整性。不得选择性地录制,不得剪接、删改"的规定。无法排除在讯问过程中存在刑讯逼供等非法方法的可能。根据2012年《刑事诉讼法》第57条的规定,对证据收集合法性的证明责任在公诉机关,鉴于公诉机关提供的证明证据收集合法性的证据不能排除存在2012年《刑事诉讼法》第54条规定的以非法方法收集证据的情形,故应当对上诉人高丙在侦查机关的供述予以排除。

(7)仅对几次讯问进行了全程录音录像,但未对其他几次讯问进行全程录音录像的。例如在廖某成故意杀人案[2]中,廖某成于2010年11月至12月期间在公安机关共作8次有罪供述,但仅有3次讯问有同步录音录像资料。廖某成在庭审中辩称在公安机关受到刑讯逼供,因缺乏对廖某成讯问的全程完整录音录像资料及其他证据予以核实,且其有罪供述与其他证据存在前述矛盾,故廖某成有罪供述的真实性存疑。

第二种情形:公安机关通过引诱、欺骗、胁迫的方式取得被告人的供述,该供述为非法证据,予以排除。例如在被告人唐某康诈骗案[3]中,法院认为,侦查人员于2016年6月14日在花垣县公安局执法办案区对被告人聂某友进行讯问时进行了同步录音录像(光盘显示讯问时间为2016年5月27日21时46分至2016年5月28日0时24分),但侦查人员在讯问中使用了一些诱导及胁迫性语言,有可能导致被告人聂某友害怕并产生

---

[1] 山西省吕梁市中级人民法院刑事附带民事判决书,(2014)吕刑终字第268号。
[2] 重庆市第四中级人民法院刑事判决书,(2013)渝四中法刑初字第00007号。
[3] 湖南省临武县人民法院刑事判决书,(2016)湘1025刑初153号。

恐惧心理而作出与王某升相吻合的供述，其供述可信度受到质疑，结合本案其他证据，并参照 2010 年最高人民法院、最高人民检察院、公安部、国家安全部和司法部《关于办理刑事案件排除非法证据若干问题的规定》第 1 条之规定，对此次讯问笔录也依法予以排除。又如在邵某鹏盗窃案[1]中，被告人翻供，辩解侦查机关取证违法，经审查讯问被告人的同步视频，侦查人员在第一次讯问被告人时确有提示、诱供言词，被告人所作的有罪供述，应当依法予以排除。再如在乔某某合同诈骗案[2]中，法院认为，现有证据不能认定侦查机关对乔某某进行过刑讯逼供。故被告人乔某某在侦查阶段的供述应当作为定案证据材料，但经审查并从播放的 2013 年 2 月 21 日讯问乔某某的录音录像及公安机关关于此次讯问的录音录像情况说明来看，不能排除侦查机关事先做好笔录，再由被告人乔某某照着念的可能，故对该次讯问笔录予以排除，不作为本案证据材料。

第三种情形：公安机关使用了刑讯逼供等非法方法，相关笔录被认定为非法证据，予以排除。例如在王某秀、董某宇等贩卖毒品案[3]中，在第三次讯问中，办案人员具有明显的辱骂、威胁、殴打行为，在同步录音录像中清晰记录。对这一事实，公诉机关、辩护人均没有异议。其争议焦点是这些辱骂、威胁、殴打行为是否属于 2012 年《刑事诉讼法》第 54 条第 1 款规定的"刑讯逼供等非法方法"。法院认为，在特定时间内（超长的讯问时间）、在特定环境下（没有在规定的办案场所讯问）对被告人马某泽的这些辱骂、威胁、殴打行为，足以使被告人在肉体上或者精神上遭受剧烈疼痛或者痛苦的方法，迫使被告人违背意愿供述的，应认定为"刑讯逼供等非法方法"。又如在王某、王某富贪污案[4]中，法院认为，被告人王某除 2015 年 1 月 30 日的供述外的其他 5 次供述及被告人王某富的 6 次供述，讯问人员存在指事问供、代替被告人供述、提示性发问等非法方

---

[1] 云南省华坪县人民法院刑事判决书，(2016) 云 0723 刑初 82 号。
[2] 四川省资阳市中级人民法院刑事判决书，(2015) 资刑初字第 1 号。
[3] 吉林省辽源市中级人民法院刑事判决书，(2018) 吉 04 刑初 1 号。
[4] 河北省张北县人民法院刑事判决书，(2015) 北刑初字第 85 号。

法，不得作为本案证据使用，依法应予以排除。再如在何某甲盗窃案[1]中，法院认为，因被告人何某甲提出在侦查阶段受到刑讯逼供，所供述的不是事实，且公诉机关提交的证据又不能证明被告人何某甲在侦查阶段未受到刑讯逼供，故被告人何某甲的供述不能排除系非法方法取得，根据2018年《刑事诉讼法》第60条之规定而被依法排除。

第四种情形：公安机关没有在指定场所对被告人进行讯问，不能排除以非法方式取得供述，依法排除相关供述。例如在前文提到的王某秀、董某宇等贩卖毒品案中，法院认为，马某泽于2017年5月15日9时被刑事拘留，第一次讯问后2017年5月15日12时48分被带离办案区，其间，在辽源市第二医院体检，15时被送至看守所羁押（拘留后24小时内必须送看守所羁押），此时，已经超时6小时。随后，办案单位以需要马某泽出所辨认为由，经领导审批，将马某泽提出看守所，15时24分马某泽被押回东辽县公安局办案区，于2017年5月16日20时30分至5月17日8时52分，历时12小时22分，形成了被告人马某泽第三份讯问笔录。出庭侦查人员对所外提审的理由，答复是需要马某泽对涉案车辆、涉案人员进行辨认，但均没有辨认笔录在卷。且在提外审期间，违反规定对马某泽进行讯问，出庭侦查人员无法作出合理的解释。应认定办案机关讯问地点违法，没有在规定的办案场所讯问。

第五种情形：侦查人员存在疲劳审讯等非法行为，相关笔录予以排除。例如在前文提到的王某秀、董某宇等贩卖毒品案中，法院认为：通过对整个讯问被告人马某泽录音录像的审查，可以认定侦查人员对马某泽的讯问时间超长，从第一次接受讯问至第四次讯问结束，历时47小时34分。虽然讯问不是连续性的，但马某泽始终被扣押在审讯椅上，且戴有戒具，其间（2017年5月17日4时29分至4时41分）马某泽因心脏不适，发病一次，服药后仍被扣押在审讯椅上，可见马某泽没有得到必要的休息。从讯问时间超长，马某泽休息情况，马某泽的身体状态、精神状态等方

---

[1] 贵州省铜仁市碧江区人民法院刑事判决书，(2018)黔0602刑初149号。

面,应认定第三次讯问为疲劳审讯。

第六种情形:该讯问笔录与前一份讯问笔录基本相同,为重复性供述。例如同样是在王某秀、董某宇等贩卖毒品案中,法院认为:2017年《人民法院办理刑事案件排除非法证据规程(试行)》第1条第2款规定:"采用刑讯逼供方法使被告人作出供述,之后被告人受该刑讯逼供行为影响而作出的与该供述相同的重复性供述,应当一并排除……"第四份讯问笔录仍是在疲劳审讯、讯问地点违法的情况下作出的,应当一并予以排除。又如在蒙自市水务局单位受贿案[1]中,法院认为,2014年9月11日至9月23日期间,侦查机关对被告人卢某某取证违反法定程序,故对2014年9月11日至9月23日取得的被告人卢某某有罪供述依法予以排除,按照重复性供述排除原则,对2014年9月23日后取得的被告人卢某某的有罪供述依法予以排除。对被告人卢某某书写,落款时间为2014年8月19日的自书材料,经查实,该材料形成于2014年9月18日,系侦查机关违反法定程序取证期间取得,故依法予以排除。对被告人卢某某首次有罪供述,落款时间为2014年9月7日的自书材料,因该证据存在瑕疵,侦查机关不能作出合理说明,且公诉机关提交的对取证合法性进行证明的证据之间存在矛盾,对取证合法性不能排除合理怀疑,故对该证据依法予以排除。该案是非常典型的非法证据案例,还存在刑讯逼供、没有在指定地点进行询问、疲劳审讯、重复性供述等多种非法取证情况,这都是我国刑事诉讼法及一应司法解释中明文规定的非法行为,在刑事诉讼中,这些证据应该运用非法证据排除规则排除。

第七种情形:在采取强制措施前制作的笔录,属于非法证据,依法予以排除。例如在苏某财受贿案[2]中,经查,被告人苏某财第一份、第二份系询问笔录,侦查机关告知的是证人权利义务。第三份系讯问笔录,笔录制作完毕后宣布拘留。故此三份笔录均在采取强制措施之前制作。7月3日21时52分至7月4日16时29分期间制作了三份笔录,且第二份笔录

---

[1] 云南省蒙自市人民法院刑事判决书,(2016)云2503刑初333号。
[2] 青海省德令哈市人民法院刑事判决书,(2016)青2802刑初29号。

是在第一份笔录7月3日22时58分制作完2小时后,又于7月4日1时4分至2时20分询问,属于疲劳审讯。故被告人苏某财受贿案立案前的三份笔录属于非法证据,予以排除。

第八种情形:制作笔录时存在他人代侦查人员签名的非法行为,该笔录为非法证据。例如在黄某国故意伤害案[1]中,经庭审查明,该笔录存在他人代侦查人员签名的情况,应当作为非法证据予以排除。

第九种情形:不能排除公安机关有非法取证的嫌疑,应当予以排除。司法实践中,对非法证据的认定不需要有证明侦查机关确实存在非法取证的行为,只要有一定的怀疑,不排除侦查机关使用了非法方法的可能性即可以排除该证据,即一点瑕疵都不能有。例如在陈某佳盗窃案[2]中的描述为"综合陈某佳的讯问笔录、看守所的提讯登记表、入所体检表以及陈某佳本人的辩解等情况分析,陈某佳在公安机关所作的2次有罪供述,不能排除公安机关有非法取证的嫌疑,应当予以排除"。又如在陈某雄走私、贩卖、运输、制造毒品案[3]中提到"本院认为,陈某雄在侦查阶段所作有罪供述的合法性存疑,本案不能排除存在侦查机关以非法方法收集证据的情形,故依法应当对陈某雄在侦查阶段所作有罪供述予以排除"。再如赵某忠非法持有毒品案[4]的裁判理由:

关于侦查机关取证合法性的问题。(1)赵某忠的受伤情况。要公(河)2015(092)号《高要市公安局办案区使用管理综合登记表》,赵某忠进入办案区时间为2015年2月1日21时30分,其中人身安全检查室的起止时间为1日21时30分至1日21时45分,当时记录"自述无伤情","体表伤情及特征描述"则为空白。2015年2月2日赵某忠入拘留所时的《被拘留人员健康检查表》显示,赵某忠的"右脸部、左大腿和右小腿瘀伤"。由上可知,赵某忠刚被抓获至河台派出所时,体表是没有伤的,但

---

[1] 河北省阜平县人民法院刑事判决书,(2019)冀0624刑初57号。
[2] 广东省揭阳市中级人民法院刑事判决书,(2017)粤52刑终101号。
[3] 广东省高级人民法院刑事判决书,(2016)粤刑终321号。
[4] 广东省肇庆市高要区人民法院刑事判决书,(2016)粤1283刑初190号。

在河台派出所审讯后被送至拘留所体验时，体表是有伤的。（2）赵某忠一直强烈要求调取河台派出所一楼厕所旁边的2015年2月1日19时至2日12时的大厅监控视频，侦查机关出具了情况说明，表示视频被覆盖无法提取。该疑点利益归于赵某忠。（3）2015年2月2日上午的审讯视频（赵某忠不承认持有毒品），侦查机关无法提供。侦查机关出具了情况说明，表示审讯视频未有效保存。该疑点利益归于赵某忠。（4）抓获赵某忠后，侦查机关于2月1日当晚不搜身，2月2日才补充搜身，解释为2月2日确定赵某忠的真实身份才进行搜身并拍摄视频，这种做法对于指证扣押毒品属于赵某忠明显不利，令人觉得理由牵强。综上，在案证据显示，侦查机关取证的合法性存疑。

（六）鉴定意见具有非法性

鉴定意见严重违反相关法律法规的规定，而不得作为定案依据的情形主要有如下几种。

第一种情形：鉴定人员不具有鉴定资格。鉴定人员是否具有鉴定资格将直接影响到鉴定人员经手的证据是否具有效力。例如在辽宁某集团有限公司、高某非法占用农用地案[1]中，该鉴定报告没有肇庆农业局的鉴定人员签名，后虽补充了现场签到表，但不能证实参与鉴定的人员具备测绘资格等相关资质、技术职称及农业土壤专业技术或职称。该鉴定报告不能作为定案依据。又如在计某奎职务侵占案[2]中，二审法院认为，一审认定被告人计某奎构成职务侵占罪的关键证据之一即《张家口诚信司法会计鉴定中心司法鉴定意见书审查意见书》中，两名签字鉴定人之一无司法鉴定人执业证，不具有司法鉴定资格。该鉴定违反了《司法鉴定程序通则》中应当由两名鉴定人员共同进行鉴定的相关规定，属程序违法，故该鉴定意见不能作为定案的证据使用，上诉人及辩护人提出的该上诉理由及辩护意见予以采信。检察员所提张家口诚信司法会计鉴定中心出具的会计鉴定

---

[1] 广东省广宁县人民法院刑事判决书，（2016）粤1223刑初152号。
[2] 河北省张家口市中级人民法院刑事判决书，（2017）冀07刑终18号。

是由注册会计师作出的，符合刑事诉讼法的规定，具有法律效力，应当作为定案依据的出庭意见不能成立。

第二种情形：鉴定机构依法不应受理本次委托。例如在刘某力交通肇事案[1]中，四川荣诚司法鉴定所出具的川荣鉴［2017］车鉴字953号司法鉴定意见书，并未对"梅赛德斯奔驰"牌小型越野客车（车牌号×××）的轮胎爆胎原因进行检验鉴定，违反了《司法鉴定程序通则》第15条"具有下列情形之一的鉴定委托，司法鉴定机构不得受理：（一）委托鉴定事项超出本机构司法鉴定业务范围的；（二）发现鉴定材料不真实、不完整、不充分或者取得方式不合法的；……（五）鉴定要求超出本机构技术条件或者鉴定能力的；……"的规定。公诉机关虽向法庭提交了四川荣诚司法鉴定所出具的对川荣鉴［2017］车鉴字第953号司法鉴定意见书补充说明及四川荣诚司法鉴定所出具的关于"爆胎原因"鉴定资质的说明，但均无法合理解释未对"梅赛德斯奔驰"牌小型越野客车（车牌号×××）的轮胎爆胎原因进行检验鉴定的原因，故，四川荣诚司法鉴定所不应当受理本次委托鉴定。另，该份鉴定意见书中所依据的道路交通事故现场图已经作为非法证据予以排除，那么该份鉴定意见书失去了客观公正性。综上，该鉴定意见书法院最终予以排除。

第三种情形：鉴定范围超出了委托范围。例如在邰某乙故意伤害案[2]中，经查，钟祥市公安局重新鉴定聘请书证实，钟祥市公安局委托事项为：对崔某乙的人体损伤程度进行重新鉴定，钟祥市公安局委托事项中并没有委托对崔某乙的受伤时间进行鉴定，湖北三真司法鉴定中心对崔某乙的受伤时间进行鉴定，超出了委托范围，且鉴定人在出庭时未能说明是如何确定崔某乙的受伤时间。湖北三真司法鉴定中心的鉴定存在瑕疵，被告人邰某乙的辩护人提出的辩护意见成立，法院予以采纳。

第四种情形：送检程序违法。在证据的保管链条中，每一个步骤都必须处在保管人员的监控之下，一旦出现保管人员失去对证据的保管与控制

---

[1] 西藏自治区那曲市中级人民法院刑事判决书，(2019) 藏24刑终9号。
[2] 湖北省钟祥市人民法院刑事附带民事判决书，(2016) 鄂0881刑初字17号。

的情况,将会导致证据保管链条的断裂,进而导致该项证据进入被怀疑的境地。例如在李某甲与杨某甲故意伤害案[1]中,公诉机关所举鉴定意见邢台市公安局公(冀邢)鉴(法活检)字(2010)750号法医损伤检验鉴定书,经当庭质证,被害人李某甲称自己在邢台市第三医院做的CT检查,并自己将检查结果送邢台市公安局进行鉴定。该鉴定过程不符合2012年《公安机关办理刑事案件程序规定》第241条规定的侦查人员应当做好检材的保管和送检工作。依照2012年《刑事诉讼法解释》第85条第9项的规定,该鉴定意见不能作为定案的依据。

第五种情形:鉴定程序违反法律或相关规定,该鉴定意见具有非法性,予以排除。例如在前文谈到的刘某力交通肇事案中,那曲地区公安处物证鉴定所出具的那公物(尸)鉴字[2017]041号法医学尸体检验意见书及那公物(尸)鉴字[2017]042号法医学尸体检验意见书,在两份尸体检验意见书上,鉴定人员拉巴某某签字并非本人所签,其签字是在鉴定人员拉巴某某的授权下代签的。且真正参与尸体检验的鉴定人员只有拉巴某某。虽公诉机关称结论系两名鉴定人员作出,但是鉴定人员若未亲身参与对尸体的检验,那么对于检验结论的客观真实性法院认为存在瑕疵。根据《司法鉴定程序通则》第19条"司法鉴定机构对同一鉴定事项,应当指定或者选择二名司法鉴定人进行鉴定;对复杂、疑难或者特殊鉴定事项,可以指定或者选择多名司法鉴定人进行鉴定"及第27条"司法鉴定人应当对鉴定过程进行实时记录并签名"的规定,两份鉴定意见书程序违反规定,另根据2012年《刑事诉讼法解释》第85条第5项规定,鉴定程序违反规定的,鉴定意见不得作为定案根据,且尸体已经处理无法进行补充鉴定,故法院对两份尸体检验意见书予以排除。

(七)勘验、检查、辨认、侦查实验等笔录具有非法性

在无罪判例中,主要是辨认程序违反刑事诉讼法等法律规定。例如在

---

[1] 河北省巨鹿县人民法院刑事附带民事判决书,(2014)巨刑初字第16号。

蔡某良故意伤害案[1]中，法院认为，汪某1的2016年辨认笔录存在日期多处涂改、见证人不一致情形，宋某2在2016年辨认笔录中，见证人为办案民警吕某伟，程序违反2012年《公安机关办理刑事案件程序规定》。宋某2、宋某1、汪某1在2018年2月7日的辨认笔录，视频录像时间与辨认笔录时间不一致，签名时间混乱，应作为非法证据予以排除。又如在刘某走私废物案[2]中，西安海关缉私局的警员对证据的收集未按照刑事诉讼证据的收集和2012年《公安机关办理刑事案件程序规定》的要求进行。在刑事证据收集的过程中，未按规定制作物证提取笔录、证人辨认笔录；在组织辨认过程中，既未将需要辨认的物证照片与其他照片进行混合辨认，又无除侦查人员以外的无利害关系的见证人见证，导致辨认笔录的制作不符合刑事诉讼法的要求、辨认对象不符合数量标准、给辨认人有明显指认嫌疑的情形存在，失去了合法证据的证明效力。

（八）视听资料、电子数据具有非法性

在无罪判例中，主要是录音资料来源不明，合法性存疑。例如在陆某军故意伤害案[3]中，法院认为，录音资料未附提取过程的说明，来源不明，合法性、客观性存疑，依法均不予采信。

（九）其他非法证据规则

其他非法证据规则主要是办案人员不具备办案资质，所得证据无证据能力。例如在前文提到的李某甲与杨某甲故意伤害案中，法院认为，公诉机关所举证据既不能证实被告人杨某甲实施了伤害被害人李某甲的行为，也不能证实被害人李某甲的伤情为轻伤，部分证据存在着问题和瑕疵。公诉机关所举证据不能证明办案人员具有办案资格。审理过程中，法院发函建议公诉机关对办理本案的公安干警出具办案资格的证据。公诉机关拟证明公安干警的办案资格问题，出具的张某桢、董某兵、李某刚带有相片和

---

[1] 青海省西宁市城北区人民法院刑事附带民事判决书，（2018）青0105刑初211号。
[2] 陕西省西安市中级人民法院刑事判决书，（2017）陕01刑初155号。
[3] 安徽省黄山市屯溪区人民法院刑事附带民事判决书，（2019）皖1002刑初34号。

编号的复印件，没有说明该复印件的出处、制作人、关于制作过程以及原件存放于何处的文字说明和签名；出具的董某起的警察证复印件，也没有说明该复印件的出处、制作人、关于制作过程以及原件存放于何处的文字说明和签名。以上证据的制作不符合2012年《公安机关办理刑事案件程序规定》第63条规定的书证的复印件，应当附有关制作过程及原件、原物存放处的文字说明，并由制作人和物品持有人或者物品持有单位有关人员签名。以上证据均不能作为认定该四人具有办案资格的根据。其他办案人员的办案资格，公诉机关未提交相关证明，是否有办案资格不能确定。因该案所有办案人员的资格不能确认，该案的所有证据效力不能确认，故不能作为定案的根据。

二、涉瑕疵证据的无罪规则

（一）物证存在瑕疵

收集、扣押物证的程序存在瑕疵，该物证就可能存在瑕疵。2021年《刑事诉讼法解释》第86条规定："在勘验、检查、搜查过程中提取、扣押的物证、书证，未附笔录或者清单，不能证明物证、书证来源的，不得作为定案的根据。物证、书证的收集程序、方式有下列瑕疵，经补正或者作出合理解释的，可以采用：（一）勘验、检查、搜查、提取笔录或者扣押清单上没有调查人员或者侦查人员、物品持有人、见证人签名，或者对物品的名称、特征、数量、质量等注明不详的；（二）物证的照片、录像、复制品，书证的副本、复制件未注明与原件核对无异，无复制时间，或者无被收集、调取人签名的；（三）物证的照片、录像、复制品，书证的副本、复制件没有制作人关于制作过程和原物、原件存放地点的说明，或者说明中无签名的；……"据此，物证的收集存在瑕疵，可能会进一步影响以该物证为鉴定标的的鉴定意见的效力，此时若公安机关或检察机关能够作出合理解释，该鉴定意见的瑕疵则可以补正。例如在前述陆某军故意伤害案中，法院认为，"（1）2012年《刑事诉讼法解释》第73条第3款规定，对物证、书证的来源、收集程序有疑问，不能作出合理解释的，该物证、书证不得作为定案的根据。宋某的证言及侦查机关出具的《关于陆某军案张某住院病历等检材来源的说明》《接受证据清单》证实，鉴定机构鉴定时依据的检材即张某的住院病历，系由证人宋某向公安机关提供。虽然该检材没有经过委托鉴定单位审核，也并非由委托鉴定单位提供给鉴定机构，存在瑕疵，但其来源和收集程序根据二审期间检察机关提交的新证据已作出合理解释，且住院病历记录的内容真实、客观、可信。(2) 在委托鉴定前，张某在办案民警的陪同下到鉴定机构咨询存在瑕疵，对此，检察机关已作出合理说明"。又如在戴某山伪造、变造、买卖国家机关公文、证件、印章案[1]中，关于被扣押电脑是否系戴某山所使用的电脑问题，法院认为，首先，王某2报案当日，公安机关即对涉案电脑进行了扣押，制作了扣押清单，且清单中已说明被扣押物证属性特征、数量及扣押场所等，能反映出被扣押物品相关客观情况，并有持有人和见证人的签名。其次，关于见证人签名时间问题也已补强说明，整个扣押过程基本符合法律规定，虽然本案存在着先扣押后立案的情形，审批程序上有一定的瑕疵，且没有制作扣押决定书、扣押笔录，导致扣押材料不完整，但这些瑕疵不足以得出扣押行为非法的结论，从而否定被扣押电脑作为物证的效力。

(二) 书证存在瑕疵

书证存在瑕疵的情形主要有如下两种。

第一种情形：书证来源不明或时间无法认定，存在一定瑕疵，不予认定。根据2021年《刑事诉讼法解释》第86条第3款规定，物证、书证的来源、收集程序有疑问，不能作出合理解释的，不得作为定案的根据。例如在马某玩忽职守案[2]中，经查，对公文处理单，虽有被告人马某的签名，但并未填写时间，无法证实该签名是马某当时所签，即无法证实2016年2月至4月，马某仍兼任并履行西吉县某局某股股长的工作职责，该证据不符合证据必须确实、充分的证明标准，故对该证据不予认定。

---

[1] 江西省乐平市人民法院刑事判决书，(2019) 赣0281刑初183号。
[2] 宁夏回族自治区西吉县人民法院刑事判决书，(2017) 宁0422刑初82号。

第二种情形：相关程序存在重大瑕疵，对该证据不予采信。2021年《刑事诉讼法解释》第84条规定：据以定案的书证应当是原件。取得原件确有困难的，可以使用副本、复制件。对书证的更改或者更改迹象不能作出合理解释，或者书证的副本、复制件不能反映原件及其内容的，不得作为定案的根据。书证的副本、复制件，经与原件核对无误、经鉴定或者以其他方式确认真实的，可以作为定案的根据。例如在王某1、张某2等滥用职权罪案[1]中，经查，北京某公司出具的（京）国融兴华[2016]（估）字第06005号土地评估报告及关于评估基准日和评估价值类型的说明，存在重大瑕疵，具体为：在程序上，侦查机关未及时向被告人张某2、杨某1送达该评估报告，剥夺了当事人要求重新鉴定的权利，鉴定送达程序违法；在内容上，评估报告中对评估基准日、土地单价以及土地类型的认定，均无事实依据。此外，涉案土地使用权转让程序违反法定程序，且并未进行变更登记，该土地的登记使用权人仍为天水直属库，土地类型仍为划拨土地，因此，上述土地使用权转让不产生法律效力。综上，被告人及辩护人的上述质证意见成立，予以采纳。北京某公司出具的评估报告及补充说明均不能作为本案定案根据，不予采信。又如在沈某、张某刚制造毒品案[2]中，民警在抓获被告人沈某时现场扣押的毒品没有称重，最初的扣押清单只是根据沈某自述的重量扣押，后经过鉴定所得的毒品重量为166.1克，民警重新更正扣押清单并经沈某签名确认，原扣押清单已经销毁。此情况说明中所提到的鉴定系指穗云公（司）鉴（化验）字（2013）136号化验检验报告，但该报告在作出后也没有证据显示已送达给被告人沈某。2012年《刑事诉讼法解释》第71条规定："据以定案的书证应当是原件。取得原件确有困难的，可以使用副本、复制件。书证有更改或者更改迹象不能作出合理解释，或者书证的副本、复制件不能反映原件及其内容的，不得作为定案的根据。……"也就是说，公安机关将原始扣押清单销毁的行为存在违反程序的问题，公安机关根据检验报告所重新更正的扣

---

[1] 甘肃省天水市麦积区人民法院刑事判决书，（2017）甘0503刑初23号。
[2] 广东省江门市蓬江区人民法院刑事判决书，（2014）江蓬法刑初字第158号。

押清单是否与原件一致,无法当庭质证,因此该份新扣押清单在程序上具有严重瑕疵,不具有证明力,不能单独作为本案的证据使用。

(三) 证人证言存在瑕疵

证人证言存在瑕疵的情形有如下几种。

第一种情形:证人证言作为本案的重要间接证据存在瑕疵,无法形成证据锁链。例如在班某某交通肇事案[1]中,法院认为,"关于视听资料即潘某的对话录音,其属证人证言,但证人身份不明、录音前拨打的电话号码是多少、用户是谁均不清楚,证据形式不符合法律要求;……2016年9月8日潘某的证言。该笔录系交警队根据视听资料整理。由于当庭播放的视频未能体现与交警通话的人的图像、通话的电话号码、该号码的使用者是谁,证人未对证言核对确认等情形,故对该证据亦不能认定。……根据现有证据不能排除合理怀疑。至此,现场目击证人的证言就显得尤为重要。而本案中的现场目击证人张某、潘某的证言又具有证据瑕疵,不能客观、真实反映肇事事实,不能得出唯一、明确的证实信息。本案直接证据不足,间接证据之间不能形成证据锁链"。

第二种情形:证人证言的收集程序存在瑕疵,不能补正,不得作为定案的依据。2021年《刑事诉讼法解释》第90条规定:"证人证言的收集程序、方式有下列瑕疵,经补正或者作出合理解释的,可以采用;不能补正或者作出合理解释的,不得作为定案的根据:(一)询问笔录没有填写询问人、记录人、法定代理人姓名以及询问的起止时间、地点的;(二)询问地点不符合规定的;(三)询问笔录没有记录告知证人有关权利义务和法律责任的;(四)询问笔录反映出在同一时段,同一询问人员询问不同证人的;(五)询问未成年人,其法定代理人或者合适成年人不在场的。证人证言收集程序上的瑕疵经过补正后,瑕疵证据可以作为定案依据被使用。"例如在詹某某、刘某犯辩护人妨害作证罪案[2]中,法院认为,关于

---

[1] 贵州省惠水县人民法院刑事判决书,(2016)黔2731刑初134号。
[2] 四川省成都市青羊区人民法院刑事判决书,(2016)川0105刑初956号。

詹某某的辩护人所提本案部分侦查程序违法的辩护意见。经查，2016年1月7日侦查机关制作何某某、吴某甲的询问笔录，何某某、吴某甲、宋某某、骆某甲、刘某甲等人的辨认笔录，骆某甲的询问笔录时，程序确实存在瑕疵，并经法庭查证属实。上述证据存在瑕疵且未予补正或作出合理解释，依法不能作为定案根据。故对该辩护意见，法院予以采纳。

第三种情形：证人作证时未满18周岁，且作证时无有关人员在场，该证言不予采纳。例如在曹某波故意伤害案[1]中，法院认为，关于证人蒋某的证言，由于蒋某在公安机关侦查阶段作证时未年满18周岁，又没有其法定代理人或者有关人员在场的证据，故该证据存在瑕疵，而此后民警联系让其再次作证，法院也多次提醒自诉人侯某勇让其到庭作证，其均未再次作证，故对此证据法院不予采纳。

（四）被害人陈述存在瑕疵

被害人陈述形式上存在瑕疵的，侦查机关可以通过合理解释对其进行补正。例如在林某雄、张某贤故意伤害案[2]中，法院认为，被害人张某乙的笔录中添加的"手背骨折"未经签字或指模确认，虽形式上存在瑕疵，但侦查机关出具的说明对此作出了合理解释，可以作为证据使用。

（五）鉴定意见存在瑕疵

无罪判例中，鉴定意见存在瑕疵的情形主要有如下几种。

第一种情形：被害人伤情鉴定意见存在瑕疵，该鉴定无法采信。例如在孙某某故意伤害案[3]中，公诉机关第一次向法庭提供的轻伤鉴定结论以及补充调取的用于证明抚顺市公安局2011年出具的关于金某某人体损伤程度鉴定书合法有效而由抚顺市公安局刑侦支队出具的情况说明，根据该鉴定书所提供的鉴定机构的名称和资质，不能确定该鉴定书是由抚顺市公安局伤害伤残鉴定所、抚顺市公安局物证鉴定所、抚顺市公安局司法鉴定

---

[1] 上海市闵行区人民法院刑事附带民事判决书，（2017）沪0112刑初304号。
[2] 广东省佛山市中级人民法院刑事判决书，（2016）粤06刑终583号。
[3] 辽宁省沈阳铁路运输法院刑事附带民事判决书，（2013）沈铁刑初字第9号。

中心哪个机构出具。抚顺市公安局刑侦支队出具的情况说明虽然对出现该三个称谓的原因进行了说明，但是该说明不能解决前述问题。即便是该鉴定结论由抚顺市公安局司法鉴定中心作出，但是在同一个鉴定报告中出现另外两个与当时鉴定资质不符的鉴定机构冠名在鉴定文书之中，足以说明该鉴定报告存在严重瑕疵，该鉴定报告无法采信。

第二种情形：鉴定意见存在实质性瑕疵。例如在宋某维故意伤害案[1]中，法院认为，湖北同济法医学司法鉴定中心[2016]法医临床L0323号法医学鉴定意见书及关于王某法医鉴定的补充说明，存在法医学鉴定意见书引用的"同济医院2016年3月28日门诊病历"缺失；未对王某左眼VEP视力小于0.02是宋某维打击所致，还是恩施州中心医院诊断的左眼视神经疾患所致作充分论证说明；湖北同济法医学司法鉴定中心关于王某法医鉴定的补充说明未有原鉴定人签名等缺陷，故法院对该法医学鉴定意见书及法医鉴定补充说明不予确认。

第三种情形：鉴定意见有瑕疵，而鉴定人经法院通知未到庭作证。例如在高某故意伤害案[2]中，辩护人提出对检验鉴定书有异议：（1）CT报告单单号不符；（2）CT报告单结论和鉴定书中引用的内容不一致；（3）法院调取的CT报告单和鉴定书引用的CT报告单出具日期不一致。故法院依法通知鉴定人出庭作证，但鉴定人未出庭，鉴定机构出具情况说明：鉴定人王某丁已去世；鉴定人安某已退休，因病无法出庭。法院认为，法医损伤检验鉴定书存在辩护人提出的瑕疵，而鉴定人经通知未到庭作证，故检验鉴定书不能作为定案的依据。

第四种情形：所用检材来源等不符合相关专业的规范要求。例如在朱某宏、杨某亮假冒注册商标案[3]中，产品质量检验报告的检验依据为GB 18242—2008《弹性体改性沥青防水卷材》、CCGF 405.1—2015《建筑防水卷材产品质量监督抽查实施规范》，而在案证据综合反映该报告的检材保

---

[1] 湖北省建始县人民法院刑事判决书，(2016) 鄂2822刑初124号。
[2] 河北省石家庄市长安区人民法院刑事判决书，(2015) 长刑初字第23号。
[3] 湖北省武汉市江岸区人民法院刑事判决书，(2016) 鄂0102刑初669号。

管条件、贮存时间均不符合上述检验依据的要求,且抽样范围只针对3mm型号,不包括4mm型号,故该检材的上述方面存在瑕疵,检验结论并不唯一。该证据达不到刑事证据要求的确实、充分、排除合理怀疑的证明标准,法院不予采信。

第五种情形:鉴定程序存在瑕疵。例如在余某松滥伐林木案[1]中,鉴定意见存疑不能作为定案的依据。涉案山场是2006年采伐的,福建天祥司法鉴定所2018年6月30日才到山场进行每木检尺的鉴定,时隔十多年之久,伐根已腐烂,如何清点得清楚当年被采伐的数量,如何锁定就是被告人采伐的,且十多年后现场检量时仅邀请基层组织人员(村干部魏某,在发案时魏某并没有到过现场)和鉴定人员到场,被告人余某松、砍伐工人没有到场,采伐林木伐根的数量也未经被告人现场指认和确认,被告人只是事后到现场指定四至范围,鉴定的程序存在瑕疵。在此期间是否存在有他人砍伐的行为不能完全排除,尤其与信访人陈述被采伐的数量有出入,认定采伐数量的事实存疑。

第六种情形:鉴定意见的司法运用程序存在瑕疵。例如在付某明职务侵占案[2]中,司法鉴定意见书系自诉人单方委托鉴定,鉴定意见书所依据的鉴定材料未经举证、质证,且未将用作证据的鉴定意见告知被告人,如果被告人提出申请,可以补充鉴定或者重新鉴定,程序存在瑕疵,不予采信。

鉴定意见未告知犯罪嫌疑人、被告人属于鉴定过程中的告知程序出现瑕疵,但是这种瑕疵对于认定被告人构成犯罪的证明力大小还值得商榷。在马某故意伤害案[3]中,侦查机关未将鉴定意见依法及时告知当事人,但法院基于该鉴定只存在这一小瑕疵,并不影响认定其实体内容,依旧采信了该鉴定意见。该案的具体裁判理由如下:

---

[1] 福建省武夷山市人民法院刑事判决书,(2019)闽0782刑初177号。
[2] 云南省景洪市人民法院刑事判决书,(2015)景刑初字第733号。
[3] 湖北省武汉市中级人民法院刑事判决书,(2017)鄂01刑终1119号。

关于上诉人马某的辩护人提出一审判决认定事实的部分证据存在矛盾和瑕疵，不应采信的意见。经查，公安机关在一审期间出具的书面情况说明，证明马某系经电话传唤主动到案，该项证据已对破案经过和到案经过进行纠正，且经一审庭审举证、质证，并经控辩双方一致认可。虽然本案侦查机关未将鉴定意见依法及时告知当事人，告知程序确有瑕疵，但作出该鉴定的鉴定机构及鉴定人均具有法定资格，且鉴定程序合法。上述证据虽然存在矛盾和瑕疵，但不影响原审判决对马某与詹某两家人发生打斗，马某主动到公安机关接受调查以及詹某左腓骨远端骨折构成轻伤这一基本事实的认定。其辩护人的该辩护意见，本院不予采纳。

虽然实践当中出现了截然不同的做法，但是这也表明对于这种瑕疵的提出并非完全不可撼动鉴定意见的地位。因此对于此类程序上的瑕疵，辩护方可以在充分挖掘了其他辩点的基础上再提出，或可以对案件的辩护起到一定作用。

第七种情形：鉴定方法不符合法律规定，存在瑕疵。2021年《刑事诉讼法解释》第98条规定："鉴定意见具有下列情形之一的，不得作为定案的根据：……（六）鉴定过程和方法不符合相关专业的规范要求的；……"例如前文提到的辽宁某集团有限公司、高某非法占用农用地案，根据《关于国土资源行政主管部门移送涉嫌国土资源犯罪案件的若干意见》的规定，对耕地破坏程度进行的鉴定，由市（地）级或者省级国土资源行政主管部门出具鉴定结论。肇庆市国土资源局、肇庆市农业局虽对涉案耕地出具鉴定报告，并附有土地利用现状图、土地利用总体规划图、现场照片等材料，但上述材料均由广宁县国土资源局收集。在案证据不能证实肇庆市国土资源局、肇庆市农业局对涉案耕地进行现场测绘、现场勘查并形成相关材料，其对涉案耕地的鉴定缺乏亲历性，鉴定方法存在瑕疵，该鉴定结论不能作为定案依据。

（六）勘验、检查、辨认、侦查实验等笔录存在瑕疵

第一种情形：勘验、检查笔录没有依法签名或盖章。例如在马某某故

意杀人案[1]中，法院认为，关于现场勘查笔录、视频资料：(1) 吴忠市公安局制作的吴公技（98）09239号现场勘查笔录记案发时间为1998年9月18日23时，发现人为宋某某，实为孙某某，参加勘查人员共六人，只有一人签名及代替他人签名，其他五人均没有签名或盖章确认；在现场勘查时没有通知见证人到场见证勘查过程。(2) 现场勘查笔录记提取碎玻璃瓶9个与现场勘查记录有9个酒瓶碎片记不一，没有记提取痕迹的记录，没有提取痕迹、物品的清单。(3) 现场勘验录像没有制作过程的说明，由谁制作不明，是否真实反映案发现场不清楚。侦查机关对上述明显违反法律规定的问题不能作出合理解释或说明，不能作为证据使用。

第二种情形：侦查实验没有还原案发当时情况，客观性存在瑕疵。在宗某某故意毁坏财物案[2]中，该案没有证据证实被告人宗某某实施了故意毁坏他人财物的行为，侦查实验在车辆行驶的路途上没有还原当时的情况，被告人宗某某不是基于犯意驱使而撞车，而是不得已，意外撞坏了后行车辆……侦查实验在程序性、客观性方面存在瑕疵，与本案事故发生时肇事货车实际行驶过程和车况条件存在明显差异，故侦查实验笔录不能作为该案定案的证据。

第三种情形：勘验、检查时没有见证人在场见证。例如在盛某海、张某文等故意毁坏财物案[3]中，法院认为，关于控方提供的现场勘验、检查笔录能否作为本案证据使用的问题。经查，首先，公安机关于2016年1月17日13时接被害人陈某1电话报警后立即指派民警赶到现场，对现场进行了勘验、检查，由于没有见证人到场见证，制作的勘验、检查笔录只有勘验、检查人员和被害人签名，上述勘验、检查程序明显不符合2012年《刑事诉讼法》第131条"勘验、检查的情况应当写成笔录，由参加勘验、检查的人和见证人签名或盖章"以及2012年《公安机关办理刑事案件程序规定》第210条"公安机关对案件现场进行勘查不得少于二人。勘查现

---

[1] 宁夏回族自治区吴忠市中级人民法院刑事附带民事判决书，(2018) 宁03刑初15号。
[2] 湖北省五峰土家族自治县人民法院刑事判决书，(2014) 鄂五峰刑初字第00105号。
[3] 安徽省肥东县人民法院刑事判决书，(2017) 皖0122刑初124号。

场时，应当邀请与案件无关的公民作为见证人"之规定，无法体现或保证公安机关勘验、检查活动的客观、公正，该勘验、检查笔录存在重大瑕疵。其次，控方对勘验、检查活动没有见证人到场见证向法庭提供了公安机关出具的情况说明。情况说明称因周边村民以不便参与陈某1与盛某海两家的纠纷为由，不愿作为见证人到现场见证勘验的过程，以致邀请见证人未果。2012年《刑事诉讼法解释》第67条第1款规定："下列人员不得担任刑事诉讼活动的见证人：（一）生理上、精神上有缺陷或者年幼，不具有相应辨别能力或者不能正确表达的人；（二）与案件有利害关系，可能影响案件公正处理的人；（三）行使勘验、检查、搜查、扣押等刑事诉讼职权的公安、司法机关的工作人员或者其聘用的人员。"从规定中不难看出具有见证人资格的人范围非常广泛，并非仅限于案发现场的周边群众。譬如可以邀请当地基层组织的有关人员到场见证。本案案发现场位于该县店埠镇境内而非偏远地区，勘验时间亦非深夜，并非客观原因无法邀请到符合条件的人员担任见证人。即便因客观原因无见证人到场见证，也应当对相关活动进行录像，控方作出的解释显然不合常理。最后，本案的案发现场已不复存在，亦无补正可能。综上，根据2012年《刑事诉讼法解释》第89条"勘验、检查笔录存在明显不符合法律、有关规定的情形，不能作出合理解释或者说明的，不得作为定案的根据"的规定，控方提供的勘验、检查笔录不能作为定案的根据。

（七）视听资料、电子数据存在瑕疵

在无罪判例中，主要存在收集、提取电子数据的取证程序存在瑕疵的情况。2021年《刑事诉讼法解释》第112条规定："对收集、提取电子数据是否合法，应当着重审查以下内容：（一）收集、提取电子数据是否由二名以上调查人员、侦查人员进行，取证方法是否符合相关技术标准；（二）收集、提取电子数据，是否附有笔录、清单，并经调查人员、侦查人员、电子数据持有人、提供人、见证人签名或者盖章；没有签名或者盖章的，是否注明原因；对电子数据的类别、文件格式等是否注明清楚；（三）是否依照有关规定由符合条件的人员担任见证人，是否对相关活动进行录像；

(四）采用技术调查、侦查措施收集、提取电子数据的，是否依法经过严格的批准手续；（五）进行电子数据检查的，检查程序是否符合有关规定。"例如在张某霏生产、销售伪劣产品案[1]中，对公安机关补充提供的采集信息及通话详单等两份电子证据，根据2016年《电子数据规定》，公安机关在取证程序上存在没有制作提取笔录、没有电子数据（持有人）提供人签名仅有侦查人员签名等方面的瑕疵。

三、涉证据合法性无罪规则的证据逻辑

本质上讲，涉证据合法性无罪的证据逻辑与关联性和可靠性一样，都是基于排除相关证据的方式导致最终无罪的判决。这种证据排除规则的依据是非法证据排除规则。根据2018年《刑事诉讼法》第56条规定，非法证据应被排除。证据的基本功能是证明案件事实，但是在司法实践中，立法者不仅要考虑一个材料能否证明案件事实，还要考虑司法公正和保障人权的需要。相较于民事诉讼，在刑事诉讼中，国家公权力的进入会直接导致对抗双方的取证能力存在本质上的悬殊，且在我国的司法实践中，曾经也确实存在比较多的违法取证现象，为了更好地维护司法纯洁、保障基本人权、引导侦查机关合法办案和彰显程序正义，2012年《刑事诉讼法》就已经明确地在立法层面基本确立了非法证据排除规则。近几年，《防范冤假错案意见》《关于办理刑事案件严格排除非法证据若干问题的规定》《人民法院办理刑事案件庭前会议规程（试行）》《人民法院办理刑事案件排除非法证据规程（试行）》等文件的发行和适用，使我国的非法证据排除规则在立法方面逐渐完善，在司法实践中也逐渐得到了有效运用。

但值得注意的是，广义的"非法证据"泛指一切不合法的证据，狭义的"非法证据"是指由于取证程序的严重违法性而丧失证据能力，从而需要在案件审理中予以排除的证据。[2]非法证据是在合法性维度上对证据证

---

[1] 湖南省桃江县人民法院刑事判决书，（2018）湘0922刑初160号。
[2] 参见李学军、刘静："瑕疵证据及其补救规则的适用"，载《清华法学》2020年第5期。

明能力的否定,在合法证据和非法证据之间存在一类证据,这类证据的收集和提取并不完全符合法律的规定,存在少许瑕疵。不同于非法证据的一经认定即被排除,这类证据经过补正或解释后仍有可能被法院作为定案的依据,此类证据即瑕疵证据。在我国,"瑕疵证据"这一概念最早出现于1998年申夫、石英的《刑事诉讼中"瑕疵证据"的法律效力探讨》一文,[1]但关于瑕疵证据的具体定义以及瑕疵证据与非法证据的关系一直充满争议。根据对2010年《死刑案件证据规定》相关条款的分析,瑕疵证据是指,收集程序或方式存在一些瑕疵,经过有关办案人员的补正或者作出合理解释后可以被法院采用的证据。瑕疵证据是合法证据和非法证据之间的过渡,两者都属于不合法的证据,但通过"补正"或"合理解释",瑕疵证据也能具备证据能力,作为证据用于证明案件事实,不需要被排除。如果无法"补正"或给出"合理解释",瑕疵证据最终会因为取证过程存在瑕疵、影响司法公正而不被采用。

基于此,证据合法性的无罪裁判逻辑也就可以分为四种类型。一是因非法证据排除而导致的待证要件事实缺乏证据进行证明。例如,在前述卞某云、高某定等走私、贩卖、运输、制造毒品案中,犯罪嫌疑人的供述被排除导致本案关键证据的缺失,最终使法官作出了无罪判决。二是因瑕疵证据排除而导致的待证要件事实缺乏证据进行证明。例如,在前述班某某交通肇事案中,作为关键证据的证言因为存在瑕疵而被排除,致使本案关键证据缺失,最终导致案件无法形成证据链,而不能证明犯罪嫌疑人有罪。三是因非法证据排除而导致其余证据无法达到证明标准。例如,在前述蔡某良故意伤害案中,作为证据的辨认笔录因非法证据而被排除。该证据并不直接指向待证要件事实,但由于该证据的缺失,导致本案其余证据无法达到证明标准。四是因瑕疵排除而导致其余证据无法达到证明标准。例如,在前述马某玩忽职守案中,作为书证的公文处理单因存在瑕疵而被排除。该证据的排除同样不会直接导致犯罪嫌疑人无罪,但却影响了整体证明的力度。

---

[1] 申夫、石英:"刑事诉讼中'瑕疵证据'的法律效力探讨",载《法学评论》1998年第5期。

第二节 合法性无罪裁判的困境及出路

从对收集到的有效案例的分析可以看出,非法证据排除规则以及瑕疵证据在司法实务中存在诸多问题,其中最为核心的问题,便是非法证据排除规则的适用率低,这也就导致因合法性问题而引发的无罪判决适用率低。

一、非法证据排除申请有较大比例的"不回应"情况

从对有效案件的分类统计来看,共有 290 个案例中的辩护人或被告人提出了"存在非法证据""××证据为瑕疵证据"等与证据效力有关的辩护意见,其中在 157 个案例中,法院对相关的辩护意见没有任何回应,既没有分析采纳过程也没有说理驳回,从判决书的内容来看,审判人员"直接略过"了这些关于证据存在非法性的辩护意见。不可否认,因为判决文书的篇幅限制或是审判期限的压力,审判人员在最终书写文书时偶尔会遗漏,但证据作为事实认定者和事实客体连接起来的唯一"桥梁",其是否合法、是否真实、是否与案件事实有关联对维护司法公正、保障被告人基本权利的意义不言自明,审判人员在应对关于证据的合法性的辩护意见时,应更加重视,在最终的判决文书中作出说理回应。

实际上,除了本书对该问题的实证分析结果,既有的很多研究都得出了类似的结论。例如,有论者指出:"53 起开启了非法证据排除程序的案件中,只有 8 起排除了非法证据。比例为 15.1%,占样本总量的 1.9%。非法证据成功排除案例极少,并且没有一起案件因为非法证据而全案推翻或者全案做无罪、从无处理。"[1] 亦有论者指出:"相比于关注证据取得手段是否合法,法官更多地关注非法证据是否能与其他证据之间实现相互印

---

[1] 张健:"审判中心改革背景下非法证据排除规则的落实与完善——基于 2013 年来 486 份刑事判决书的实证考察",载《西安电子科技大学学报(社会科学版)》2016 年第 3 期。

证，即更关注证据可信性问题。在73例申请排除非法证据的案例中，明确证据取得手段合法并予以采信的案件有27例，依法予以排除的案件7例，其余皆通过不同手段对非法证据排除规则予以规避。"[1]

可以说，当前我国非法证据排除规则适用效果不佳是一个不争的事实，其中有很多原因。例如，有论者指出："由于相关概念的抽象性、传统的司法习惯、证明责任的分配机制及程序上的不完善，非法证据排除制度在司法实践中落实起来步履维艰。"[2]从深层次的诉讼结构角度看，中国的司法背景对非法证据排除规则的运行会产生磁滞效应。[3]本书无意进一步就当前学界已经厘清的问题进行重复，而是考虑从无罪判例规则角度提出一种全新的分析视角。

二、证据合法性与非法证据排除规则的二元性

仅从字面上看，证据的合法性和非法性是内涵和外延相对应的两个概念，但在证据能力判别的问题上，二者似乎存在一定差异。一般而言，非法证据多指侵犯公民权利的证据。有论者指出："具体来说，应从客观和主观两方面出发：客观方面，非法证据是指通过严重侵害被追诉人基本权利而获得的非法证据，被追诉人的基本权利包括宪法规定的公民的生命权、健康权、隐私权、自由权等基本人权，也包括刑事诉讼中被追诉人应当享有的辩护权等基本诉讼权利。将来，随着我们国家公民基本权利保障体系的日益完善，还可能会拓展到其他方面，从而非法供述的范围亦会有所拓展。主观方面，非法证据是指通过剥夺被追诉人的意志自由而获得的非法证据，具体应当结合2018年《刑事诉讼法》第52条规定的'反对强迫自证其罪'原则的精神进行实质性把握，如能够确定这一供述是违背被

---

[1] 张硕："行政诉讼非法证据排除规则适用的困境与出路——以218份裁判文书为样本"，载《行政法学研究》2018年第6期。

[2] 宋建国、彭辉："非法证据排除的司法困境及对策研究"，载《河北法学》2017年第11期。

[3] 参见刘磊："非法证据排除规则的中国范式：困境与出路"，载《武汉大学学报（哲学社会科学版）》2018年第6期。

追诉人意志自由的非自愿性供述,即应作为非法证据予以排除。"[1]而从非法证据排除规则的产生历史上看,其主要也是为了保障刑事被追诉人权利而存在的证据规则。1914年,美国联邦最高法院在威克斯诉合众国案[2]中裁定,违反宪法第四修正案而非法搜查和扣押获得的证据,不得在联邦法庭上使用。这标志着非法证据排除规则正式确立。1960年,联邦最高法院在埃尔金斯诉合众国案[3]中裁定,宪法第四修正案禁止在联邦检控中使用非法获得的证据,不论证据是由联邦执法人员还是州执法人员获得的。一年后,联邦最高法院最终在马普诉俄亥俄州案[4]中裁定,宪法第四修正案要求各州法院排除通过非法搜查和扣押获得的证据。至此,违反宪法第四修正案的非法证据排除规则适用于美国所有法院。此后,非法证据排除规则在英、德、日等国家和地区诉讼法中相继采用。而上述规则能确立的根本原因就在于保障当事人合法权利。[5]

但在当前证据法语境中,当谈论证据合法性时,其指代的却是证据的获取是否符合法律之规定。[6]而一些证据规则的设定,并不以保护当事人之权利为主要目的,例如,不得用以证明过错或责任的证据规则设计的主要目标是切断从行善行为到过错责任的自然推理链条,激励着人们积极从事对社会有益之行为。[7]在我国,与非法证据排除规则相纠缠的是不可靠证据排除规则。如前文所述,与非法证据被排除的理论基础不同,不可靠证据排除规则是因为违法的取证行为直接导致了证据具有极大的虚假可能

---

[1] 杨波:"由证明力到证据能力:我国非法证据排除规则的实践困境与出路",载《政法论坛》2015年第5期。

[2] Weeks v. United States, 232 U. S. 383 (1914).

[3] Elkins v. United States, 364 U. S. 206 (1960).

[4] Mapp v. Ohio 367, U. S. 643 (1961).

[5] 参见张建伟:"通报制度:非法证据排除中的'痛感传递'",载《人民检察》2021年第3期。

[6] 参见曹守晔:"民事诉讼证据制度的完善和发展",载《人民司法》2013年第5期。

[7] 参见郑飞:"拯救社会公德的证据法药方:论不得用以证明过错或责任的证据规则",载《理论月刊》2014年第1期。

性，司法解释便直接否定了其作为证据的资格。[1]从立法上看，大部分的证据排除规则是以保证证据真实性为目的而设立的，特别是对于实物证据而言，以保障权利为目的设立的合法性规则更是稀少。以电子证据为例，2018年《刑事诉讼法》第56条所规定的非法证据排除规则并未将电子数据纳入其中，2016年《电子数据规定》中对电子数据合法性的审查规则也主要是基于保障电子数据真实性而设置。[2]问题的关键是，我国当前不可靠证据排除规则和非法证据排除规则的判断标准都是是否符合法律之规定，这就造成了这两类证据规则之间的混同。其表现在司法实践中便是，基于证据真实性的无罪规则与基于证据合法性的无罪规则之间有大量的重合。而又因为立法导向更加注重证据的真实性，因此，因保障当事人权利而进行的非法证据排除的生存空间便被不断压缩，特别是对于存在侵权行为的实物证据几乎不予排除。[3]

三、非法证据排除规则的标准厘清

基于上述分析不难发现，当前非法证据排除规则以是否符合法律规定为判断标准容易造成非法证据排除与不可靠证据排除之间的混淆。除此之外，这一标准的另一大问题便是无法及时回应时代的需求。例如，电子证据的应用存在侵犯基本权利的可能，"财产类电子数据中承载着财产权，传统的扣押、冻结等侦查措施无法完成对数字货币的有效取证，直接将数字货币变现后予以扣押，既存在对财产权保障不足的问题，也可能侵犯犯罪嫌疑人其他基本权利。隐私类电子数据中隐私权客体的扩张及其依附体的变化，决定了此类电子数据取证中可能存在隐私权无形干预和二次干预的问题。通信类电子数据中承载着通信自由和通信秘密权，侦查机关可以选

---

〔1〕参见李影、周海燕："论侦查辨认笔录的证据能力：以命案卷宗评比材料为分析样本"，载《中国刑警学院学报》2020年第3期。

〔2〕参见谢登科："论电子数据收集中的权利保障"，载《兰州学刊》2020年第12期。

〔3〕参见孙锐："非法证据排除规则的实体之维"，载《河南大学学报（社会科学版）》2021年第1期。

择通过搜查、调取、远程勘验等方式收集此类电子数据，但现有制度设计各自会面临对通信自由权保障不足的问题"。[1]即使立法试图对这种取证方式进行规制，也需要一定时间进行准备——法律的滞后性特征决定了立法者难以预见正处于生成和发展过程中的权利，需要司法者运用主流价值观来阐释法律原则，将这些权利要求变成司法裁判保护的价值，进而有效地保护发展中的利益关系。[2]但司法者适用法律原则的关键，是立法给予法官一定自由裁量的空间，这样才可能应对法律的滞后性。

当然，以是否符合法律规定作为非法证据排除的标准也有其合理性。该标准简洁清晰，十分方便法官进行适用。从这一角度上讲，该标准不宜彻底废除。基于上述分析，本书认为，为了更好地发挥非法证据排除规则的效用，保护当事人权利，非法证据排除规则的标准宜从当前的是否符合法律规定或法律程序，转变为双重标准，即增加是否侵犯公民之基本权利。此方法不仅可以便于法官厘清非法证据排除规则与不可靠证据排除规则之间的关系，也可以更好地应对社会的发展，弥补法律的滞后性和立法者的局限性。

---

[1] 谢登科：" 刑事电子数据取证的基本权利干预——基于六个典型案例的分析"，载《人权》2021年第1期。

[2] 参见季金华：" 司法权威的文化建构机制"，载《理论探索》2021年第1期。

第七章 证据缺失与孤证不能定案

第一节 证据缺失不能定案

一、证据缺失不能定案的无罪规则

（一）不能认定作案工具或者作案工具缺失

作案工具作为认定案件事实的重要一环证据，其属于实物证据，只有在法庭上出示或展示，才能发挥其证明作用。物证的出示要求所有证据都必须经过辨认或鉴真，并且要符合最佳证据规则，也就是出示原件，这是为了保证物证的同一性和可靠性。即便是对于不便或不能拿到法庭上出示的物证，也要出示与原物核对无误的复制件或照片。

从实践中看，在作案工具缺失无法认定的情况下，案件事实难以确定真伪，法院很多时候便会作出无罪判决。在笔者收集到的由于不能认定作案工具或者作案工具缺失而认定无罪的19个判例中，能总结出如下规律。

在由于不能认定作案工具或者作案工具缺失而认定无罪的19个判例中，57.9%是由于没有找到作案工具，21.1%是由于作案工具找到但是来源不清，15.7%是由于没有对作案工具进行鉴定或者鉴定结果不符，5.3%是由于作案工具部分缺失，见图7-1。在没有找到作案工具的情况中，有一部分是作案工具已经被发现但尚未被起获，[1]另一部分是作案工具未被

---

[1] 如广东省茂名市中级人民法院刑事判决书，(2016) 粤09刑终132号。

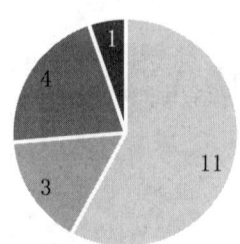

- 没有找到作案工具
- 没有对作案工具进行鉴定或者鉴定结果不符
- 作案工具找到但是来源不清
- 作案工具部分缺失

图 7-1 不能认定作案工具或者作案工具缺失而认定无罪的情形　（单位：个）

发现，作案工具不明。[1]在作案工具找到但来源不清的情形中，有一部分是因无作案工具的现场勘查笔录或现场提取笔录，[2]有一部分是没有在庭审时进行出示辨认、举证质证。[3]

在因不能认定作案工具或者作案工具缺失而认定无罪的判例中，以上因素中的多个有可能同时存在于同一案件中，比如在侯某新故意伤害一审刑事判决书中，[4]法院认为，被害人关于作案工具的第三次陈述与其他几次截然相反，亦否定了第一次的陈述，公安机关进行第三次询问时没进行排除。被害人的几次陈述不一致，且与被告人供述不能相互印证。公安机关现场提取了三把带血凶器，但没有对凶器血迹进行鉴定，不能排除其他凶器致伤的可能性。综合以上多种原因，认定被告人无罪。在此案例中，即是对作案工具这一关键证据没有鉴定并且来源不清，两者共同作用导致无罪判决的出现。

并且，违反法定程序提取相关作案工具也会导致证据不足，无法认定案件事实。在方某某故意伤害案[5]中，法院认为，关于上诉人（自诉人

---

[1] 如山东省济宁市兖州区人民法院刑事判决书，(2015) 兖刑重初字第 1 号。
[2] 如河北省张家口市万全区人民法院刑事判决书，(2017) 冀 0729 刑初 44 号。
[3] 如重庆市第四中级人民法院刑事判决书，(2013) 渝四中法刑初字第 00007 号。
[4] 参见湖北省宣恩县人民法院刑事判决书，(2015) 鄂宣恩刑初字第 00034 号。
[5] 青海省海北藏族自治州中级人民法院刑事附带民事判决书，(2015) 北刑终字第 18 号。

暨附带民事诉讼原告人）樊某甲以被告人方某某行为构成犯罪，并追究其刑事责任，赔偿住院期间的医药费、伤残赔偿金共计 58 517.38 元为由提出上诉的理由，经查，自诉人樊某甲虽经公安机关调查取证，现场进行了勘验和拍照，但取证违反法定程序，对照片中是否有作案工具，从案发当日至今，自诉人、被告人未进行指认，公安机关也未提取相关物证，导致证据链条缺失……因此，自诉人指控被告人犯故意伤害罪的事实不清，证据不足，提出的上诉理由不能成立，法院最终不予采纳。

（二）没有收集到尸检报告、毒化鉴定等关键证据

故意伤害罪或故意杀人罪中出现了被害人死亡的情形，尸检报告、毒化鉴定作为关键证据对于证明被害人的死亡时间、伤情轻重、死因等有重要作用，不可或缺。因此案件中如果缺失尸检报告、毒化鉴定将会导致严重的证据不足。尽管此规则代表的情况在实践当中出现极少，但是一旦出现这种情节将非常关键。

例如，在康某甲故意伤害案[1]中，法院认为，公诉机关指控被告人康某甲犯故意伤害罪的证据不足。被害人陈某戊是在醉酒状态下被康某甲击伤，后有村医为陈某戊治疗，最后被送往医院。而本案的关键证据尸检报告不存在，仅有当时尸检法医杨某出具的死因证明。尸检报告是一种鉴定意见，鉴定意见是鉴定人运用科学的技术和方法对依照法定程序收集的客观记载进行检验而得出的结论。本案中客观记载已不存在，当时尸检法医的证言缺乏客观基础，难以排除其他原因致陈某戊死亡。综观本案，被告人康某甲用木棍击打被害人陈某戊的事实存在，被害人陈某戊死亡的事实存在，但被害人陈某戊伤情无法确定，死亡时间无法确定，死因更无法确定。被告人康某甲对被害人陈某戊实施的击打行为与被害人陈某戊的死亡结果存在间隔时间，没有尸检报告难以认定被害人陈某戊被被告人用木棍击中头部的事实与陈某戊死亡的事实存在直接的因果关系。因此，公诉机关指控被告人康某甲非法故意损害他人身体健康，致一人死亡的证据不

---

[1] 河北省沽源县人民法院刑事判决书，（2015）沽刑初字第 25 号。

足。对公诉机关指控的罪名不予支持。法院最终以事实不清,证据不足宣告康某甲无罪。

此外,在司法实践中还出现了过于注重从形式上强调尸检报告效力的现象。如在康某甲故意伤害案[1]中,法院认为,尸检法医所作出的死因证明是法医的证言,不是基于客观基础的鉴定结论,不能排除有其他原因导致被害人死亡。对于鉴定结论的依赖在司法实践中较为常见,有学者指出,鉴定意见的作用在于补充事实裁判者在专门性问题上认识能力的不足;鉴定意见是一种证据,而非最终结论。[2]在实践中,如果依据现有的证据能够对死亡情况加以认定的,应当排除由于证据形式不符而不予认定的情况。

之所以与死亡原因有关联的证据特别依赖鉴定意见,是因为死亡原因在案件事实的认定中有重要的地位,是名副其实的关键证据,然而法官认识能力的局限性使得其无法对医学专业方面的问题产生自发可靠的意见,所以会出现依赖尸检报告等鉴定结论的现象。在此情况下,应当完善办案流程,对于出现被害人死亡的刑事案件,统一进行司法鉴定,出具尸检报告。对于由于各种情况未能出具尸检报告或者其他有效力的鉴定结论的,应当有专家证人出庭,弥补法官对法医学方面专业知识的不足,使得法官对于被害人的死因有更为专业全面的认识。

另外,要特别注意对于法医鉴定工作的规范管理,对于以隐瞒罪责或栽赃陷害的故意出具鉴定意见的,情节严重的,应当负刑事责任。

(三)案发现场无法提取到与被告人犯罪行为相关的生物痕迹或生物痕迹不能认定

案发现场无法提取到与被告人犯罪行为相关的生物痕迹或生物痕迹不能认定,这一规则针对的是故意杀人等刑事案件中生物痕迹缺失或矛盾,从而无法认定被告人故意杀人事实的情形。在生物痕迹的鉴定与比对中,

---

[1] 河北省沽源县人民法院刑事判决书,(2015)沽刑初字第25号。
[2] 汪建成、孙远:"刑事鉴定结论研究",载《中国刑事法杂志》2001年第2期。

要求鉴定结论能作为同一认定的依据，需要具有唯一性。且在被告人单一而有多个现场的案件中，要求各个现场之间的生物痕迹具有统一性。

生物痕迹信息，是指足迹、指纹、DNA 信息等生物痕迹信息。在杀人现场、尸体处理现场等地生物痕迹信息比较集中。之所以生物痕迹信息的缺失会导致无法作出有罪判决，是因为生物痕迹信息是锁定行为人身份的重要证据，如果生物痕迹信息缺失或不准确，会导致无法排除合理怀疑，无法作出有罪判决。

在案发现场无法提取到与被告人犯罪行为相关的生物痕迹或生物痕迹不能认定的 9 个判例中，66.7%是未发现相关生物痕迹，有 11.1%是发现生物痕迹但未鉴定，[1]另有 11.1%是发现生物痕迹但无法鉴定，[2]其余 11.1%是发现生物痕迹但鉴定结果不唯一，无法排除合理怀疑，见图 7-2。[3]

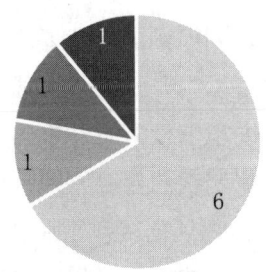

图 7-2　案发现场无法提取到与被告人犯罪行为相关的生物痕迹或
生物痕迹不能认定而认定无罪的情形　（单位：个）

生物痕迹鉴定结果需要具有唯一性。例如在李某金故意杀人案[4]中，公安机关在发现被害人尸体的现场提取了物证纸巾、烟蒂、编织袋、捆绑

---

[1]　吉林省高级人民法院刑事判决书，(2015) 吉刑再终字第 4 号。
[2]　海南省高级人民法院刑事判决书，(2018) 琼刑再 1 号。
[3]　辽宁省锦州市中级人民法院刑事判决书，(2013) 锦审二刑终再字第 00002 号。
[4]　广东省肇庆市中级人民法院刑事判决书，(2015) 肇中法刑二初字第 12 号。

被害人尸体的红色包装绳及尸体脖子、口周、指甲、胸部、阴道部位的擦拭物，并进行送检鉴定，但在被害人尸体脖子、口周、指甲、胸部、阴道部位的擦拭物及编织袋均未检出有效的基因分型。虽在捆绑尸体双腿及颈部的红色包装绳检出混合基因分型，且该基因分型与李某金的血样基因分型来自同一父系家族，但该鉴定结论不能作为同一认定的依据，不具有唯一性，不能确定是被告人李某金所遗留。据此，尸体现场的提取物证及尸体脖子等部位提取的生物物证均没有鉴定出被告人李某金的基因分型，无法确定被告人李某金与该现场相关联。在该判例中，即便是能够检测出基因分型与李某金的血样基因分型来自同一父系家族，也不能作为同一认定的依据。

二、证据缺失不能定案的无罪逻辑

证据缺失不能定案是证据裁判原则的必然要求。换句话讲，证据裁判原则就是司法裁判必须建立在证据的基础之上，或者说，必须通过证据来认定案件事实，没有证据的存在也就没有案件事实的认定。在现代司法制度中，证据裁判原则是所有证据制度的核心原则，也是各国（地区）诉讼制度普遍遵循的法律原则之一。[1]证据裁判原则（亦称证据裁判主义）是资产阶级革命胜利后确立的一项法律原则，作为与自由心证原则相伴而生的证据原则，其在法国、德国等大陆法系国家的刑事诉讼法典中均有不同程度的体现，但最为经典的立法表述是《日本刑事诉讼法》第317条的规定："认定事实，应当依据证据。"[2]而有学者将证据裁判原则誉为证据法之帝王原则，也足见该原则的重要地位。[3]

我国刑事诉讼法也明确坚持了证据裁判原则。2018年《刑事诉讼法》第55条第1款规定："对一切案件的判处都要重证据，重调查研究，不轻

---

[1] 李苏林："证据裁判原则下的案件事实认定"，载《山西大学学报（哲学社会科学版）》2015年第3期。

[2] 参见宋英辉译：《日本刑事诉讼法》，中国政法大学出版社2000年版，第72-73页。

[3] 闵春雷："证据裁判原则的新展开"，载《法学论坛》2010年第4期。

信口供。只有被告人供述,没有其他证据的,不能认定被告人有罪和处以刑罚;没有被告人供述,证据确实、充分的,可以认定被告人有罪和处以刑罚。"第 50 条规定:"可以用于证明案件事实的材料,都是证据。……证据必须经过查证属实,才能作为定案的根据。"这表明我国刑事诉讼法明确坚持了证据裁判原则。

对规定证据裁判原则的法条原文进行文义解释,不难发现,在刑事案件中,并非必须集齐物证、书证等八种证据才能定案,也并非仅有犯罪嫌疑人、被告人的供述就能定案。并且,即便找到了可疑证据,但是未查证属实,仍然不能作为定案的根据。实际上,在具体的案件之中,查证属实的证据必须与关键案件事实形成一一对应的链条才能定案。而其中任何一个证据的缺失,都有可能对证据链条的合法性、真实性、关联性产生决定性的影响,从而导致疑罪从无情况的发生。

这类对证据链条产生决定性作用的证据被定义为"关键证据",按照《现代汉语词典》的解释,"关键"是指"比喻事物最关紧要的部分;对事情起决定作用的因素"。[1] 所谓"关键证据"即是指对案件事实的认定起决定作用的证据。有学者对"关键证据"的具体含义作出如下阐述:"其一,在案件的侦查阶段,能够对侦破案件指引明确的方向。其二,对最后的定案产生决定性的影响,即取得了该项证据,全案证据便可形成一条完整的锁链,缺少了该项证据,则整个案情事实就无法认定。其三,在控、辩双方对案情主要事实争议难决的情况下,某一证据一经查实,即足以推倒对方提出的全部证据,可据此对全案作出肯定或否定的明确结论。凡具备上述三种情形之一者,该项证据便可称之为关键证据。"[2]

关键证据与主要证据不同,主要证据是指那些能够直接或间接地证明案情主要事实的证据,如被害人陈述、被告人供述或辩解,以及与本案直接有关的物证、书证,现场勘验笔录和证实主要案情事实的鉴定意见等。

---

[1] 中国社会科学院语言研究所词典编辑室编:《现代汉语词典》,商务印书馆 2016 年版,第 478 页。

[2] 崔敏:"论'关键证据'",载《中国人民公安大学学报》1991 年第 2 期。

"主要证据"是同"次要证据"或"辅助证据"相对应的概念。譬如现场目击者的证言是主要证据;证明证人的身份或证明证人是否当时在现场的旁证材料则是次要证据或辅助证据,等等。在案件审理中,主要证据是必不可少的,但主要证据不一定都能起到关键的作用(当然,有些主要证据可能成为关键证据)。反之,有的辅助证据(如证明证人当时根本不在现场,其提供的证言完全是编造的)反倒可能成为认定案情的关键证据。一个案件中的主要证据,通常都有相当的数量,但一个案件中不可能有很多的关键证据。只有那些至关紧要,对认定案情起决定作用的证据,才能称之为"关键证据"。[1]

由以上定义可知,在认定案件事实中,什么证据是"关键证据"这个问题是需要具体分析的,即具体分析其在案件中是否有指引侦查方向、串联其他证据、推翻其他证据等功能。比如同样是作为物证的作案工具,在此案中可能是"关键证据",但在彼案中就并不能对案情的认定起决定性作用,不能称之为"关键证据"。在因证据缺失而不能定案的情形中,"关键证据"扮演的角色正是第二种,即取得了该项证据,全案证据便可形成一条完整的锁链,缺少了该项证据,则整个案情事实就无法认定。

三、证据缺失不能定案的无罪逻辑的实践困境及出路

从实践中看,我国法官在运用证据缺失无罪逻辑时,存在的一个较为明显的问题是缺乏精密的证据分析工具。基于前文分析不难发现,运用证据缺失不能定案这一无罪逻辑的核心是发现关键证据。那么如何发现关键证据呢?从既有实践看,主要是依靠法官的经验和主观判断。而这种判断很多时候便可能出现错误。不可否认的是,司法裁判具有盖然性。但这并不意味着不能通过有效的方式提升事实认定的准确性。事实上,之所以会出现这种情况,主要是当前我国并未建立有效的证据分析工具。

---

[1] 崔敏:"论'关键证据'",载《中国人民公安大学学报》1991年第2期。

对于该问题，应尝试引入更为精细的证据分析方法。常见的证据分析方法包括图示法和叙事法。其中，图示法最早由威格莫尔在《司法证明科学》一书中提出。[1]图示法的主要特征是："要求分析者在一个论证中，清晰阐述每一个步骤，把论证分解为简单命题，然后图解（mapping）或图示（charting）这些命题与次终待证事实之间的全部关系。"[2]叙事法提供了一种独特的连接证据与待证事实的方式：它不是像图示法那样将证据逐项归到各要素性事实之下，并阐明支持或反驳的逻辑关系；而是将案情看作一个整体的故事，表明这样一个故事版本何以最可信地解释现有证据，或者现有证据何以最大限度地为这一故事版本所涵盖。[3]未来，司法部门应更加关注对于精细化证据分析方法在司法实践中的运用。以图示法为例，通过对每一个证据、概括和待证事实进行图示，法官可以清晰地发现案件的证据缺失，这就可以解决司法实践中证据链概念混乱、可操作性不强的问题。

值得注意的是，我国也有学者提出了一种综合使用各种证据分析方法的路径，甚至加入了我国既有的印证分析方法："将故事方法的整体视角检验、论证方法的单个证据检验与印证方法的信息同一检验进行融合，构建一种严密而又具有一定灵活性的多元证据分析方法体系。"[4]其中，"故事方法可以对被构建为故事的案件事实是否能够涵盖证据，故事情节从经验法则上看是否合理，以及故事整体是否完整、一致、符合情理进行检验；论证方法可以对每个证据的推理链条是否指向同一结论、每一推理环节所运用的经验法则是否合理进行检验"。[5]但这种综合方法总体上操作

---

[1] John Henry Wigmore, *The Science of Judicial Proof, as Given by Logic, Psychology, and General Experience and Illustrated in Judicaial Trials*, 3rdedn, Boston: Little Brown, 1937.

[2] [美]特伦斯·安德森、戴维·舒姆、[英]威廉·特文宁：《证据分析》，张保生等译，中国人民大学出版社2012年版，第156页。

[3] 参见张保生主编：《证据法学》，中国政法大学出版社2018年版，第303页。

[4] 纵博："印证方法的不足及其弥补：以多元证据分析方法体系为方向"，载《法学家》2020年第6期。

[5] 纵博："庭审实质化视野下的证据分析方法多元论"，载《政治与法律》2020年第10期。

过于繁琐和复杂，考虑到当前我国法官面临的"诉讼爆炸"问题，[1]并且其也并没有相关的证据分析基础，一下引入如此多的证据分析方法似乎并不具有太大可行性。

对此，本书主张优先引入图示法。图示法主要有三个特点：（1）所有参与证明推论过程的证据、推论性主张、待证事实都被明确地表述出来，以命题的形式编制成关键事项一览表，并进行数字编号。（2）推论的具体过程被描述成一个以直线和箭头连接的复杂路径图。关键事项表上的各个命题以图形符号分类表示，构成了推论路径图中的众多节点。（3）从整体上观察，图示法将整个论证推理过程以较为直观的形式表现出来，阐明了命题之间的相互支持、反驳或补强关系，易于暴露逻辑推论中的空白和弱点，有助于评估证据和论证的完整性程度。[2]相较于叙事法，图示法使用起来更加简单方便，并且与我国既有的印证、证据链等理论也有一定的重合度，更加符合我国的司法现状。

第二节 孤证不能定案

一、孤证不能定案的无罪规则

（一）只有被告人的供述，不能认定被告人有罪

2018年《刑事诉讼法》第55条第1款规定："对一切案件的判处都要重证据，重调查研究，不轻信口供。只有被告人供述，没有其他证据的，不能认定被告人有罪和处以刑罚；没有被告人供述，证据确实、充分的，可以认定被告人有罪和处以刑罚。"在6000多个无罪判例中就有运用这一规则的判例，如在曹某梅贪污案[3]中，"检察机关指控曹某梅伙同江某采

---

[1] 参见左卫民："通过诉前调解控制'诉讼爆炸'——区域经验的实证研究"，载《清华法学》2020年第4期。

[2] 参见张保生主编：《证据法学》，中国政法大学出版社2018年版，第303页。

[3] 安徽省滁州市中级人民法院刑事判决书，（2014）滁刑再终字第00003号。

用收取客户广告费不开票入账的手段，从中截留侵吞 12 万元公款的事实，仅有口供，没有相关账目、原始单据等其他证据予以佐证"的裁判理由便是这一规则在实践中的典型应用。由于我国自古对于口供就十分重视，这一无罪判例规则实际上是对于传统观念的突破，也是现代法治进步的体现。若仅凭被告人口供即可定罪，将大幅增加刑讯逼供发生的可能性，导致庭审实质化受到不利影响。

从证据法基本原理上看，只有被告人的供述不能定罪的规定，是"不得强迫任何人自证其罪"原则的具体化。有学者指出，"不得强迫任何人自证其罪"这一原则性的宣示，为全面确立被告人口供自愿法则奠定了法律基础。这一原则所保护的是每个人面对国家刑事追诉时获得自由选择诉讼角色的诉讼特权。按照这一原则的逻辑，任何人在任何官方调查活动中都享有一项最低限度的特权，也就是对那些可能使自己陷入一项控罪的问题，享有回答或不回答的自由，不因拒绝回答而受到不利的对待。与此同时，这一原则所要禁止的是一切带有强迫性的预审讯问行为，也就是那些可能使嫌疑人失去自由选择权的外力压迫行为。这些强迫行为是多种多样、不胜枚举的。一个国家的法律制度应当将这些强迫取证行为尽可能详尽地列举，并根据法律制度的改革进程而逐步扩大其适用范围。[1]

被告人不利供述系孤证的情况下，可能无法认定犯罪事实。在前述曹某梅贪污案中，法院认为，检察机关指控曹某梅伙同江某采用收取客户广告费不开票入账的手段，从中截留侵吞 12 万元公款的事实，仅有口供，没有相关账目、原始单据等其他证据予以佐证，且明光市人民检察院作出明检反贪不立（2015）1 号不立案通知书，认为江某涉嫌贪污罪一案，事实不清、证据不足，故本案认定曹某梅贪污证据尚未达到确实、充分程度，对曹某梅及其辩护人的辩护意见予以采纳。

再如，在林某癸贪污案[2]中，对于被告人林某癸是否共同参与贪污

---

[1] 参见陈瑞华："论被告人口供规则"，载《法学杂志》2012 年第 6 期。
[2] 海南省海口市龙华区人民法院刑事判决书，（2011）龙刑初字第 281 号。

涉案的14.611亩和1.728亩土地补偿款的事实认定问题，被告人林某癸在多次供述及开庭中称，其认为14.611亩和1.728亩土地系其祖宗留下的土地，虽在2009年3月14日及2009年3月24日两次供述中称涉案的两块土地不是其祖宗的土地，但其两次不利供述系孤证，与证人证言不能相互印证，而其他供述相对稳定，能够形成完整的证据链。故根据刑事诉讼的证据规则，法院对其他供述予以采信。该案经侦查机关多次补充侦查，结合林某戊、陈某丁、林某己等多位证人的证言均可以证实被告人林某癸的祖父曾在涉案的土地上耕作过，按照当地风俗，被告人林某癸及其家族成员因此认为涉案的土地属于其家族合情合理，故他们发现该两块土地登记在村民林某丙名下后按照程序提出异议，其行为系其行使权利的体现，亦符合公序良俗原则。林某义在"791工程"中还负责调解征地期间村民间的土地权属纠纷，林某癸提出异议后其前来调解，被告人林某癸为了顺利取得其主观上认为应得的租地租金及补偿款，从而配合林某义的调解，林某癸主观目的与林某义想非法占有公共财物的主观目的不同，被告人林某癸主观上不存在非法占有14.611亩和1.728亩土地补偿款的目的，故不符合贪污罪的主观要件。

（二）只有被害人的供述，系孤证，不足以认定被告人有罪

2018年《刑事诉讼法》第55条第1款规定，"对一切案件的判处都要重证据，重调查研究，不轻信口供。只有被告人供述，没有其他证据的，不能认定被告人有罪和处以刑罚；……"虽然2018年《刑事诉讼法》对于只有被害人陈述、证人证言等口供的案件能否认定被告人有罪没有规定，但是在司法实践中，只要没有其他证据进行印证，在只有被害人陈述或者证人证言的情况下，也不能认定被告人有罪，这应当是司法实践对于"孤证不能定案"规则的遵守。

在故意伤害罪无罪判例中，我们发现有79个案件属于这种情形。所涉的案件均为被害人单方面控诉被告人犯故意伤害罪，而没有其他证据的情况，这种情况多出现在自诉案件中。在这类案件中，法官对于案件证据不足的认定也较为直接。比较典型的无罪判例，如周某某诉张某某、李某某

故意伤害案[1]中，法院再审认为，从查明的事实看，张某某亦承认因考勤问题与周某某发生厮打，到达现场的证人证实周某某有伤，并有医院住院病历及诊断证明相印证，打架事实清楚，对此双方均无异议……但由于张某某的行为给周某某造成的经济损失依法应予赔偿。原审判处李某某犯故意伤害罪，仅有周某某的指控，根据卷宗材料，周某某最初陈述被张某某打伤后眼睛看不清，第二次又说右眼看见李某某踢他，其陈述存在矛盾，虽然李某某自认进屋后顺手关门，但没有证据证实李某某在主观上有伤害周某某的故意，也没有证据证实李某某在客观上伤害了周某某，故原判认定李某某犯故意伤害罪的证据不足，判决李某某赔偿周某某的经济损失不当。

（三）证人证言没有其他证据予以印证，系孤证，不足以认定被告人有罪

证人证言没有其他证据予以印证，系孤证，不足以认定被告人有罪，这一规则主要是针对言词证据特别是证人证言的，由于证人证言本身的不可替代性与不稳定性，针对单个证人的多次不同证言或是多个不同证人的证言进行辩护就变得十分有意义了。

如在唐某荣贪污案[2]中，就有"证人乔某忠在作证时多次、反复供述不一，无法与高某龙、孟某信等人的证言相互印证"的说法。使用此规则进行辩护时有两点需要注意：（1）选取的证人证言需要具有关键性。对于非关键证人或是非关键证言，即使证明了存在矛盾，也仅能对证人的可信性质疑，在一定程度上降低其他证言的可信性，但并不具有决定性。例如唐某荣贪污案再审刑事判决书中就强调了"乔某忠的供述及证言在本案中系关键证词，直接影响到给唐某荣的定罪科刑"。（2）注意分析证人证言与其他证据之间的关系。例如前述唐某荣贪污案再审刑事判决书中就有"本案关键证人乔某忠的证言多次陈述不一，且又属孤证，并无其他证据支持"的说法。

---

[1] 陕西省安康市中级人民法院刑事附带民事判决书，（2014）安中刑再终字第00001号。
[2] 甘肃省陇南市中级人民法院刑事判决书，（2013）陇刑再终字第01号。

实践中还出现了这样的案例，证人对自己以前所作的证词全盘翻供，导致以前的证词存在串供，证据不足，存疑有利于被告。例如在周某某受贿案[1]中，本案证人王某善对自己以前所作的证词全盘翻供，以前的证词存在串供，证人王某善在庭上的陈述经质证可信度较高，与证人周某鸣证言、被告人周某某的供述相印证，对其当庭证言予以采信。而证人涂某前、张某高全盘推翻以前证词。根据存疑有利于被告人的原则，对涂某前、张某高这次的证言予以采信。法院认为：原审被告人周某某在被纪委"双规"期间，错误地认为讲一点受贿的情况就能从宽处理，保住饭碗，早日出去，于是自作聪明，与王某善、张某高串通，主动交代自己收受王某善14 000元、张某高3000元的受贿情况。纪委在限制涂某前人身自由的情况下取得了涂某前指认曾送10 000元给周某某的证词，周某某也就承认了收受涂某前10 000元贿赂的问题。现原审被告人周某某翻供且证人王某善、张某高、涂某前全盘推翻以前证词，故认定原审被告人周某某收受王某善14 000元、涂某前7800元、张某高3000元证据不足，指控原审被告人周某某犯受贿罪不能成立，应予改判。对原审被告人周某某及其辩护人提出的无罪辩护意见予以采纳。

这实际上是证人翻证问题，一般而言证人翻证可能因为以下原因。（1）侦查人员诱骗；（2）获得利益；（3）畏惧报复；（4）担心牵连。针对证人翻证的现象，应该注意以下几点。（1）注意证人证言与其他证据之间的关系，综合其他证据分析判断；（2）对比证人的不同证言，针对证言的内容进行分析；（3）分析影响证人证言的因素，必要时对证人进行保护与心理辅导；（4）审查证人与案件的关系。

2018年《刑事诉讼法》对于证人证言没有确立较为严格的证据能力规则。原则上，无论是证人庭前所作的书面证言或者证言笔录，还是证人当庭所作的口头证言，都可以成为法院定案的证据。作为一种言词证据，证人证言发生前后矛盾的情况主要有两种：一是证人当庭证言与证人庭前所

---

[1] 湖南省南县人民法院刑事判决书，（2013）南法刑重字第1号。

作的证言笔录发生了矛盾,二是未出庭作证的证人提供了相互矛盾的书面证言。在这两种情况下,法官在采信证言方面都会面临艰难的选择。因为在证言的证据能力无法受到严格审查的情况下,法官更为注重的是证言的真实性和可靠性。而证人当庭提供的证言与庭前书面证言,何者更为真实,以及证人庭前所提供的相互矛盾的两份书面证言,何者更为可靠?假如没有其他证据的佐证,这都将成为难以作出判断的问题。

按照现行司法解释的规定,证人当庭证言与庭前书面证言发生矛盾的,法庭应当优先采纳当庭证言。表面看来,这似乎体现了直接言词审理的原则,显示出对当庭证言之证据能力的重视。而实际上,这与证据能力问题没有太大的关系。司法解释为法庭作此选择设置了两个前提条件:一是证人"当庭能够对其翻证作出合理解释",二是当庭证言要"有相关证据印证"。假如无法同时满足这两个条件,法庭仍然可以将当庭证言弃之不顾,而优先采信庭前书面证言。其中,司法解释要求证人"作出合理解释"的规定,使得证人对其翻证的合理性承担了证明责任;而对当庭证言与其他证据相互印证的规定,则实属对当庭证言真实性的验证要求。

对于证人庭前所作的相互矛盾的书面证言,司法解释并没有根据是否有利于被告人的标准来确立采信规则。毕竟,根据逻辑法则和经验法则,两份在证明同一问题上相互矛盾的书面证言,不可能都是真实的,其中必有一份存在虚假的可能性。假如无法确证其中一份书面证言的虚假性,那么,两者就都存在不真实的可能性。更何况,书面证言往往是由侦查人员以单方面调查的方式秘密获取的,不像当庭证言那样在公开的法庭上提供,并使得控辩双方有机会进行当庭质证,其真实性是值得怀疑的。因此,对这类自相矛盾、真伪难辨的书面证言原则上应当否定其证明力。但是,作为一种例外,那些没有出庭作证的证人所作的两份书面证言出现矛盾的,法庭仍然可以将其中一份证言作为定案的根据,但前提条件有两个:一是证言的矛盾得到了排除,二是该书面证言得到了其他证据的印证。换言之,两份自相矛盾的书面证言,假如无法排除矛盾,并且也没有其他证据对其加以印证，法庭一律不得确认它们的证明力。[1]

（四）指控的关键事实仅有利益相关方的言词证据，不足以认定被告人有罪

指控的关键事实仅有利益相关方的言词证据，不足以认定被告人有罪，其依据是在言词证据没有其他证据印证的情况下，不轻信口供。此规则之下的案例涉及的现场人员可能较多，又明显分为两个利益方，例如自诉人的亲友以及被告人的亲友双方。当仅有自诉人或者被害人利益方的言词证据指控被告人有罪时，也可能会被法院认定为证据不足。

在笔者统计到的因指控的关键事实仅有利益相关方的言词证据，无法达到确实、充分的证明标准而认定无罪的案例中，其利益相关方与被害人的关系，有父母子女关系、夫妻关系、其他亲属关系、朋友关系四种类型。父母子女关系、夫妻关系均占比 36.4%，[2] 其他亲属关系占比 18.2%，[3] 朋友关系占比 9.1%，见图 7-3。[4]

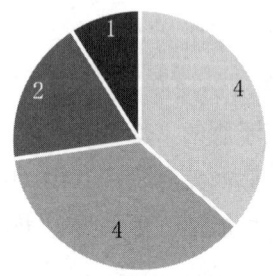

图 7-3 指控的关键事实仅有利益相关方的言词证据而认定无罪的情形 （单位：个）

以孙某某故意伤害案[5]为例，本案争议焦点在于王某的轻伤结果是

---

[1] 陈瑞华："论证据相互印证规则"，载《法商研究》2012 年 1 期。
[2] 宁夏回族自治区彭阳县人民法院刑事附带民事判决书，(2015) 彭刑初字第 73 号。
[3] 陕西省神木县人民法院刑事判决书，(2015) 神刑初字第 00280 号。
[4] 广西壮族自治区合浦县人民法院刑事判决书，(2013) 合刑初字第 299 号。
[5] 安徽省阜阳市中级人民法院刑事附带民事判决书，(2015) 阜刑终字第 00019 号。

否为孙某某用脚踢所致,而非其伤情是否构成轻伤。综合本案证据来看,这一关键事实能否成立依赖于相关言词证据是否具有真实性,是否能够排除合理怀疑。而法院否认相关言词证据具有真实性的重要因素,就是因为指控的关键事实仅有利益相关方的言词证据。

二、孤证不能定案的无罪逻辑

"孤证不能定案"依照文义解释,是指不能依据单一的证据定案。但实际上,一个案件中仅有一个证据的情况是难以想象的。所以有必要对孤证不能定案做扩大解释。"孤证不能定案"中的"孤证",应当是指"仅有一个能够证明案件主要事实的实质性证据"。"案件主要事实"即被告人是否在犯意支配下实施了犯罪行为这一事实。[1] 而所谓"实质性证据",是指能够证明被告人在犯意支配下实施了犯罪行为的证据,包括直接证据和间接证据。需要指出的是,一个案件如果存在一个"孤证"和若干非实质性证据或辅助证据,仍应视为"孤证"案件。"非实质性证据"是指无法直接或间接证明被告人实施犯罪行为的证据,如被告人的身份证明等,这些证据自身无法证明被告人是否实施了犯罪行为,而只是作为证明部分构成要件事实或量刑情节的证据,其本身对"孤证"无法形成补强关系。辅助证据的主要作用在于判断"孤证"的真实性、证明力,如搜查、扣押的笔录和清单、对证据真伪进行确认的鉴定意见等。虽然辅助证据能够对"孤证"的证明力进行补强,但其存在的必要性依附于"孤证",并非独立证据,而证据补强则一般要求要有其他独立证据对某种证据进行补强。因此,所谓"孤证不能定案",是指如果案件中仅有一个证明被告人实施了犯罪行为的实质性证据,不得据此认定被告人有罪。[2]

基于前述实践分析,孤证不能定案规则应从三个维度来理解。首先,不论是直接证据还是间接证据,案件只有一个有罪证据,得不到其他证据

---

[1] 参见徐昕、肖之娥:《证据辩护》,法律出版社2023年版,第423页。
[2] 参见纵博:"'孤证不能定案'规则之反思与重塑",载《环球法律评论》2019年第1期。

的补强或印证,其证明力无法得到验证,裁判者无法仅凭此"孤证"来认定案件事实。其次,案件有多项有罪证据,但都属于同源证据。所谓"同源证据",是指各项证据的来源是同一的,如某一证人对案发时间、案发地点、嫌疑人作案过程的各项供述,由于这些证据都来自同一个证人,因此无法保证各个证据的真实可靠。即使有足够多的同源证据,但没有异源证据从不同角度的补强或印证,其证明力也是微弱的,达不到法定证明标准的要求,从而无法认定案件事实。因此,多个同源证据也应该解释为"孤证"。最后,正如陈瑞华指出的,案件中存在多项有罪证据,它们相互之间不存在任何事实的交叉。[1]在法律实务中,对于这类案件,法院则无法证明被告人的犯罪事实。所以,不论是何种类型的证据,只要是彼此孤立存在的,都应理解为"孤证",不能凭此类证据来认定案件事实。另外,"孤证不能定案"中的"案"在本书指的是全案,而不是案件事实的某一部分或某个片段。[2]

三、孤证不能定案的无罪逻辑的实践困境及出路

孤证不能定案规则是一条耳熟能详的规则,但具体在解释其含义时,不同法官、检察官甚至不同研究者都对其作出了不同的诠释。从上述关于孤证不能定案规则的运用情况看,有的法官直接就认为孤证不能作为达到证明的要求。但有的法官会根据证据的证明力进行进一步分析。亦有法官主要是依据印证理论得出的判断。其他研究同样证明了实践中该规则运用的混乱局面,在一项针对34名员额检察官的调查中,关于立足实践办案如何看待孤证不能定案规则,19人表示支持;11人表示具体运用要"视情况而定";4人认为其要求过高,部分案件难以达到,生搬硬套、强行适用不科学。[3]

---

[1] 参见陈瑞华:"论证据相互印证规则",载《法商研究》2012年第1期。
[2] 参见杜文静:"'孤证不能定案'的逻辑证成",载《学术研究》2017年第11期。
[3] 参见李崇涛:"何种情况下可以用'孤证'认定案件事实——对'孤证不能定案'的微观检视",载《刑事法评论》2018年第2期。

之所以会造成这一问题,其根源在于孤证不能定案规则尚未被有效诠释,无论是立法还是学者,均未明确阐释这类规则的具体内涵。就立法而言,我国当前缺乏较为明确的孤证不能定案的法律依据。具体而言,直接讨论孤证问题的规定十分有限。仅有1996年《最高人民检察院关于审查逮捕和公诉工作贯彻刑诉法若干问题的意见》规定:"据以定案的证据必须查证属实,不能是孤证。"但该文件已失效,换言之,"孤证"这一提法并无立法依据。当然,亦有学者将2018年《刑事诉讼法》第55条第1款"对一切案件的判处都要重证据,重调查研究,不轻信口供。只有被告人供述,没有其他证据的,不能认定被告人有罪和处以刑罚;没有被告人供述,证据确实、充分的,可以认定被告人有罪和处以刑罚"的提法作为孤证不能定案规则的依据。[1]但该规则仅仅是针对口供,除被告人供述外,并非所有属于上述两种情况的孤证证明力均有问题,除法律另有规定外,只要证据合法,证明力充足就可以单独作为认定案件事实的依据。[2]所以,该规则充其量只能称为"孤供不能定案"。

就理论研究而言,不同学者也表现出了对于孤证不能定案规则的差异态度。有的学者直接将"孤证不能定案"作为一种规则,例如,刘静坤认为:"基于防范冤假错案、推动侦查程序改革等考虑,坚持孤证不能定案规则,是十分必要的。"[3]有学者则把其当作一种潜规则,例如,张可认为:"孤证禁止规则,即孤证不能定案,是一种活跃于世界各国刑事诉讼领域的潜规则,在域外一般被理解为证据补强规则,在国内常常与印证规则相提并论。区别于英美法系传闻证据规则、非法证据排除规则等证据能力规则,孤证禁止规则更近似一种证明力规则。"[4]但有学者则否定这类规则的价值,例如,有学者认为:"'孤证不能定案'已然走向极端,扭正

---

[1] 参见赵飞龙:"孤证补强论",载《证据科学》2021年第4期。

[2] 参见潘金贵、赵飞龙:"刑事补强证据规则的样态、问题与完善——以836份刑事判决为样本",载《证据科学》2020年第5期。

[3] 刘静坤:"司法证明的禁止性规则",载《法律适用》2019年第3期。

[4] 张可:"论电子数据的孤证禁止规则:一个初步的探讨",载《中国刑事法杂志》2020年第1期。

观念刻不容缓……应重视对证据证明力大小的审查判断……刑事案件只要能够形成内心确信并排除一切合理怀疑……就能认定案件事实。"[1]此外，从对于具体实践的态度中，也可以看出这种观点上的纠葛。例如，根据广东省佛山市南海区人民检察院的统计，该院 2002 年共对 7 起单独指纹证据案件展开过侦查，其中 5 起案件提起公诉，有 2 起案件的被告人始终未承认犯罪，法院最后仅凭指纹证据将其定罪。2003 年，该检察院共对 13 起单独指纹证据案件展开侦查，其中 11 起案件提起公诉，有 1 起案件法院最后仅凭指纹证据将其定罪。对此做法形成了三种不同意见：一是认为仅凭该证据可以给被告人定罪；二是认为根据孤证不为证的原则，仅有指纹证据不能给被告人定罪；三是认为单独指纹证据一般不得作为定案依据，但在特殊情况下可以有例外。[2]因此，理论上厘清孤证不能定案的内涵和价值具有较为重要的意义。

本书反对将孤证不能定案作为一种规则。从实践中看，孤证不能定案存在大量的相反案例，有学者将其总结为两种情形，一是对定罪量刑不能产生实质性影响的证据，二是可靠性特别强的证据。[3]对于第一种情形，讨论的意义不是特别大，因为，事实认定的主要对象是待证要件事实，对于无关紧要事实的证明并没有太大讨论意义。第二种情形表明，只要孤证有足够的证明力，那么其就可以作为定案的依据。反过来讲，之所以会出现孤证不能定案的规则，大多是因为孤证的证明价值较为有限。基于此，所谓孤证不能定案尽管作为一种经验法则可以发挥作用，但却不可能成为具有普遍约束力的法律规则。[4]申而言之，孤证不能定案是司法实践中，基于长期的经验，为简化证明而形成的经验法则。这种经验法则在很多情况下具有适用性，但是仍然有不少情况中，该法则不具有适用性。从这个角度上讲，该规则的定位宜作为一种指导性的建议，而非法官应必须遵守

---

[1] 施陈继："论孤证不能定案之瑕"，载《东南法学》2017 年第 1 期。

[2] 参见张保生、阳平："证据客观性批判"，载《清华法学》2019 年第 6 期。

[3] 参见李崇涛："何种情况下可以用'孤证'认定案件事实——对'孤证不能定案'的微观检视"，载《刑事法评论》2018 年第 2 期。

[4] 参见陈瑞华："论被告人口供规则"，载《法学杂志》2012 年第 6 期。

的规则。事实上,从整体证明的视角看,事实认定过程更应该是法官基于证明形成"故事"的过程。在不同案件和不同情形中,不同证据对于最终"故事"的形成也有不小的差异,简单的"孤证不能定案"的说法也不具有适用性。在具体做法上,应构建以似真性理论为基础的事实认定整体解释模式。似真性是以事物的表象为基础的,因而似真性能被简单定义为:"在某种程度上看起来为真并且导致了我们的认同。"[1]依据该理论,法官在事实认定过程中应关注证据拼凑出的案情而并非单个证据。具体应用时,该解释模式主要包括三个步骤:第一步,由负有证明责任的一方提出具有竞争性的故事版本;第二步,由另一方提出反驳性版本;第三步,事实认定者根据证据和双方的故事建构自己的版本。当他认为有似真的犯罪案情却没有似真的无罪案情时,便可以达成"排除合理怀疑"的内心确信。[2]

---

〔1〕 [美]道格拉斯·沃尔顿:《法律论证与证据》,梁庆寅等译,中国政法大学出版社2010年版,第223页。

〔2〕 参见张保生:"法学与历史学事实认定方法的比较",载《厦门大学学报(哲学社会科学版)》2020年第1期。

第八章 证据证明力不足

第一节 传来证据证明力不足

一、传来证据证明力不足的无罪规则

涉及传来证据证明力不足的无罪规则主要为证据系传来证据,证明力不足。特别是对于证人证言来说,法官较爱使用本条规则。例如,在吕某某贪污案[1]中,法院指出:"本案指控被告人吕某某私自出卖涉案车辆的直接证据,只有证人乔某某的证言,而乔某某的证言本身前后不一致,虽然其当庭指证该车由吕某某卖给景弘集团,但仅凭其指证,不足以认定该车由吕某某卖出。至于证人任某某的证言,属于传来证据,且其自己也表示想不起来乔某某是否提到过吕某某,不能与乔某某的证言相印证。"

二、传来证据证明力不足的无罪逻辑

从实践中看,法官往往将传来证据证明力不足部分与相互印证规则相结合进行说理。例如,在王某侵占案[2]中,法院认为,"敬业销售过磅单三份系复印件,且只有自诉人泰安市鲁岳钢铁有限公司的印章,无销货单位出具的证明或者其他证人证言等证据予以印证,故无法充分证实涉案财物的数量"。又如,在伊某挪用公款案[3]中,法院认为,"关于公诉机关

---

[1] 河南省济源市人民法院刑事判决书,(2013)济刑初字第15号。
[2] 山东省临邑县人民法院刑事裁定书,(2015)德中刑二终字第69号。
[3] 辽宁省锦州市古塔区人民法院刑事判决书,(2014)古刑初字第00006号。

对被告人伊某挪用公款犯罪的指控,经审查,李某与某某饭店进行联合经营,租金收益双方分成。2012年4月,某某饭店、李某共同与租户签订租赁合同后分别收取了承租户的租金。后李某按被告人伊某的要求向其指定的李某某账户汇款45万元。虽然李某证言中称此款系交给某某饭店的租金分成,但仅有周某某的证言佐证,而周某某的证言属传来证据,没有其他证据能够与李某的证言相互印证。……公诉机关提供的现有证据不够充分,不能确定涉案的45万元为公款,证据间不能形成完整的证据链条,尚未达到法定的证明被告人犯罪的要求,从而无法证明其指控的犯罪事实。因此,公诉机关对被告人伊某犯罪的指控,不能成立"。由此便可以发现,实践中传来证据证明力不足的无罪逻辑主要在于,因其证明力不足而无法与其他证据形成印证,进而导致无法形成有罪证明。

三、传来证据证明力不足的无罪逻辑的实践困境及出路

（一）对最佳证据规则内在价值的理解偏差及其出路

所谓传来证据,在学理上是指不是直接来源于案件事实或原始出处,而是从间接的、非第一来源获得的证据材料,其主要与原始证据相对应,旨在提醒法官注意传来证据与原始证据在证明力上可能有差异。[1]我国刑事法律法规中并未出现"传来证据"这一概念,但一般认为,在以限制证据的证明力为核心的基本立法理念,也即新法定证据主义下,2021年《刑事诉讼法解释》第82条第1项、2019年《人民检察院刑事诉讼规则》第209条第2款等规定明确限制了传来证据的证明力。而从比较法上看,对证据原始性的要求最早为英美法系上的最佳证据规则,其规则的基本内涵在于裁判者坚信证据原始性在很大程度上保证了证据的可靠性。最佳证据规则可以简要表述为当证明一个文书时,如果其目的是证明该文书的术语,则除非在不可能的情况下,否则都应当出示该文书本身。[2]《美国联

---

[1] 参见邱文华:"试析纪检口供的证据效力",载《河北法学》2005年第11期。
[2] 参见易延友:"最佳证据规则",载《比较法研究》2011年第6期。

邦证据规则》规定，除本证据规则或国会立法另有规定者外，为证明文书、录音或者照片之内容时，应当提供该文书、录音或照片的原件。

但不管是大陆法系国家还是英美法系国家，传来证据都并非一律不可作为定案依据，尤其是传来证据在今天信息传递与交互极为频繁的背景下大量存在，其作为证据的价值已经被普遍接受。按照最佳证据规则，尽管原始证据具有优先的证据效力，但这并不排除复制件的可采性。《美国联邦证据规则》规则1003规定，除非对原件的真实性产生了真正的疑问，或在有关情况下采纳复制件来代替原件会导致不公平，复制件与原件具有同样的可采性。对于通过科学技术或者机械化制作的复制件，即使与原来的规格、大小不同，也不影响其可采性。而在我国的证据法体系中，虽然在新证据法定主义的框架下，我国法律法规严格限制传来证据的证明力，但这种限制也是有条件的。

理解这种有条件地承认传来证据的证明力，首先要摒弃法律预设证据证明力的观念。虽然我国法律法规也限制传来证据的证明力，例如，2002年《最高人民法院关于行政诉讼证据若干问题的规定》就规定传来证据的证明力小于原始证据，但具体案件中原始证据效力的优先性仅存在于一种情况，也就是原始证据与传来证据对同一事实都有证明力，且二者证明了不一致的事实主张的情况下，原始证据的证明力高于传来证据，但这并不意味着传来证据在事实认定的过程中有天然劣势，不可因其归属于某个证据种类而被赋予某种天然的证明力。因此，法官群体在撰写判决理由时所表述"传来证据证明力不足"的内在机理不应仅在于法律法规对传来证据证明力的限制，而在于具体案件审理过程中的自由裁量。在样本中，法官群体对于传来证据证明力只言片语的说明，显然是落入了新证据法定主义形式化的思维限制中。

另外还需认识到，如果传来证据满足某些条件则拥有与原始证据等同的证明力。英美法系的最佳证据规则严格限制证据的可采性，也即证据能力，如果证据是二手的且没有例外情形，该传来证据则不被允许进入庭审、审判，或者其他程序；大陆法系通常不限制证据能力，但会严格限制证据证明力,也即证据在多大程度上可以证明案件事实、是否可作为定案依据。

我国证据立法受英美法系与大陆法系的双重影响。我国刑事证据立法对于传来证据是在证据能力上加以严格控制还是在证明力上予以限制存在一定的混乱。[1]侧重于证据能力的法律法规有2010年《死刑案件证据规定》第8条规定:"据以定案的物证应当是原物。只有在原物不便搬运、不易保存或者依法应当由有关部门保管、处理或者依法应当返还时,才可以拍摄或者制作足以反映原物外形或者内容的照片、录像或者复制品。物证的照片、录像或者复制品,经与原物核实无误或者经鉴定证明为真实的,或者以其他方式确能证明其真实的,可以作为定案的根据。原物的照片、录像或者复制品,不能反映原物的外形和特征的,不能作为定案的根据。据以定案的书证应当是原件。只有在取得原件确有困难时,才可以使用副本或者复制件。书证的副本、复制件,经与原件核实无误或者经鉴定证明为真实的,或者以其他方式确能证明其真实的,可以作为定案的根据。书证有更改或者更改迹象不能作出合理解释的,书证的副本、复制件不能反映书证原件及其内容的,不能作为定案的根据。"第27条第1款第3项规定,对于视听资料,应当着重审查视听资料是否为原件。第28条规定,视听资料经审查或者鉴定无法确定真伪的,或者对视听资料的制作和取得的时间、地点、方式等有异议,不能作出合理解释或者提供必要证明的,该视听资料均不能作为定案的根据。侧重于证据证明力的法律法规有1994年最高人民法院《关于审理刑事案件程序的具体规定》第40条第3款规定,书证的副本、复制件,物证的照片、录像,经与原件、原物核实无误时,具有与原件、原物同等的证明力。而兼顾证据能力和证明力的立法有2019年《人民检察院刑事诉讼规则》第209条第2款规定:"调取书证、视听资料应当调取原件。取得原件确有困难或者因保密需要不能调取原件的,可以调取副本或者复制件。"但从提取样本判决书中的法官群体

---

[1] 参见洪冬英:"论书证复制件的证据效力",载《政治与法律》2011年第6期。

的态度来看,有瑕疵的传来证据在司法适用过程中可以参与事实认定,但证明力有所不足。

此外,法官群体对于传来证据证明力的证成,往往寄希望于其他证据的佐证。不同于英美法系在可采性环节就对传来证据加以限制的最佳证据规则,我国司法主要从证据证明力角度对司法中传来证据的适用进行限制。即使证据是"二手的""非原始的"也可以进入诉讼程序,只不过在证明力层面天然地存有缺陷,这也就意味着传来证据依然可以与其他证据一起成为证据锁链的一部分,对案件事实认定起到正向的作用,这也是样本中"相互印证""其他证据佐证"与传来证据的证明力呈现高关联的原因。而这种现象也反映出法官群体并没有认识到传来证据证明力规则的独立价值,传来证据的证明力过度依赖证据之间的相互印证规则。而不管是英美法系下的最佳证据规则还是我国限制传来证据证明力的有关规定,其立法背后价值并不难理解:一是防止信息传递过程中的错误,二是保证证据的最大信息存储量。

从证据的内容与形式相统一的角度上看,证据本质上是与待证事实相关,用于证明当事人所主张事实之存在可能性的信息。证据中保留着事实发生和存在过的信息,事实认定者需要运用证据推理来重建发生过的事实,在"信息说"的观点下,信息中包含着事物之间经验意义上的特殊联系,因此证据在通过中间环节传输的过程中,信息量会衰减,信息本身也会发生变形和失真,以证据为手段的事实认定与事实之间也当然会相应地产生偏差。[1]

最佳证据规则作为英美法系的一项古老的证据制度,有不少学者对其背后的法理基础进行了阐释。易延友认为最佳证据规则的法理基础有三:第一,与原件比较起来,复制件更有可能出现错误。需要特别注意的是,正如信息论中关于保真度的观点,这种错误产生不仅仅可能是恶意的,也可能是无意的。第二,原件不仅比副本可靠,而且通常还包含很多副本不

---

[1] 参见张保生主编:《证据法学》,中国政法大学出版社2018年版,第11页。

包含的内容,如笔迹的特征、原本所用的纸张等,这些内容往往能为对方当事人就文书的意义进行反驳和评判提供重要的依据。第三,当证明对象为文书的内容时,与建立在记忆基础上的口头证据比较起来,文书更加可靠,也较少可能出现因为记忆错误而造成的缺陷。[1]

由此可以看出,只要可以证明传来证据在传递过程中的信息的正确性以及信息的全面性,传来证据就有与原始证据等同的证明力。而不管是我国关于传来证据证明力的规定还是英美法系的最佳证据规则,其都存在独立的证据法上的价值,对于传来证据证明力或可采性的评价不应跳过相应规则背后的法理,反而去诉诸证据之间的相互印证,也就是说,传来证据证明力的证成和否定,首先在于对证据本身的辨认和鉴真,其次才在于其他证据的补强。而样本中对于传来证据证明力的评价,既没有聚焦于对传来证据在传递过程中的信息损耗,又先入为主地认定传来证据缺乏证明力,将其证明力的证成寄希望于其他证据的佐证。

未来,对传来证据力的评价,应当回归传来证据证明力规则或者最佳证据规则的证据法价值。如前文所述,对于传来证据证明力或者可采性的限制,主要是出于两方面的顾虑:一是传来证据在复制传递过程中是否有错误;二是传来证据是否能全面反映原始证据的信息。如果可以解决这两个顾虑,传来证据就拥有与原始证据等同的证明力。

通过总结归纳我国现行刑事证据立法上对于传来证据证明力的规定,法院在审查传来证据时至少应当从以下几个方面进行审查:(1)无法提供原始证据的原因。原则上,据以定案的物证应当是原物。只有在原物不便搬运、不易保存或者依法应当由有关部门保管、处理或者依法应当返还时,才可以拍摄或者制作足以反映原物外形或者内容的照片、录像或者复制品。调取书证、视听资料应当调取原件。取得原件确有困难或者因保密需要不能调取原件的,可以调取副本或者复制件。此乃对传来证据形式证据效力的要求,也就是只有在上述情形下,传来证据才具有可采性。(2)与

---

[1] 参见易延友:"最佳证据规则",载《比较法研究》2011年第6期。

原始证据同一性的对比。传来证据必须经与原件、原物核实无误时，才具有与原件、原物同等的证明力。(3) 是否可对与原始证据不一致的情况进行合理说明。原始证据的复制品、照片、录制品与原物、原件是否相符，在对方提出异议时，物证的提出者要传唤该物证的制作者、提取者和保管者辨认或鉴真。书面文件（包括证人不能到庭的书面陈述）的真实性，在对方提出异议时，由制作者、提取者、保管者就包括作者、来源、内容、存放地点或者其独特内容等进行辨认或鉴真。

（二）对传来证据与传闻证据的认识混乱及其出路

传闻证据与传来证据概念的混淆现象在实践中普遍存在，也饱受学界诟病。二者共通之处在于证据的非原始性，故而引入相关的概念时，在名称的选择上也极易引起混淆。例如，在邓某受贿、放纵制售伪劣商品案中，法院直接将二者相等同："证人曾某、梁某明、林某铭、甄某强等人关于参加饭局的证言，均属于传来（传闻）证据，且存在一定程度的指代不明的情况，尚不足以印证陈某波、江某文的证言，亦不足以对此二人的证言真实性程度形成补强。"[1]

"所谓传闻（Hearsay），日常语义是指'辗转流传的事情'，或者，'风闻，谣传，道听途说'。作为法律用语，传闻证据是在法庭之外作出却在法庭之内作为证据使用的口头的或者书面的陈述，用于证明该证据本身所涉及事件的真实性。《美国联邦证据规则》规则801（c）规定：'传闻是指除陈述者在审理或听证作证时所作陈述外的陈述，行为人提供它旨在用作证据来证明所主张事实的真实性。'它包含这样三层意思：第一，传闻证据是一种陈述，其形式可以是口头的或是书面的。第二，传闻证据是在法庭上提出法庭外的人作出的意思表示，也就是说，原陈述人并没有出庭。第三，提出传闻证据的目的是证明其内容为真。所以，要判断一项证据是否为传闻证据，比较简单的办法就是看其提出该证据的目的：是证明

---

[1] 广东省广州市中级人民法院刑事判决书，(2015) 穗中法刑二终字第147号。

某人曾经说过这样的话,还是证明他所说的话是真实的?"[1]

但传闻证据与传来证据有本质区别。首先,从划分标准上看,从是否以直接感知或直接体验待证事实的人陈述的基本内容为划分标准可将证据划分为传闻证据与非传闻证据。也就是说,凡在审判前和审判外取得的言词证据,只要未能在审判中以言词方式提出,则无论其内容是否为陈述人亲身感知,均为传闻证据;而从证据是否系从第一来源直接获得这一角度可将证据类型划分为传来证据与原始证据,换言之,只要陈述人是对案件事实亲身感知,无论其是在审判期日作出,还是审判期日以外作出,也无论证据的表现形式是书面形式还是言词形式,都是原始证据,而非传来证据。其次,二者的外延也不相同。传闻证据以"陈述"为前提,其只能包括证人证言、被害人陈述、被告人供述等口头的或书面的表示以及非语言行为,不包括实物证据。而传来证据囊括了由"第一手"材料派生出来的所有证据,包括"第二手"以上的物证、书证、人证、视听资料等。再次,二者的分类方法不同。传闻证据可以分为三类:一是直接感知案件事实的人在审判期日以外所作的陈述;二是没有直接感知案件事实的人在审判期日以外就他人所感知的事实所作的转述;三是没有直接感知案件事实的人在审判期日就他人所感知的事实向法庭所作的转述。相较而言,传来证据只包括第二种和第三种情况的传闻证据。最后,二者的作用也不尽相同。证据是否为传闻证据会影响其证据能力:传闻证据具有易于失实的特点,因此区分传闻与非传闻,通过设置"排除传闻证据规则"等制度来限制传闻证据进入实际的司法诉讼程序,从而避免传闻证据误导法官和缺乏法律知识的平民陪审员。而证据是否为传来证据通常只会影响其证明力,原始证据和传来证据的区分是在学理上的区分,通常并不涉及在司法实践中证据的可采性问题,即原始证据、传来证据都可以纳入司法诉讼程序。区分两者的唯一目的只是提醒办案人员应注意不同来源的证据在可靠性与证明力上的不同。例如,2002年《最高人民法院关于行政诉讼证据若干问题的规定》第63条

---

[1] 张保生主编:《证据法学》,中国政法大学出版社2018年版,第277页。

第6项规定:"原始证据优于传来证据。"这主要是从证明力层面对传来证据加以限制。当然,上述区别也导致传闻证据有排除例外,而传来证据因不涉及证据能力问题而基本没有排除例外。例如,就传闻证据而言,根据《美国联邦证据规则》规则803和规则804的规定,如临终陈述、日常行为活动的记录(包括日常商业活动中保存且为商务惯例而制作的备忘录、报告、记录或数据汇编)、公共记录和报告、人口统计记录、影响财产利益的文件记录、影响财产利益的文件中的陈述、陈年文件中的陈述、市场报告、商业出版物、学术论文、关于边界或一般历史的声望、先前定罪的判决、对己不利的陈述、个人或家族史的陈述等30余项均可成为传闻证据的例外,而这每一项例外都有足够的独立价值。例如,临终陈述的价值在于,在某些案件中,重要的证人在诉讼开始之前就已离开了人世,从而不可能在审判中出庭作证。但是,证人就其所了解的案件的重要情况,确实曾经告诉其他人,如在谋杀案件中的被害人临终前告知其家人,杀人凶手姓甚名谁等情况。毫无疑问,诸如此类的"临终陈述"对查明案件真相具有不可替代的重要作用,倘若将之排除在诉讼证明之外,显然是司法公正的重大缺憾;而对己不利的陈述可能的适用情形为——在某些案件中,诉讼当事人在审判之前已经作出某种承认或认可性陈述,如交通事故中的司机曾经承认是自己的过错造成了撞车,犯罪嫌疑人在接受侦查人员询问时曾经作出有罪供述等,但是他们在法庭审判时又作出相反的陈述或拒绝陈述。对方当然会提供证人或证据予以证实。这也属于传闻证据,但对查明案件事实有价值,应被允许进入诉讼程序。[1]这种排除例外一般不会在传来证据的相关问题中见到。

基于上述分析,应进一步通过立法等方式明确传来证据和传闻证据的区别。特别需要明确的是,法官在引入国外证据法概念时应更加谨慎。因为一些概念可能基于不同的背景有着不同的解释,法官不能想当然地使用概念,这不符合司法的严谨性。特别是对于传闻证据而言,其涉及对证据

---

[1] 参见汪容:"传闻证据规则若干基本问题研究",载《中国刑事法杂志》2005年第2期。

的排除问题，如果法官随意使用该概念，但只是在证明力层面进行讨论，很容易出现证据概念与证据评价的不对应。

(三) 对传来证据范围的定位问题及其出路

虽然我国现行关于传来证据证明力的规定适用范围仅有书证、物证、视听资料，并不包括证人证言、被告人供述等言词证据，但由于我国司法实践中存在大量证人不愿意出庭作证的情况，审判中大量使用书面证言，导致此类书面形式的证人证言也存在适用传来证据证明力规定的空间，例如，在沈某甲侵占案一审刑事判决书（2015）清刑初字第46号中认定，"对王某甲借钱给沈某甲的陈述，因是传来证据，没有其他证据相佐证，不予采信"。法院将书面证言的复制件认定为传来证据，也未尝不可。问题在于，证据种类法定主义下法律法规中所谓的"书证"是展示性证据，具体是指以纸张为主要载体，以文字、数字或图形为主要形式，记录了有关案件事实内容或者信息的文件或物品。在狭义的"书证"概念下，证人出示的书面证言、视听资料、电子数据等都并非2021年《刑事诉讼法解释》第82条、2019年《人民检察院刑事诉讼规则》第209条等法律法规的书证。

为解决上述问题，可以将相关法律法规中的"书证"作广义上的解释，也即上述法律法规中的"书证"的外延应当包括视听资料、电子数据、书面证言等其他一切所有以其信息内容证明案件真实情况的证据。这些证据与传统的文书都具有易复制性和易伪造性，在传递过程中也有信息损耗的可能，因此，对于这类证据理应适用最佳证据规则。《美国联邦证据规则》规则1001规定，手写、打字、印刷、雕刻、复制、照相、影片、磁化、机械或者电子录音以及其他数据处理方式记录下来的字母、词汇、数据或其他同类物，都属于书证。实际上也是采用了广义上的"书证"概念。而这背后的理论基础在于现代社会发展起来的与传统上的文书意义相当的载体，当其作为证据证明案情时，对其精确性的要求与传统意义上的文书是一样的。

第二节 间接证据证明力不足

一、间接证据证明力不足的无罪规则

（一）间接证据仅能证明推断性事实，但不能证明犯罪构成要件事实

涉及间接证据仅能证明推断性事实，但不能证明犯罪构成要件事实这种间接证据类型的无罪判例众多，例如，在被告人韩某生、许某山、杨某风和李某鹏故意伤害案[1]中，法官认为，"证据4证人柴某文证言、证据5证人顾某东证言，属于间接证据，能证明被害人顾某斌于案发当日确实被拆迁的工作人员殴打的事实，但不能证明是哪个人对被害人进行了殴打，也就不能证明本案的被告人对被害人实施了伤害行为"。很显然，在该案中法官就采用了区分事实和犯罪构成要件事实的表述。辨认笔录、证人顾某东证言等证据属于间接证据，而且只能证明冲进被害人家中的一伙人中有被告人且被害人确实被拆迁工作人员殴打，但这种事实不能根据经验推论得出故意伤害罪中构成要件的犯罪主体是被告人以及被告人实施了相应的伤害行为。

又如，在冯某某与李某某、崔某某故意伤害案[2]中，法院认为，"自诉人提供的证据以及本院向公安机关调取的证据仅能证实自诉人臀部受伤，且伤情符合轻伤的事实，但在案证据中并没有直接证据能够证明自诉人的伤是如何形成的。自诉人在公安机关的两次陈述中亦不知道自己的伤是何人所致，其他间接证据也不能证实自诉人的受伤过程……因此，自诉人冯某某的控诉事实不清，证据不足，控诉的犯罪不能成立"。

（二）在缺乏直接证据的前提下，间接证据无法形成证据链

在缺乏直接证据前提下，间接证据无法形成证据链这种类型的无罪判

---

[1] 辽宁省兴城市人民法院刑事附带民事判决书，（2014）兴刑初字第00237号。
[2] 陕西省神木县人民法院刑事判决书，（2013）神刑初字第00724号。

例,例如,在郑某仙、郑某琴故意伤害案[1]中,法院认为,"根据刑事证据规则,缺乏直接证据的前提下,其他间接证据要形成证据链条才能证实被告人犯罪。本案缺乏直接证据,间接证据又不能形成证据链条证实上诉人郑某琴的犯罪事实。根据疑罪从无,证据不足,利益应归于被告人的刑事原则,以及根据刑事案件据以定罪的案件事实要做到事实清楚,证据确实充分才可以定罪量刑,该案证据达不到证明上诉人郑某琴犯罪的证明标准。故应当撤销原判,宣告上诉人郑某琴无罪"。又如,在王某职务侵占案[2]中,法院采纳了辩护意见:"公诉人指控认定王某犯职务侵占罪的证据,全部是间接证据,无一直接证据。而这些间接证据的整合又推导不出唯一性的结论。依据这些证据不能得出王某有职务侵占行为的结论。"

这种类型多出现在案件间接证据数量较少且证据中的信息量不足,不足以根据证据拼凑出案件的基本面貌,也就是说,法院作出无罪判决并不在于证据推论链条中的某一事实的缺失或者不明,而是在于现有的间接证据之间无法形成相互印证关系,法官无法依照经验法则和逻辑推演进行事实认定。

证据链是指在证据与被证事实之间建立连接关系,相互间依次传递相关的联系的若干证据的组合。我国并不排斥法官依靠间接证据认定被告人有罪,2021年《刑事诉讼法解释》第140条明确规定:"没有直接证据,但间接证据同时符合下列条件的,可以认定被告人有罪:(一)证据已经查证属实;(二)证据之间相互印证,不存在无法排除的矛盾和无法解释的疑问;(三)全案证据形成完整的证据链;(四)根据证据认定案件事实足以排除合理怀疑,结论具有唯一性;(五)运用证据进行的推理符合逻辑和经验。"实践中也多有仅依靠间接证据进行定案判决。例如,《人民法院报》2016年2月25日第6版"案例精选"中"对无直接证据案件应运用间接证据之间的印证定案——浙江衢州中院裁定张传勇贩卖毒品案"的裁判要旨中指出,"通过间接证据之间的印证,能够形成完整的证据链,可

---

[1] 广东省茂名市中级人民法院刑事附带民事判决书,(2017)粤09刑终137号。
[2] 北京市丰台区人民法院刑事判决书,(2012)丰刑再初字第00885号。

以得出犯罪行为是被告人所为的唯一结论,即便被告人从未作过有罪供述,且没有其他直接证据在案,也应对被告人定罪处刑"。本案的判决理由中法官通过购毒者的证言、银行账户信息、通话和短信记录等一系列的间接证据证明被告人张某勇以"打卡埋雷"的方式贩卖毒品。[1]又如,在指导案例第512号杨某故意杀人案中,法院认为,"这些间接证据分别证实本案事实的某一方面,相互结合,共同证明一个完整的事实。……这些间接证据综合起来形成的唯一的、排他性结论是:被告人杨某故意杀害了李某莲"。一审宣判后,杨某服判,未提出上诉,这也在一定程度上印证了上述分析结论。

(三) 间接证据无法排除其他事实的可能

例如,在前文谈到的白某刚受贿案中,法院认为,本案原公诉机关指控原审被告人白某刚犯受贿罪的证据不足,起诉指控的事实和罪名不能成立,本院对此不予支持。原审认定白某刚受贿5万元事实不清,证据不足,应予纠正。原公诉机关提供证明原审被告人白某刚受贿5万元的直接证据是证人辛某斌证言、录音材料及物证纸袋。辛某斌证言与白某刚的辩解,客观上形成了证据的"一对一"。本案另一证据录音材料的来源和提取存在瑕疵,且其中不存在能够直接、明确证明白某刚收受5万元的内容,亦不能作为定案的依据。关于物证纸袋,在没有相关来源说明的情况下,无法证明与案件事实存在关联。证人杨某龙证言系传来的间接证据,无法客观证实辛某斌进入办公楼后发生的情况,无从佐证辛某斌的证言,不能合理排除辛某斌去送钱时存在白某刚收钱以外其他情况发生的可能。证人祁某君、宋某丹、马某龙证言证实的内容,与起诉指控白某刚收受5万元的事实缺乏关联性。……故原公诉机关指控白某刚受贿5万元的证据材料不具有排他性,不能充分得出指控犯罪事实的唯一结论,无法满足确实充分的证据规格要求。根据疑罪从无的原则,仅凭上述证据不能认定原审被告

---

[1] 参见罗志刚、唐海波:"对无直接证据案件应运用间接证据之间的印证定案——浙江衢州中院裁定张传勇贩卖毒品案",载《人民法院报》2016年2月25日,第6版。

人白某刚有罪。不同于前一类型较为概括的表述,这种表述方式将着眼点放在是否达到刑事证明标准上,着重说明间接证据并不能排除合理怀疑。

二、间接证据证明力不足的无罪逻辑

从前文列举的三种模式来看,间接证据如何影响法官作出无罪判决,有以下两种方式。

(一)宏观上,缺乏足够且相互关联的间接证据从而导致完整证明体系无法形成

上述第二种类型属于这种情况。如前所述,我国法官并不仅依赖直接证据定案,在没有直接证据的情况下,根据间接证据也可以单独定案。

在立法上,只有间接证据的情况下可以定案,但是立法对于间接证据定案设立了一定的条件。2021年《刑事诉讼法解释》第140条规定:"没有直接证据,但间接证据同时符合下列条件的,可以认定被告人有罪:(一)证据已经查证属实;(二)证据之间相互印证,不存在无法排除的矛盾和无法解释的疑问;(三)全案证据形成完整的证据链;(四)根据证据认定案件事实足以排除合理怀疑,结论具有唯一性;(五)运用证据进行的推理符合逻辑和经验。"这是我国在立法上明确承认间接证据的单独定案功能。2010年《死刑案件证据规定》第33条规定:"没有直接证据证明犯罪行为系被告人实施,但同时符合下列条件的可以认定被告人有罪:(一)据以定案的间接证据已经查证属实;(二)据以定案的间接证据之间相互印证,不存在无法排除的矛盾和无法解释的疑问;(三)据以定案的间接证据已经形成完整的证明体系;(四)依据间接证据认定的案件事实,结论是唯一的,足以排除一切合理怀疑;(五)运用间接证据进行的推理符合逻辑和经验判断。根据间接证据定案的,判处死刑应当特别慎重。"

实务界也对仅根据间接证据定案有严格的要求。钱飞检察长就认为,对于犯罪事实较为隐蔽的案件,间接证据对于定案有至关重要的作用,但间接证据的运用极为考验办案人员的证据分析能力,特别是证据审查能

力，因此提出了间接证据审查的"六要点"：（1）审查间接证据取证程序的合法性；（2）审查现场生物检材是否具有排他性；（3）审查犯罪嫌疑人供述的亲历性；（4）审查特定物证等证据的唯一性；（5）审查犯罪嫌疑人辩解的合理性；（6）审查间接证据之间的关联性。[1]

不管是立法还是司法，对于间接证据要想起到定案的作用，必须满足"质"与"量"两个方面的要求。

量的要求首先体现在，在我国证据之间相互印证的证明模式下，用以定案的证据之间需要具有内在联系，可以相互印证。"证据相互印证"，也就意味着案件主要事实得到了两个以上具有独立信息源的证据的证明。而对于间接证据而言，在适用证据相互印证证明模式时，其要义不在于"以直接证据为主，其他证据用以补强直接证据"的主辅模式，而是要求间接证据之间通过反映事实的不同侧面或者证明事实的某一片段，环环相扣，互相印证，最终拼凑出案件的主要事实。因此，间接证据必然需要达到一定的量才有定案的可能。"间接证据的相互印证对案件事实的证明产生了以下几个方面的作用：（1）通过相互印证，各项间接证据的真实性得到了验证；（2）通过证据之间的相互印证，那些存在矛盾的间接证据最终被裁判者所排除，其余得到采信的间接证据之间不再存在矛盾，各项间接证据与案件事实之间的矛盾得到了合理的排除；（3）通过各项间接证据的相互印证，全案证据指向同一案件事实，裁判者得出的事实结论是唯一的，排除了对证据是否真实和案件事实是否成立的合理怀疑；（4）通过证据之间的相互印证，避免了间接证据孤立存在的状态，形成了较为完整的证明体系或证据锁链，排除了犯罪事实没有发生或者被告人没有实施犯罪事实的可能性。"[2]

其次体现在证据的质量上，间接证据作为证据，必然要经过是否具有证据属性的考验，也就是说，间接证据也必须具有关联性、真实性、合法性等一系列的证据属性。同时，"间接证据体系的形成就绝不是把间

---

[1] 参见钱飞："审查间接证据须把握'六要点'"，载《检察日报》2017年8月6日，第3版。
[2] 参见陈瑞华："论证据相互印证规则"，载《法商研究》2012年第1期。

接证据简单地组合起来即可，因为一堆相互之间没有联系或者相互矛盾的证据材料，数量再多，也是不能证明案件的主要事实的"。[1]所以，间接证据之间也需要有紧密的内在联系。若干单个间接证据组成证据体系所反映的性质，必须只为某一个对象独有，即对象的唯一性；否则，证据体系就不具有充分性，即还没有形成一个完整的证明体系，因而也就不能定案。

有学者根据2021年《刑事诉讼法解释》第140条的"五条件"和2010年《死刑案件证据规定》第33条的"五条件"进行了"质"与"量"的归类划分。（1）在质的方面：①每一间接证据必须经过查证属实；②每一个用作定案根据的间接证据必须与案件事实存在客观联系。（2）在量的方面：①各个间接证据结合起来必须能够构成一个完整的证据链条；②间接证据之间、间接证据与案件事实之间必须协调一致；③依据间接证据形成的证明体系进行逻辑推理得出的结论必须是排他的。[2]

虽然我国对于间接证据定案设立有专门的规范，但是在司法实践中，仅凭借间接证据形成证据体系进而定案还是十分少见的，其中原因在于上述要件在间接证据用以定案的司法实践中发生了异化，使得法官对于间接证据定案功能的使用慎之又慎。首先，部分法官只有在有直接证据的情况下才敢于作出证据之间互相印证的判断。"在司法证明实践中，我国司法人员则习惯于采纳印证模式，即对于每一案件事实环节都须有证据加以证明，在此基础上，还必须有相应的含有同一信息的支持性证据来印证这一事实环节。然而，笔者认为，运用间接证据证明案件主要事实的过程实际上是一种依据证据进行'推论'的过程，'推论'是证明过程中不得已而为之的一项活动，使用'推论'认定案件主要事实的原因在于在案件主要事实环节（何人实施了犯罪行为）上缺乏相应证据（直接证据）强调对案件主要事实的印证实质上就是否定完全运用间接证据认定案件主要事实

---

[1] 参见罗灿："间接证据与事实推定对定罪量刑的影响"，载《人民司法》2010年第14期。
[2] 参见阮堂辉："'证据锁链'的困境及其出路破解——论间接证据在我国刑事诉讼中的独立定案功能"，载《中国刑事法杂志》2006年第4期。

的证明途径。"[1]其次，间接证据单独定案相较于存在直接证据情况下的事实认定过程而言，在实践中更容易受到"无法达到相应证明标准"的阻碍。在我国司法实践中，间接证据要想独立定案，依据间接证据所推理出的事实一定要是唯一的、排他的。这种极为严苛的证明标准，与"排除合理怀疑"的一般意义上的刑事证据证明标准并不相同，其更接近于我国司法认定活动中所称的"客观事实"，即将刑事间接证据证明标准推向了"绝对真实性"的极端。[2]

（二）微观上，间接证据通过推理链条无法推理得出可以作为定案依据的构成要件事实

间接证据与直接证据的区别之一在于其是否可以直接、单独地证明案件事实，因此间接证据必须通过多个推理环节才能充分证明案件事实。上述第一种类型与第三种类型属于这种情况。但是第一种类型与第三种类型实际上分别展示了利用间接证据认定案件事实的两种不同逻辑。

第一种类型的表述侧重于案件事实的正向推导，其逻辑的基本单位为（实际上要完成要件事实的推论，往往需要多个这样的逻辑环节）：

间接证据可证明的事实：H

已知背景知识：如果 H，那么 F

推论的事实：F 成立[3]

第一种类型的无罪判例中法院之所以认为间接证据无法认定犯罪构成要件事实，实际上是对这种逻辑成立的否认。例如，在前述韩某生、许某山、杨某凤和李某鹏故意伤害案中，根据证人柴某文证言、证据5证人顾某东证言可得出的间接证据事实 H 为被害人顾某斌于案发当日确实被拆迁

---

[1] 阮堂辉："'证据锁链'的困境及其出路破解——论间接证据在我国刑事诉讼中的独立定案功能"，载《中国刑事法杂志》2006年第4期。

[2] 参见阮堂辉："'证据锁链'的困境及其出路破解——论间接证据在我国刑事诉讼中的独立定案功能"，载《中国刑事法杂志》2006年第4期。

[3] 参见彭国顺："间接证据证明案件事实的逻辑探讨"，载《贵州警官职业学院学报》1996年第1期。

的工作人员殴打,但是由于缺乏已知的背景知识"如果被害人在当日被拆迁的工作人员殴打,那么就一定是被告人对被害人实施了伤害行为",那么就无法根据此相关证据确定被告人实施了伤害行为。

第三种类型的表述则侧重于对其他可能情况的排除,其基本的逻辑单位为:

间接证据事实:H

已知背景知识:引起 H 出现的可能性为 G 或 R 或 F

经证明:G 和 R 都不可能

推论的事实:F 成立[1]

例如,在白某刚受贿案中,法院认为现有证据不足以定罪的逻辑思路在于:证人杨某龙证言系传来的间接证据的事实情况,可能在多种情境下发生,不能合理排除辛某斌去送钱时存在白某刚收钱以外其他情况发生的可能,也就无从证实被告人受贿的犯罪事实。

三、间接证据证明力不足的无罪逻辑的实践困境及出路

从无罪判例的实践来看,影响法官运用间接证据证明力不足认定无罪这一无罪裁判规则的主要原因是对于间接证据及其证明方式的错误认识。

直接证据与间接证据在我国证据法体系中是一对对称,而目前主流观点划分直接证据与间接证据的标准在于证据与案件事实之间的关联方式不同。例如,"所谓直接证据,就是指能够单独、直接证明案件主要事实的证据。而间接证据是指不能单独直接证明,而需要与其他证据结合才能证明案件主要事实的证据"。[2]又如,"根据证据与案件主要事实的证明关系,可以将证据分为直接证据和间接证据。能单独地直接证明案件主要事实的证据是直接证据。不能单独地直接证明案件主要事实,需要与案件其

---

[1] 参见彭国顺:"间接证据证明案件事实的逻辑探讨",载《贵州警官职业学院学报》1996年第1期。

[2] 参见樊崇义:《证据法学》,法律出版社2008年版,第227页。

他证据结合才能证明的证据是间接证据"。[1]再如,"直接证据是能够单独地直接指明案件主要事实的证据。直接证据应具备三个条件:第一,单独一个证据;第二,能够证明案件的主要事实;第三,证明方式是直接的,无需经过推理过程。间接证据是不能单独地直接指明刑事案件主要事实,需要与其他证据相结合才能证明的证据"。[2]以及"直接证据'是指那种所包含的事实信息足以证明案件主要事实成立或者不成立的证据',其包含了丰富的事实信息,只要直接证据的载体和信息真实可靠,办案人员就可以凭这些证据完成对案件事实的证明"。间接证据则"没有包含如此丰富的事实信息,单靠某一间接证据,最终能够证明案件主要事实的环节或片段,而既不能直接证明案件主要事实的成立,也不能证明案件主要事实的不成立"。[3]在这种概念界定下,直接证据与间接证据区分的关键在能否"直接""单独"证明案件的主要事实,也即从证据到待证事实的推论链条的长短,而不在于其本身是否真实。

也有学者根据上述间接证据的定义,归纳出了间接证据的两个重要特点:"(1)间接证据的中立性。一个(证据性)事实它是不是间接证据,有没有证明作用,这个(证据性)事实本身并不能表明,必须把这个(证据性)事实与其他事实联系起来,从(证据性)事实与事实的联系中看,就具有了证明作用,取得了间接证据的资格。由于它的中立性,把它与不同的事实相联系,就有不同的证明作用。(2)间接证据的条件性。从(证据性)事实与事实联系的关系中确认间接证据证明意义,就说明间接证据的证明作用是有条件的。正因为如此,就为侦查、检察、审判人员收集、审查和判断间接证据的工作带来了困难性和复杂性。这是必须要高度注意的一个问题,否则,就很可能发生两种错误:一种是不善于从(证据性)事实与事实联系的关系中确认证据的证明作用,而把很有证明力的间接证据轻易地舍弃掉,导致长期不能破案,使犯罪者逍遥法外;另一种是胡乱

---

[1]参见何家弘、刘品新:《简明证据法学》,法律出版社2008年版,第136页。
[2]参见孙彩虹:《证据法学》,中国政法大学出版社2008年版,第114页、第115页。
[3]参见陈瑞华:《刑事证据法》,北京大学出版社2018年版,第106页。

联系，混淆控诉证据与辩护证据的界限，把辩护证据或者不是证据的事实误认为控诉证据，造成错案，冤枉好人。"[1]

事实上，上述讨论已经在一定程度上厘清了间接证据的证明方式，但在很大程度上忽视了经验在间接证据证明过程中的作用，而这也是造成间接证据使用困境的原因。对此，有必要重新厘清事实认定及间接证据证明的基本方式。事实认定是一个需要运用经验知识或常识而进行的推论过程，而事实认定的主要逻辑形式是归纳推理。不同于直接证据可以直接推导出案件事实，通过间接证据证明案件事实的推论过程中呈现出完全不同的面貌。

首先，间接证据可直接证明的事实一般不是要件事实。法官需要通过经验法则和逻辑法则进行自由心证来根据间接证据直接证明的事实认定案件事实。"在特文宁教授的推论链条中，待证事实分为中间待证事实、次终待证事实和最终待证事实等不同阶层，其中，中间待证事实是指'一个待证明的主张，它本身将有助于直接或间接地支持或否定作为推论链条之组成部分的最终待证事实'；次终待证事实又称关键事实或争议事实，'每一个都陈述一项犯罪或控诉或辩护的一个要件'。从法律推理的逻辑结构看，最终待证事实是指，'证据提出者必须正视或否定的事实主张。如将规制案件的法律法规视为大前提，最终待证事实就是小前提'。"[2]

其次，在大多数情况下，间接证据所能直接证明的事实之间需要相互结合才能得出要件事实。"根据单个间接证据认定犯罪，其结论具有或然性，而根据若干单个间接证据组合成一个完整的证据体系认定罪犯，其结论就可以转化为必然性。这种转化，不能看作是由若干个或然性结论的简单相加而实现的，而是因若干单个间接证据组合后所反映的性质增多，使得具有这种性质的对象范围缩小，并达到唯一的性质而实现的。因此组成证据体系的单个证据既需要一定的数量，但又不是越多越好，更不是越多越充分，关键在于证据体系组合后所反映的性质，是否只为某一特定对象

---

[1] 参见黄鑫："论刑事诉讼的间接证据"，载《中山大学学报论丛》2005年第4期。
[2] 参见张保生主编：《证据法学》，中国政法大学出版社2018年版，第39页。

所具有。"[1]

因此，不管法院通过上述哪种思路来对间接证据证明力大小进行认定，都需要持有必要的谨慎。因为法官进行推论的过程中，必然需要进行一定的概括。"经验知识或常识在推论链条中的逻辑形式是概括，它们反映了事物之间的一般联系规律，必须依据概括才能把特定证据与其证明因素联系起来。"[2]概括是推论过程中不得不采取的一种逻辑方式，但概括必然存在风险性，危险的、不合常理的概括可能会导致事实认定的错误，要想避免这种错误却只能依赖于司法者的素养以及自由心证的能力。

---

[1] 参见罗灿："间接证据与事实推定对定罪量刑的影响"，载《人民司法》2010年第14期。
[2] 参见张保生主编：《证据法学》，中国政法大学出版社2018年版，第41页。

第九章 证据矛盾与不符合常理

第一节 证据矛盾

一、证据矛盾的无罪规则

(一) 言词证据矛盾

结合相关判例来看,切实存在多名证人当庭陈述存在明显矛盾、部分证人庭前多次陈述不稳定,以及被告人供述、证人证言和被害人陈述前后矛盾、言词证据互相矛盾等情况,但公诉机关未提供其他证据对此予以证实、佐证,因此矛盾无法排除、相关事实认定不清,法院依法作出无罪裁判。下文是实践中出现的几种典型的证据矛盾的情况。

1. 被告人供述前后矛盾

2021年《刑事诉讼法解释》第96条规定:"审查被告人供述和辩解,应当结合控辩双方提供的所有证据以及被告人的全部供述和辩解进行。被告人庭审中翻供,但不能合理说明翻供原因或者其辩解与全案证据矛盾,而其庭前供述与其他证据相互印证的,可以采信其庭前供述。被告人庭前供述和辩解存在反复,但庭审中供认,且与其他证据相互印证的,可以采信其庭审供述;被告人庭前供述和辩解存在反复,庭审中不供认,且无其他证据与庭前供述印证的,不得采信其庭前供述。"由该规定可知,被告人供述出现反复时,应综合其他证据与其供述进行判断。其实不仅言词证据自相矛盾是这样,证据之间相互矛盾时,也应当综合其他证据进行判断。当然,此方式实际上是存在一定问题的。当庭上供述与庭前供述不一致时，采纳后者无疑是对庭审实质化的一种消解，这将在很大程度上削减庭审的对抗性，实际上不利于被告人权利的保护。例如，在前文提到的林某癸贪污案中，对于被告人林某癸是否共同参与贪污涉案的 14.611 亩和 1.728 亩土地补偿款的事实认定问题。被告人林某癸在多次供述及开庭中称，其认为 14.611 亩和 1.728 亩土地系其祖宗留下的土地，虽在 2009 年 3 月 14 日及 2009 年 3 月 24 日两次供述中称涉案的两块土地不是其祖宗的土地，但其两次不利供述系孤证，与证人证言不能相互印证，而其他供述相对稳定，能够形成完整的证据链。故根据刑事诉讼的证据规则，法院对其他供述予以采信。

2. 证人证言前后矛盾

我们先来看三个无罪判例。

案例一：唐某荣贪污案[1]

本院再审期间，公诉人再次对主要证人乔某忠进行了调查核实，查明：乔某忠将用 5 张发票套出的 157 000 元全部返还给烟草公司，证人乔某忠再次说明他并未给原审被告人唐某荣 43 046 元的事实。结合原审、原再审、再审证据分析：原审侦查阶段主要证人乔某忠共有五次陈述：第一次（2007 年 7 月 17 日）陈述和后四次陈述前后矛盾；原再审期间，庭审陈述与侦查阶段陈述及申诉复核中本院法官（2009 年 8 月 7 日）的调查笔录中陈述相互矛盾；该次再审中，主要证人乔某忠再次给再审法官和公诉人的陈述与原审及申诉复核中的陈述不能吻合，相互矛盾。

在原一审、指令再审期间，本案证人乔某忠在作证时多次、反复供述不一，无法与高某龙、孟某信等人的证言相互印证。乔某忠的供述及证言在本案中系关键证词，直接影响到给唐某荣的定罪科刑。法院再审时办案人员会同检察机关办案人员也对证人乔某忠进行了询问，乔某忠再次承认他给了烟草公司副经理孟某信 157 000 元，并不是以前给公诉机关陈述的

---

[1] 甘肃省陇南市中级人民法院刑事判决书，(2013) 陇刑再终字第 01 号。

114 300元，这就无法证明原审被告人唐某荣从乔某忠处拿到43 046元。所以，本案关键证人乔某忠的证言多次陈述不一，且又属孤证，并无其他证据支持，所以无法认定唐某荣贪污23 041.20元的事实。

案例二：周某清受贿案[1]

关于周某清及其辩护人提出周某清没有受贿事实，不构成犯罪的理由，经审查检察机关在原审中提供的证据，主要存在下列疑点：其一，周某清在侦查阶段曾多次供述收受姜某某现金，但其供述中对于具体收受姜某某多少钱、是直接收受还是通过他人转交、是单独收受还是转交了一部分给他人以及在何处转交给他人等问题说法不一；且其供述通过聂某某收受姜某某6万元并将其中3万元转交给贺某某，系在姜某某作证之后，证明力相对较低。其二，证人姜某某在庭前曾四次证实托聂某某带了一篓装有6万元的广柑给周某清，并电话告知周某清，叫周某清将其中3万元转交给贺某某。但其证言中，对于行贿款来源的说法不一致，具体而言，其对于在哪家银行取款以及取款多少没有一致说法，且没有作出合理解释，缺乏证据进一步印证。

案例三：刘某甲与黄某故意伤害案[2]

关于黄某及其辩护人认为证人肖某证言不能采信的辩解及辩护意见，经查，肖某经庭审举证、质证的书面证言有五份，出庭证言一份。其中出庭证言中表示，刘某甲和杨某甲是否打架她没有看到，为什么到公安机关说看到黄某用锹击打刘某甲，她记不得了，对琅琊区法院作笔录讲"我没看到他们打架，刘某甲找我去作证，叫我这样讲，那样讲，我又不在现场，当时在家"是事实。同时又称刘某甲带她去作证，作笔录时，不记得刘某甲是否在场，也不记得刘某甲有没有让她去作假证，派出所是否将笔录读给她听。她得过脑梗，时间长了就记不清了，不知道都讲了什么，就

---

[1] 重庆市第二中级人民法院刑事判决书，(2013) 渝二中法刑再终字第00001号。
[2] 安徽省滁州市中级人民法院刑事附带民事判决书，(2015) 滁刑再终字第00003号。

知道讲他们吵架的事情。对前后证言为什么不一样,她不知道或不记得2015年11月25日的笔录内容是她陈述的。根据庭审情况,肖某的证言多次反复,故对肖某的每一次证言的真实性和合理性不能作出法律上的准确判定,故其证言不能作为定罪的证据予以采信,黄某及其辩护人的此节辩解和辩护意见予以支持。

在言词证据中,如证人证言,由于证人证言本身的不可替代性与不稳定性,因此,针对单个证人的多次不同证言或是多个不同证人的证言进行辩护就变得十分有意义了。如唐某荣贪污罪案中就有"本案证人乔某忠在作证时多次、反复供述不一,无法与高某龙、孟某信等人的证言相互印证"的说法。

证人证言自相矛盾的情况下有两点需要注意:(1)证人证言具有关键性时,这一逻辑对于无罪裁判的影响会更大。对于非关键证人或是非关键证言,即使证明了存在矛盾,也只能对证人的可信性质疑,在一定程度上降低其他证言的可信性,但并不具有决定性。例如,唐某荣贪污案再审刑事判决书中就强调了"乔某忠的供述及证言在本案中系关键证词,直接影响到给唐某荣的定罪科刑"。(2)注意分析证人证言与其他证据之间的关系。例如,唐某荣贪污案的判决书中就有"本案关键证人乔某忠的证言多次陈述不一,且又属孤证,并无其他证据支持"的说法。

在实践中,对于证人证言在审判过程中证词发生的改变,也有不同的情况。例如,随着审判时间的延长,证人对于案件事实的记忆可能会逐渐模糊,导致证人忘记一些案件细节;或者当证人忘记一些案件细节之后,其还有可能根据自己的臆想重新将案件事实补充完整,这些事实将不再是其亲身感知的事实;或者当证人经历了数次庭审,其对案件的认知会在庭审过程中受到影响,发生改变;或者证人也有可能在私下受到受害方或者被告方的干扰,从而作出证言的改变,而其他人并不知情。因此,无论是哪种情况,证人证言发生改变,自相矛盾,都是值得怀疑和注意的,无端的改变只会削弱证人证言的可信性。

3. 被害人陈述前后矛盾

同样地，我们先来看四个无罪判例。

案例一：冯某某故意伤害案[1]

法院认为，现根据法庭审理查明的事实、证据，结合法庭依法核实的证据情况，本案被害人陈述对于被告人冯某某打击其具体部位前后不一致，且最初陈述与指控事实不符……

案例二：郭某故意伤害案[2]

法院认为，自诉人曹某与被告人郭某争执过程中倒地，致自诉人曹某遭外力作用致右胫腓骨骨折，该损伤构成轻伤，该事实法院予以确认，但自诉人曹某控诉被告人郭某将其殴打致伤构成故意伤害罪，证据尚不充分。根据自诉人提交的证据，法院作如下评判：第一，当事人之间的陈述不一致，且自诉人本人的陈述前后不一。被告人郭某自事发至本院庭审期间，始终未供认殴打自诉人；自诉人在接受公安机关调查时，曾陈述被告人郭某持棍打伤其腿部，但之后又否认该事实，称其腿因与被告人腿搅在一起而受伤，并明确称被告人郭某未用棍殴打其……

案例三：雷某某诉李某某故意伤害案[3]

自诉人雷某某 2014 年 4 月 16 日在公安机关所作笔录称："2014 年 3 月 29 日 20 时 30 分许，我在远洋风景小区'红域农家园'餐馆内被一群年轻男子殴打，我逃出来追时门口有一个穿迷彩服的老头，站在我后面用木棍打了我两棒棒，之后我就晕倒在餐馆门口。""那个老头五十多岁，脚好像有点问题，走路一歪一歪的，他当时身穿一件迷彩服。老头就是远洋风景小区正门口守门的保安。""我当时在店里面是被追着打的，他们追我

---

[1] 天津市西青区人民法院刑事判决书，(2014) 青刑初字第 104 号。
[2] 上海市浦东新区人民法院刑事判决书，(2014) 浦刑初字第 1403 号。
[3] 云南省昆明市五华区人民法院刑事判决书，(2015) 五法刑自初字第 7 号。

到店里面后把我追到角落里面,我没地方跑了他们就围着我打,被打后他们走了,我当时还没有晕倒,是我追出店外在店外门口被一个老头打了两棒棒之后才晕倒的。"

……

自诉人雷某某陈述:

2014年3月30日在公安机关所作笔录,称"2014年3月29日20时30分许,我在店里收拾东西收摊,餐馆门口左右两边就有人提着金属管子来打我,有一个男子在我身后用管子打了我背上一下,我转身看到这个人很面熟,就是物管的人,接着六七个人围上来打我,但第一个打我的物管的人(后来我看了我媳妇手机上的照片,得知这个人叫李某某)一直追着我打,然后我被打倒在地,醒过来时已经在救护车上了"。

法院认为,对于自诉人雷某某指控被告人李某某对其殴打并致其轻伤的事实,由于自诉人雷某某自身在公安机关所作陈述前后矛盾,且与其妻子李某梅及其员工、其他证人所作陈述均存在多处矛盾,其他证据亦不能形成证据锁链,不能排除自诉人受伤系其他人员造成的可能性,故依照无罪推定的原则,法院认为自诉人雷某某对被告人李某某犯故意伤害罪的指控证据不足,指控的罪名不能成立,应当宣告被告人李某某无罪。

案例四:刘某故意伤害案[1]

本院认为,证人寇某某、雷某某等人的证言与被告人刘某的供述、被害人韩某某在侦查机关的陈述一致,证实在办公楼没有人殴打韩某某,韩某某的伤是如何造成的事实不清;韩某某在庭审中称刘某挥手打在其左眼,该陈述与其在侦查机关的陈述矛盾,且无其他证据佐证,故自诉人指控被告人刘某犯故意伤害罪事实不清、证据不足,不能成立。

2021年《刑事诉讼法解释》第92条规定了对被害人陈述的审查与认定,参照关于证人证言的规定。与前文的不同之处在于,这里特指被害人

---

[1] 宁夏回族自治区银川市西厦区人民法院刑事附带民事判决书,(2015)夏刑初字第95号。

（自诉人）自己的陈述出现矛盾，如案例二中被害人否认自己在公安机关的陈述，案例三、案例四中被害人在同一阶段或者不同阶段作出了相互矛盾的陈述。如果说被告人、被害人、证人的言词证据之间存在矛盾，自诉人举证不能的可归责性还比较被动，那么自诉人否认自己的言词证据其可归责性明显更大更主动。因为自诉人否认自己的陈述，隐含着其撒谎的可能性更大，或者其确实无法清晰认知案发现场的可能性更大。

4. 言词证据互相矛盾

2021年《刑事诉讼法解释》第87条规定："对证人证言应当着重审查以下内容：……（八）证言之间以及与其他证据之间能否相互印证，有无矛盾……"刑事案件的定罪标准要求必须达到犯罪事实清楚，证据确实、充分，而证人证言间存在无法排除的矛盾，将会导致证人证言均无法采信，从而导致案件证据不足。以故意伤害罪为例，证人证言在故意伤害罪这种危害公民人身安全的案件中尤其重要，因为案发现场的情况往往是由证人证言加以证明。加之故意伤害罪的案发现场可能人员混乱，影响各证人对现场情况的记忆，或者各证人出于某种利益倾向，从而产生矛盾。以下案例是证人证言相互矛盾的典型，在其他类型的犯罪中思路大致类似。

案例：薄某峰故意伤害案[1]

首先，在案的全部证据材料中，证实事发当时薄某峰与段俊某发生争吵致段俊某倒地受伤的证据除被害人陈述、被告人供述及证人证言外，再无其他证据。对于段俊某倒地的原因，当事双方各执一词：薄某峰始终供述段俊某第二次用头撞其时，其顺势转身后，段俊某倒地。段俊某则称薄某峰用双手朝头部将其摁倒在地致其受伤。在案的证人证言均未提及薄某峰对段俊某主动实施上述伤害行为的内容，故段俊某的陈述与查明的事实不符。经查，证人刘某1在侦查阶段共做过两次证言，但刘某1在数次描述段俊某倒地的事实上，所作的陈述自相矛盾，且无其他证据予以印证，

---

[1] 山西省忻州市中级人民法院刑事附带民事判决书，（2017）晋09刑终171号。

全案证据在证实薄某峰有故意伤害行为的事实上不能形成完整的证明体系。

(二) 言词证据与其他证据矛盾

1. 言词证据与书证矛盾

证据之间存在矛盾，不同证据就无法形成统一的结论，甚至会证明完全相反的事实。例如，在吕某先贪污案[1]中，就有"公诉机关所提交的仅为一份有中国公共关系协会函头的纸张的复印件，且其上并未盖有中国公共关系协会印章，与程某所作之'盖章的空白函'的证词存在矛盾之处"的说法。总体而言，证据之间存在矛盾的情况与事实认定的盖然性有很大的关系，法官可以对每一项证据以及证据和证据之间的关系以及基于证据所作结论与常理之间的关系进行反复推敲，进而尝试寻找出没有被证明的要件事实或是寻找出相反的结论。

基于上述证据规则审视张某友等人非法转让、倒卖土地使用权案[2]。

证实张某友、孙某平、崔某峰承包涉案土地不具有合法性的证据之间存在矛盾。被告人供述、证人证言证实，2007年叶庄村委会强行收回涉案土地后，在村内以大喇叭广播的形式招租；土地承包协议证实，2008年1月23日孙某平与岔河集乡叶庄村委会签署土地承包协议，承包期为30年；一审、重审卷宗中没有证据证实霸州市国土资源局在其确认的收储涉案土地日期后，对涉案土地有过在叶庄村公告涉案土地被收储情况及告知孙某平等承包人的行为。故现有证据不能排除对三人承包涉案土地行为不具有合法性的合理怀疑。

……

证实720万元属于土地使用权转让款的证据之间存在矛盾。协议书证实，720万元是地上物补偿费，收款收据上写的是转让费，证人证言、被告人供述证实给付的是补偿款，按照先签协议后给付的实际情况，故现有

---

[1] 贵州省贵阳市云岩区人民法院刑事判决书，(2015) 云刑再初字第2号。
[2] 河北省廊坊市中级人民法院刑事判决书，(2018) 冀10刑终446号。

第九章　证据矛盾与不符合常理

证据不能排除对三人所得款项性质的合理怀疑。

本案中，公诉机关指控张某友、孙某平、崔某峰三人对涉案的国有土地非法转让，收取土地使用权转让款 720 万元，并非法获利 520 余万元。但法院经审查发现，公诉机关指证涉案土地使用权转让主体为张某友、孙某平、崔某峰三人的证据无法与缴费单、部分证人证言相印证；公诉机关指控涉案土地属于国有土地的证据之间存在矛盾；公诉机关指控被告人承包涉案土地不具有合法性的证据亦无法与在案土地承包协议、证人证言等多份证据相印证；公诉机关对被告人所收到款项的性质的指控证据，亦与证人证言、被告人供述等证据相互矛盾；公诉机关对被告人存在以此非法牟利的目的的指控，更是与被告人的实际履约行为、证人证言等证据矛盾，且关键证人未出庭作证。综合以上五个方面，本案从犯罪主体到客观行为再到主观目的，均无法排除合理怀疑。根据"疑罪从无"的原则，依法宣告被告人无罪。

各证据之间出现矛盾的事由都会针对某一案件事实，其中对于案发时间证明的矛盾在实践中就有相关案例。案发时间与致伤时间属于整个案件的关键事实，致伤时间应当与案发时间相一致，以证明案件的发生与被害人伤情之间存在因果关系。但是实际上案发后在证明案发时间的各项证据中，可能会发现医院或者鉴定机构出具的证据的致伤时间与案发时间并不一致，这就导致在时间上无法排除被害人因其他原因受伤的合理怀疑，或者说无法准确认定案件与被害人伤情之间存在因果关系。因此，此规则严格意义上也与案件中的因果关系链条有着密不可分的联系，只不过这种不存在因果关系的怀疑是由于证明案发时间与致伤时间的书证、证人证言等证据被排除导致的。

例如，在前文提到的薄某峰故意伤害案中，被害人的入院记录时间推断的致伤时间与案发时间存在矛盾，无法证明准确的因果关系：

诸多证据显示，本案的事发时间是 2014 年 3 月 26 日 19 时许。段俊某在五台县第一人民医院的入院记录显示的入院时间及记录时间均为 2014 年

3月26日20时38分，该记录同时显示，患者本人陈述现病史：于4+小时前不慎致伤胸背部致胸闷气促，腰部疼痛难忍，当时神情恍惚，未作任何治疗，症状未缓解，遂来我院就诊，急诊以"胸背部外伤"收住入院。从入院记录时间推算，段俊某胸背部致伤时间为当日16时许，与查明的事发时间前后矛盾。在致伤时间及原因上，现有证据之间不能相互印证，存在无法排除的矛盾和无法解释的疑问。

2. 辨认笔录与其他证据矛盾

证人对犯罪嫌疑人进行辨认是证明被告人有罪的重要证据，一旦证人在辨认时受到外界干扰便会增加辨认出错的可能性，直接导致辨认笔录缺乏可靠性。这与证人作证时应当排除外界干扰，以自己亲身感知的事实作证原理相同。辨认的过程虽然不复杂，但是辨认的结果却可能对整个案件起到关键的作用，辨认笔录的内容与其他证据出现了矛盾，有时也会影响案件中关键事实的认定。例如，在陈某某故意伤害案[1]中，证人证言相互矛盾，李某雄、彭某五、欧某志的证言存疑。表现在：（1）被害人欧某灯受伤的地点矛盾。李某雄反映陈某某在西便村池塘边开枪；被害人欧某灯在2009年5月22日的陈述反映其在出租屋楼梯间被枪打中受伤；彭某五反映他听到外面一声枪响，没有看到开枪的过程，但辨认出是陈某某开的枪。（2）辨认笔录矛盾。被害人欧某灯在受伤后第二天的陈述称看不见开枪男子，也没看清对方拿的枪，但是在2009年5月22日的陈述却反映该男子20多岁，身高约1.7米，身材消瘦，并通过照片辨认出陈某某，被害人在案发7个月之后陈述看清楚开枪人不符合常理。事发时间是晚上11点多，证人彭某五、欧某志在案发后7个月只凭头像照片即辨认出陈某某是开枪者亦不符合常理。上述三人的辨认不具有客观真实性，有受外界诱导的可能性。（3）李某雄除了辨认陈某某是开枪者，还辨认李某清手持大砍刀参与打架，导致李某清被羁押，事实是李某清在案发时并不在佛山市，李某清最后被公安机关释放，这一事实足以证明李某雄的证言及辨认

[1] 广东省佛山市中级人民法院刑事判决书，（2016）粤06刑再2号。

不实。

(三) 鉴定意见中的矛盾

1. 鉴定检材的矛盾

有些类型的案件经常需要进行司法鉴定，对于案件中专门性的问题，法官也需要依靠鉴定结果来帮助认定案件事实。在实践中的相关无罪判例中，公诉机关据以进行司法会计鉴定的检材是两份分别由双方当事人出具的交易账目，但这两份账目所记的内容本身存在诸多差异。鉴定检材是进行鉴定的基础，缺乏稳定可靠的检材，甚至检材之间互相矛盾，所作出的鉴定结果也必然可能存在问题。公诉机关在未对其进行核实、认定选择的基础上以两份对同一事实有着不同表述的证据进行司法鉴定而得出的鉴定意见，显然无法排除合理怀疑，故法院未予采纳。例如，在康某合同诈骗案[1]中，公诉机关虽就龙某公司与康某冒用的"兰州龙山"间的账目进行了司法鉴定，但因鉴定依据是双方账面记录，诸多差异之处均无法核实，故公诉机关指控被告人康某犯合同诈骗罪事实不清，证据不足。法院最终依法判决被告人康某无罪。

2. 鉴定结果的矛盾

实践中，很多案件都出现过多次鉴定、重复鉴定的问题，并且导致多次鉴定的鉴定结果出现矛盾的情况，这也是我国鉴定行业复杂的形势和变化所导致的。例如，故意伤害罪中存在大量的自诉案件，这些案件中需要自诉人提出证据证明被告人有罪。而此规则下的判例中，自诉人提出了未被公安机关采用的司法鉴定，且该鉴定与法院委托鉴定结果不一致，该鉴定也很难被法院采纳。当法院委托鉴定与其他鉴定产生矛盾时，法院会更倾向于其自己委托的鉴定。例如，在段某启、段某坡等与薛某言故意伤害案[2]中，法院认为濮阳市公安局物证鉴定所作出的轻伤鉴定意见，未被公安机关采用，且在本案审理过程中，与法院委托司法鉴定科学技术研究

---

[1] 河北省涿州市人民法院刑事判决书，(2017) 冀 0681 刑初 120 号。
[2] 河南省范县人民法院刑事附带民事判决书，(2016) 豫 0926 刑初 131 号。

所作出的鉴定意见又不一致,关于薛某言构成故意伤害罪的证据不足,段某启、段某坡自诉指控的罪名不能成立。

二、证据矛盾的无罪逻辑

如前文所述,"综合在案证据,对认定的事实排除合理怀疑"是我国具体刑事案件定罪量刑的证明标准,其具体体现之一是在案证据之间足以"相互印证",即两个以上的证据在所包含的事实信息方面发生了完全重合或者部分交叉,使得一个证据的真实性可以得到其他证据的验证。[1]"印证"意为证明与事实相符,诉讼证明中的相互印证,是指司法工作人员在运用证据来证明案件事实的过程中,以证据链为手段、以证据联结点为核心,根据证据之间相互吻合、作证的情况,来认定案件事实以作出相应判断和决定的一种证明方式。[2]进而,证据相互印证则成为证据事实具备可靠性的保证之一。证据相互印证的另一说法即"排除证据之间的矛盾"。当两个证据分别证明了两个不同的事实,或者证明了完全相反的事实,司法人员就应当验证相互矛盾的多个证据是否存在不真实的情况。这一认定标准在2012年《刑事诉讼法解释》第104条第3款规定中予以明确,"证据之间具有内在联系,共同指向同一待证事实,不存在无法排除的矛盾和无法解释的疑问的,才能作为定案的根据"。2021年《刑事诉讼法解释》将这种矛盾具体化规定在每种证据的审查判断中,例如第87条第8项规定:"证言之间以及与其他证据之间能否相互印证,有无矛盾;存在矛盾的,能否得到合理解释。"第91条第2款规定:"证人当庭作出的证言与其庭前证言矛盾,证人能够作出合理解释,并有其他证据印证的,应当采信其庭审证言;不能作出合理解释,而其庭前证言有其他证据印证的,可以采信其庭前证言。"第93条第1款规定:"……(八)被告人的辩解内容是否符合案情和常理,有无矛盾;(九)被告人的供述和辩解与同案被

---

[1] 参见陈瑞华:《刑事证据法》,北京大学出版社2018年版,第154页。
[2] 参见张少林:"刑事印证初论",载《国家检察官学院学报》2007年第2期。

告人的供述和辩解以及其他证据能否相互印证,有无矛盾;存在矛盾的,能否得到合理解释。"第 95 条第 1 项规定:"讯问笔录填写的讯问时间、讯问地点、讯问人、记录人、法定代理人等有误或者存在矛盾的。"第 96 条第 2 款和第 3 款规定:"被告人庭审中翻供,但不能合理说明翻供原因或者其辩解与全案证据矛盾,而其庭前供述与其他证据相互印证的,可以采信其庭前供述。被告人庭前供述和辩解存在反复,但庭审中供认,且与其他证据相互印证的,可以采信其庭审供述;被告人庭前供述和辩解存在反复,庭审中不供认,且无其他证据与庭前供述印证的,不得采信其庭前供述。"第 97 条第 9 项规定:"鉴定意见与勘验、检查笔录及相关照片等其他证据是否矛盾;存在矛盾的,能否得到合理解释。"第 102 条第 3 项规定:"补充进行勘验、检查的,是否说明了再次勘验、检查的原由,前后勘验、检查的情况是否矛盾。"第 119 条第 4 项规定:"采取技术调查、侦查措施收集的证据材料与其他证据是否矛盾;存在矛盾的,能否得到合理解释。"第 140 条第 2 项规定:"证据之间相互印证,不存在无法排除的矛盾和无法解释的疑问。"此外,根据第 457 条第 2 款第 3 项的规定,"证明案件事实的主要证据之间存在矛盾的"还是案件再审的重要理由。

证据矛盾体现出无罪裁判的三种方向与思路:(1)证据未形成完整的证据锁链。此处所指的证据锁链,并非单指证据辨认和鉴真中的保管链条,而是综合全案,存在没有排除合理怀疑的情况。例如,据以定案的一个或几个主要证据不确凿、不真实或不可靠,存在疑问且无法查证属实;构成犯罪的一个或几个要件的事实没有必要的证据加以证明;据以定案的证据与待证事项之间、各项证据之间存在无法排除的矛盾;根据证据得出的结论具有其他可能性。[1](2)证据之间存在矛盾,表明不同证据之间无法形成统一的结论,甚至会证明完全相反的事实。(3)依据证据所得结论与常理不符。法官认证时除依据证据之外,同样会依据常理和逻辑。

---

[1] 参见张保生主编:《证据法学》,中国政法大学出版社 2018 年版,第 361 页。

值得注意的是，证据矛盾对于证据信息和事实认定具有否定性意义，同时也应看到，证据出现矛盾是证明活动中的常态。由于事物的多样性以及信息不对称及主客观的局限性，案件信息高度统一和一致，缺乏常见的信息差异与冲突，这种情况因不符合证明规律，往往包含了虚假的因素。一定程度和范围内的矛盾，是案件中的自然现象，对事实的认定可能具有积极的、建构性的功用；反之，缺乏冲突甚至差异，是证据形成过程中的不正常现象，必须充分警惕伪证的可能。通过证据矛盾或反常的无矛盾而发现案件疑点，是防止错案的重要途径，因此其对于侦查、起诉、审判人员审查案件证据具有重要意义。

三、证据矛盾的无罪逻辑的实践困境及出路

从审判工作的意义来看，审判中证据出现矛盾是在所难免的。也正是由于证据会出现各种各样的矛盾，才能使得证据的真实性得到体现。如果一个复杂的案件却不存在证据的矛盾，那将是可怕的。这表示存在矛盾的证据很可能已经被人为排除，这时便很容易发生冤假错案。但是实践中办案人员经常会害怕矛盾，甚至有意无意地忽略案件中的矛盾证据，[1]究其根本，是由于司法裁判中过于追求印证。

证据之间互相印证应当是司法理性主义的题中之义，并非产生于学理分析或者司法实践。通过证据之间的相互印证来认定案件事实，才能使得证据链条更加稳定，得出的推断性结果也更能经得起检验。为了在事实认定者心中建立"内心确信"，任何一种证明模式都要求一定程度的"印证"，否则就难以形成一种稳定的证明结构。[2]印证证明方法要求证据之间的主要信息内容相互支持，这样证据的可靠性才会大于没有支撑或者支撑不足的个别证据。缺乏印证的证据，无论其本身携带了多少信息，其真

---

[1] 参见李远桃："结合公诉工作实际谈如何保障案件质量——以提高证据审查能力，防止错案发生为视角"，载《今日南国》2010年第12期。

[2] 参见龙宗智："印证与自由心证——我国刑事诉讼证明模式"，载《法学研究》2004年第2期。

实可靠性也会大打折扣。[1]

　　实践中，对于证据之间相互印证这一证明方法的运用经常会存在各种状况，或者产生容易忽略的问题。在一些典型的刑事冤案错案中可以发现，虽然有些证据存在着矛盾，但是某些证据在表面上的"相互印证"也是存在的。[2]类似这样的证据产生过程经常是这样的：侦查机关在获得前期证据后，就会将大量精力用于获取言词证据，特别是犯罪嫌疑人的口供，这一过程中极易产生不当行为。获取口供之后，再根据口供去寻找其他证据来印证口供，经过这样的过程，到侦查终结时，整个作案过程便都能够作出"符合逻辑"的解释，并且一定程度上互相吻合。[3]

　　对于上述问题，调整的方案是将事实认定关注的重心转移至证据矛盾的问题上。即不以印证为追求，不预先设置结论，而是先关注证据之间是否存在矛盾，再基于此进行事实认定。具体而言，矛盾法则在证据的审查过程中可以表述为："自身矛盾，必有问题；两证矛盾，必有一假；与众证矛盾，多属假证，与已认定的证据矛盾，定是假证。"[4]

　　首先，同一证人的同一次陈述中前后矛盾，这种情况在实践中比较少见，导致这种情况的原因可能是证人情绪紧张，或者记忆模糊、不连续，影响其记忆和表述。如果是同一证人的前后陈述出现矛盾，这种情况是比较常见并且比较棘手的，这时候要重点分析矛盾所在，如果矛盾之处不涉及关键事实的瑕疵问题，则可以结合记忆规律进行补正、核实或者寻求合理解释。如果出现了根本性的矛盾，就要谨慎确定该言词证据的可信度问

---

〔1〕　参见袁建刚、王珏："论审查起诉阶段证据'相互印证'证明方法的误区与完善——以非法言词证据的强制排除模式为切入点"，载《燕山大学学报（哲学社会科学版）》2011年第4期。

〔2〕　参见林劲松："刑事审判书面印证的负效应"，载《浙江大学学报（人文社会科学版）》2009年第7期。

〔3〕　参见袁建刚、王珏："论审查起诉阶段证据'相互印证'证明方法的误区与完善——以非法言词证据的强制排除模式为切入点"，载《燕山大学学报（哲学社会科学版）》2011年第4期。

〔4〕　龙浩："论刑事证言的证明力评价——基于具体案例的分析"，载《行政与法》2015年第11期。

题,如证人可能会由于司法人员的多次询问产生反感或因害怕打击报复等产生心理变化,对于其他言词证据也同样如此。

其次,不同种类证据之间相互矛盾,如不同证人的证言矛盾,根据"两证矛盾,必有一假"的原理,至少有一人的言词证据不符合事实,此时也要根据矛盾所在区别对待不同的证据,如判断矛盾所在是细节之处还是案件的根本所在等。如果是证人证言与口供相矛盾,例如被告人不认罪,证人证言与其辩解相反,实践中就会以证人证言为基础,适当结合其他证据,重点审查无罪辩解是否成立,并综合判断能否排除合理怀疑。如果是证明无罪的证人证言与有罪供述相矛盾,就要以证人证言为基础,重点审查有罪供述的取得是否合法、被告是否翻供以及翻供理由是否成立,综合判定言词证据的真假。

最后,如果是言词证据与客观证据发生矛盾,如证人证言与客观证据的矛盾,因为证人证言的主观性很强,并且证人容易受到外界不当干扰和自身心理因素的影响,就会导致证人证言的重要性有所降低。

也有学者总结了证据矛盾的三种具体形态,包括证据自身相矛盾、证据之间相互矛盾、证据和案件事实之间相互矛盾。[1]证据自身相矛盾是在同一份证据中包含了逻辑矛盾,常出现在言词证据当中。这种矛盾冲突属于内部冲突,其又分为结构性矛盾和非结构性矛盾,前者的处理方式比后者简单,只需要用其他证据进行印证或者依据逻辑规则进行排除,非结构性矛盾则需要查明案件争议事实,或者出于法庭心理学的考察容忍这种矛盾。证据之间相互矛盾可以是同一方同一证人的两份有矛盾的证据,也可以是同一方不同证人的两份矛盾证据,还可以是对立双方当事人之间两份有矛盾的证据。处理这种矛盾时也需要注意区分结构性矛盾和非结构性矛盾,也可以适度容忍非结构性矛盾。证据和案件事实之间相互矛盾则不属于严格意义上的证据矛盾,但由于案件事实是其他证据证明的,因此证据与案件事实之间相互矛盾也就意味着证据和支持案件事实的其他证据间接

---

[1] 参见李树真:"司法证明中的逻辑法则与经验法则",中国政法大学2009年博士学位论文。

地产生了矛盾,这种情况下就需要特别重视其他证据的补强作用,如果支持案件事实的已有证据得到了进一步补强,不仅在数量上而且在质量上能充分支持案件事实,那么就可以排除与案件事实相矛盾的证据。

需要指出的是,证据矛盾无罪逻辑运用提升的另一种方法就是加强质证。对于刑事辩护来讲,通过发现证据矛盾而质疑控诉方所认定的事实,更是实现辩护功能的基本方法。正是由于矛盾的发现对于证据审查的关键性意义,法庭审判中设立了"质证"的程序。"质证"的主要目的之一,就是要发现证据间的矛盾,因此可以说"质证"程序正是矛盾分析在证据运用与判断中重要性的充分体现。而质证的一种最重要的方式,即"交叉询问"方式,采用在直接询问(正面询问)的基础上实施反对询问的方式,其要义就在于发现和凸显证言中的矛盾,由此打破对方组织起来的证据链。因此,"交叉询问"技术,也是矛盾分析的技术与方法。

第二节　证据不符合常理

一、证据不符合常理的无罪规则

(一) 证据证明的职务行为不符合常理

以前文提到的吕某先贪污案为例,本案中,法官认为:

……公诉机关根据王某2、方某之笔录得出吕某先提取现金占为己有,但王某2、方某所作之数份笔录存在内容相反之矛盾情形,在1996年5月29日王某2所作笔录中,其陈述为"当时我有一个熟人,叫吕某,找到我(具体这个人是什么单位的记不清了,我是在她推广广告的过程中认识的),她说,她们公司急用现金出差,问我们公司有无现金。我问财务后,回答她说有现金,同意帮她办提现金的事,具体她用支票到我公司怎样提现金一事,是由财务和方某经办的,她在我们公司提现金分为两次,一次提了75 000元,一次提了余下的2000元左右……"而在2004年3月9日笔录中，其陈述为"吕某这个人，至今我都不认识，是男是女我都不知道。只是后来听方会计说那 7 万多元是广告公司经理王某 1 来提走的……"，前后内容不一且相左。方某在 1996 年 5 月 30 日所作笔录中陈述为"1995 年 3 月我接到王经理通知，有一个姓吕的女同志，要换 7 万余元的现金作旅差费，叫我办。我接姓吕的入王经理信用卡的收据后，根据收据记短期借款账。4 月初分两次，第一次取了 75 000 元，第二次是 2896.6 元。这样就平了账。这些现金都交给姓吕的那个女同志，她把我写给她的收据交还我做账就完事了"。在 2003 年 12 月 9 日笔录中其陈述为"以上调查笔录（指 1996 年 5 月 30 日笔录）上我的陈述全部是我转述王某 2 经理的话，我是五星公司的会计，我不能经手五星公司的现金，我也不可能把 75 000 元现金亲手交给姓吕的同志"，同样前后内容不一且相左。故王某 2、方某之笔录作为指控之证据证明力不足。从常理来看，方某作为会计人员，不会经手现金，而在公诉机关所指控的笔录中，所记的却为"将现金交给那个女同志"，与常理不符。

在该案中有"从常理来看，方某作为会计人员，不会经手现金，而在公诉机关所指控的笔录中，所记的却为'将现金交给那个女同志'，与常理不符"的说法。总体而言，此类裁判规则与事实认定的盖然性有着很大的关系，法官可以对每一项证据和证据同证据之间的关系以及基于证据所作结论与常理之间的关系进行反复推敲，进而寻找出没有被证明的要件事实或是寻找出相反的结论。审判实践中，在衡量证人证言时，也要针对相关人员的身份职务结合证据推理出的案件事实，判断该职务人员的行为是否符合常理。

（二）证人辨认情况不符合人类记忆规律以及常识

审查证人证言的证明力，应当根据案发时的实际情况以及基本常识考察其是否真实可信。最典型的就是人类自身的生物认知规律，物理环境当中一些案件细节发生的可能性等，必要时候也可以借助侦查实验，还原案发时的场景，再模拟案发过程，尽量贴近现实，对案件中证据证明的案件事实进行验证。例如，在前文提到的陈某某故意伤害案中，证人在案发7个月之后还能仅凭头像照片辨认凶手，则不符合人类的记忆规律以及常识。

关于证人彭某五、欧某志的证言以及辨认笔录能否作为定罪证据。

首先，证人彭某五、欧某志只见到陈某某拿枪并只听到枪声，均未看见开枪过程，无法确认本案是陈某某开枪伤人。其次，案发时间系23时许，案发现场情况混乱，证人感知案件事实时的客观环境和条件相对较差，而证人都能在案发之后7个月仅凭头像照片即辨认出陈某某为持枪者，不符合常理。最后，关于事发起因彭某五、欧某志的陈述与鄢某新、朱某成的陈述相矛盾。证人彭某五、欧某志均陈述他们到张槎镇弼塘附近鄢某新家里玩，鄢某新、朱某成却称当晚因打烂老虎机而引起打斗，欧某灯他们是过来帮忙的。综上，作为原一审、二审定案依据的证人彭某五、欧某志的证言真实性存疑，与其他证人证言存在矛盾，其证人证言不足以作为定罪的依据。

在付某某诉胡某某故意伤害案[1]中，法官则是根据案发现场的地形等情况，认定证人当时不可能看到案发的具体过程，因此该证言不能作为定案依据。

本院认为，自诉人付某某称被告人胡某某因琐事故意将其推倒致其腰部受伤的事实，相关证据有其自述及证人徐某某的证言。证人徐某某称骑摩托车从此经过时，碰巧听见二人争吵的声音，之后回头看到付某某倒地的过程。从徐某某指认的其所处位置来看，与案发地距离一条小河，河边有一排树木遮挡视线，且该路段坑洼不平，徐某某骑摩托车时注意力主要集中在路面情况。徐某某骑摩托车从此经过回头向案发地看时不足以看清付某某倒地的具体过程，且付某某、胡某某均未在案发时看见徐某某从附近经

---

[1] 陕西省汉阴县人民法院刑事附带民事判决书，(2016) 陕0921刑初48号。

过，故证人徐某某陈述其看见胡某某将付某某推倒的证言，法院不予认定。

在李某鑫、莫某兴故意伤害案[1]中，证人在辨认过程中也出现了明显不符合常理的辨认情况。

关于上诉人李某鑫的上诉理由及其辩护人的辩护意见，经查：虽然被害人任某、证人洪某1经辨认照片一致指证李某鑫手持砍刀在现场，但侦查机关提供给任某、洪某1辨认的照片并非李某鑫的近照，所辨认照片中李某鑫的样貌与其到案后的照片有明显变化，考虑到本案参与作案人数众多，作案时间较短，且是在晚上作案，无法排除任某、洪某1辨认出错的合理怀疑。综上，根据本案现有的证据，认定上诉人李某鑫参与故意伤害共同犯罪的证据不足。

上述三个无罪判例都是比较典型的不符合人类生理规律以及现实世界物理规律的情况。综上，认定证人证言是否符合常理，可以从案发时间、案发现场以及辨认、作证等环节发现其不合理之处。

(三) 当事人的行为不符合常理

无论是自诉案件还是公诉案件，对于案件当事人陈述的其在案发当时或者当天的行为，应当结合普通人在面对案件发生时的反应，判断陈述中的行为是否符合正常人的行为逻辑，并以此推断出当事人行为的主观方面如何。如果当事人作出不符合常理的行为，尤其是被害人方，则存在被害人受伤或者利益受损是其自己的故意行为造成的可能。下文中的案例便是自诉人的行为明显不符合正常人受伤后应当行为的常识，表明自诉人存在故意制造伤情，栽赃被告人的可能。例如，在曹某波故意伤害案[2]中，在发生了刑事案件后，作为被害人的自诉人不但没有选择及时就医和报警，反而作出其他举动，行为存在拖延时间延误就医甚至拖延伤情、加重伤情的

---

[1] 广东省佛山市中级人民法院刑事判决书，(2017) 粤06刑终422号。
[2] 上海市闵行区人民法院刑事附带民事判决书，(2017) 沪0112刑初304号。

可能。由此可以推断出自诉人在案发当时的主观心理是带有恶意的，此时再以伤情有可能被加重了的结果进行审判就存在合理怀疑，不能进行定罪。

经查，被告人曹某波及其妻子在案发后即刻报警，并在现场等候20分钟后民警出警，事发1小时后至医院就医……

就自诉人侯某勇庭上陈述来看，其与其妻二人的行为表现却多有不合常理之处：第一，所有在案的言词证据中均未证实案发当时侯某勇的妻子在场，所以侯某勇基于何种考虑要返回案发现场与其妻会面；第二，自诉人既有手机可与其妻联络另约地点碰面，何不留待医院电话通知妻子送钱；第三，侯某勇的妻子如事后到达案发地，也应得知民警到场处警，事态已得到控制，而侯某勇外逃未向他人告知去向，二人又基于何种因素怀疑曹某波就必至上海市第五人民医院继续追打报复而在外躲避近2小时；第四，侯某勇自称被打伤，拨打"110"报警电话一次，未接通就作罢，在案发后4个多小时其想到亲赴单位请假，而不曾想起再次报警，其妻及同事也均未提醒其报警；第五，事发后，侯某勇的妻子既有时间驾车将其送至单位请假，何不驾车送其就医，而让侯某勇坐公交前往。值得注意的是，自诉人侯某勇至庭审前均否认殴打过曹某波，庭审时又未否认当时双方发生了互殴。

从一般、理性、善良人的角度考察，发生肢体冲突受伤后，并未造成严重损伤的情况下，及时报警或就医应属常态。自诉人侯某勇既不积极报警又不及时就医，而是积极向单位请假，客观上拖延处理事件，实不符合常理。

（四）当事人的行为不符合期待利益

我们先来看两个无罪判例。

案例一：夏某某合同诈骗案[1]

对本案证据的分析。案卷材料中能够证明被告人夏某某明知没有采煤

---

[1] 山西省原平市人民法院刑事判决书，(2016) 晋 0981 刑初 130 号。

项目，而故意隐瞒的证据，只有徐某军（本案犯罪嫌疑人，在逃）的供述和证人郑某红的证言，但该供述和证言与其他证据有相互矛盾和不符合逻辑规则、经验法则的地方。徐某军供述，"4月份签订采煤合同时对夏某某讲过，合同没有签下来，只要活干得好，安装完了就能干采煤了"，据此供述，夏某某在签订采煤合同时就明知没有采煤工程，但被告人夏某某却为了该合同与徐某军反复磋商，交付了115万元的工程风险抵押金，冒着如此风险签订一份不存在或者仅存在期待利益的合同，是常人无法理解和不符合逻辑、经验法则的。

案例二：李某兰合同诈骗案[1]

原判认定李某兰具有非法占有他人财物的主观故意和行为事实不清，证据不足。具体表现为：

合同签订时，标的物四台挖掘机均在荣谊公司，周某文没有选择业内普遍的按揭贷款的方式购买，而选择了全款购买，在支付了大部分货款后，没有要求及时提走相应数量的机器，有违常理；李某兰收取周某的预付款后，虽然将该款转给他人账户用于还债，但现有证据表明，[2]李某兰有部分履行能力及调剂给付的可能性，而周某文并未向荣谊公司主张提机而是选择了报案，周某文与李某兰之间是不是真正的买卖合同关系存疑，不能排除双方是借贷关系的可能性；与李某兰相关辩称相吻合。[3]因此，周某文支付的"预付款"实际性质存疑。

---

[1] 广西壮族自治区高级人民法院刑事判决书，（2015）桂刑经终字第46号。

[2] 李某兰从其他地方调取资金，向力士德公司全额付清合同中的三台挖掘机的货款，已付清的其中一台挖掘机在合同履行期内已卖给周某文，与此同时，荣谊公司尚有与卖给周某文的挖掘机相同型号的展销机器。至案发，合同标的物中的三台挖掘机仍在荣谊公司，其中两台荣谊公司已向力士德公司付清货款，拥有所有权，若周某文付清合同余款30万元，可要求荣谊公司交付四台挖掘机；周某文在没有付清余款的情况下，亦可要求提取相应的挖掘机，荣谊公司亦有能力立即交付已拥有所有权的其中两台挖掘机。

[3] 李某兰辩称其向周某文借款150万元，月息6分，借期两个月的利息是18万元，与周某文转账数额132万元及合同履行期限两个月。

这两个无罪判例也是不符合常理的典型体现。一方面，同案被告人关于合同签订过程的供述明显有违一般逻辑经验，行为人在明知道合同标的中的工程不存在的情况下，还进行反复磋商，交付风险抵押金，签订一份不存在或者仅存在期待利益的合同，是常人无法理解和不符合逻辑、经验法则的。并且其与在案其他被告人供述、证人证言矛盾，无法进行印证加以证明，由于有被告人在逃，也无法对其进一步讯问，因此无法排除案件中的其他合理怀疑。另一方面，对于唯一与在逃被告人作出相同陈述的证人证言，该证言由公诉机关在重审时补充提供，但该证据在形式上真实性存疑，在内容上可信性存疑。并且，除这两份"问题证据"在犯罪客观方面的陈述一致外，其与其他所有在案证据相互矛盾。因此，这两份言词证据真实性、可信性严重存疑，法院未予认定。可见，案件中出现行为人的行为不符合常理和期待利益的情况下，也可以借助案件中其他证据进行佐证，实在佐证不能的情况下就无法进行认定。但是各证据和辩护逻辑之间是有关联性的，不能单独对某个证据进行脱离整体的单独认识。

二、证据不符合常理的无罪逻辑

合法亦应合情合理，刑法更是如此，一旦运用不谨慎，违背了常识、常理、常情，并"一意孤行"，便更可能伤害人民。刑法的运作不仅是规则的运作，更应该是常识、常理、常情的运作。人们很容易提出一些疑惑，例如，常识、常理、常情能够解释一切？常识、常理、常情能否达到对人权的全面保护？常识、常理、常情能否作为法定犯合理性解释的标准？类推与罪刑法定是否有冲突？等等，常识、常理好像能够解释一切，却又不能解释一切，其作为基本的底线共识，刑法也需要以此为基础和前提，但是并不等于常识、常理和常情可以直接用来判案，办理刑事案件依旧不能脱离作为准绳和依据的刑法明文规定。[1]

对于法的合理性，有以下几种观点：第一，认为法的合理性就是法要

---

[1] 参见邓多文："论刑法的合理性解释"，西南政法大学2010年博士学位论文。

合乎理性；第二，认为法的合理性是指法的合规律性；第三，认为法的合理性是指法的可计算性和可预测性；第四，认为法的合理性是指法的合目的性；第五，认为法的合理性是指符合人类的终极的善，也就是社会的美德；第六，认为与法的合理性有关的因素由价值需要、客观必然、自身规律和主观意志四个因素结合，形成了法的合乎需要性与合乎规律性两条标准。[1]无论哪种对于法的合理性解释的观点，在刑事司法实践中，都需要司法人员立足于经验法则审视案件中的证据，尤其是证人证言等言词证据。

所谓常理，也叫作经验法则、经验方法，是以生活经验为基础对事实和证据进行判断。常理具有盖然性，并且由于经验的性质不同，常理的盖然性也会有所区别。其可以分为"能够直接检验的实践性常理"和"不能直接检验的生活性常理"。[2]前者如太阳从东边升起等这种盖然性程度很高的自然规律，后者如有利害关系的证人所作的陈述这种证明力较低、不确定性程度比较高的常理。在运用常理进行判断时，事实判断者可以运用生活常识对案件事实进行推断。从实际案例来看，运用常理的无罪逻辑的关键也主要是对证据所证明的待证事实是否符合常理进行研判，不符合则可能导致无罪判决，从某种意义上讲，其本质主要关注证据的真实性。以证言为例，一般而言，在被害人、同案被告人，甚至部分证人等与案件存在直接利害关系时，其证言应着重审查，考量其所作出的言词证据是否符合案情、是否符合一般逻辑经验、是否与其他证据相互印证等。刑事诉讼法对有利害关系人证言的审查，通常依据由常理所推导出来的证据规则。[3]即从生活经验上看，那些与当事人存在亲属关系或者其他密切关系的证人，有可能因为这种关系的存在而提供有利于该当事人的证言。相反，那些与被告人有利害冲突的人，如被害人的近亲属、同案被告人等，完全有可能提供不利于被告人的证言，但这种证言因为上述利害冲突的存在，而存在虚假的可能性。因此，刑事证据法对上述证言采取慎重对待的态度，

---

[1] 参见邓多文："论刑法的合理性解释"，西南政法大学2010年博士学位论文。
[2] 参见龙宗智："'大证据学'的建构及其学理"，载《法学研究》2006年第5期。
[3] 参见徐昕、肖之娥：《证据辩护》，法律出版社2023年版，第77页。

并为法院采信其证明力提出了"得到其他证据印证"的要求。[1]若实际案例中难以达到立法要求,无法排除利害关系人作出虚假证言的合理怀疑,保证相关证言的真实性和证明力,法院应不予认定。

三、证据不符合常理的无罪逻辑的实践困境及出路

可以用无罪判例总结出的不符合常理的案例毕竟是有限的,在刑事案件的客观事实认定中,常识和常理还可以被用来认定其他包括刑事案件作案手段等重要情节。例如,按照刑法规定,携带凶器抢夺的,以抢劫罪定罪处罚,因此携带凶器可以被视为抢夺犯罪的一种犯罪手段,可以直接带来犯罪性质的"升级"。在考虑携带凶器抢夺这一问题时,对于某种物品是否属于凶器,应当综合社会一般观念来判断该物品所具有的对生命、身体的危险程度。例如,当不具有资格的人持有枪支时,一般人都会产生很强的危险感。但是并不是所有可以进行杀伤的物品都是凶器,例如,领带可能勒死人,但穿戴领带抢夺的不能认定为携带凶器抢夺,因为社会一般人不会对领带产生危险感。除此之外,还要考虑物品被携带的可能性大小,判断在当时的情况下,行为人携带凶器是否具有合理性。[2]类似这种需要以理性自然人的观点来审视的案件事实还有很多。

有学者根据样本分析统计得出,在运用常理进行说理的裁判文书所涉及的犯罪类型当中,侵犯财产罪占32%,贩卖、运输、制造毒品罪占31%,两罪名所占比例最大。侵犯财产罪中以盗窃(17%)、诈骗(7%)、抢劫(5%)等较贴近日常生活的常见犯罪类型为主。法官也更倾向于将常理作为说理甚至裁判理由。这是因为,这些犯罪的隐蔽性较强,容易出现证据不足的情况,导致证据印证与事实认定困难,在信息模棱两可时,常理就能够一定程度上强化法官的信心。并且这类犯罪具有广泛性,更贴近生活,在对与生活十分贴近的案件事实进行认定时,运用常理进行说理

---

[1] 参见陈瑞华:《刑事证据法》,北京大学出版社2018年版,第157页。
[2] 参见马荣春:"刑事案件事实认定的常识、常理、常情化",载《北方法学》2014年第2期。

就是不可避免的，甚至更具有天然的优势，容易被人接受。并且，在一些司法解释或者政策文件中也蕴含着运用常理进行事实认定甚至定罪量刑的精神。例如，毒品犯罪中强调"判断被告人对涉案毒品是否明知，不能仅凭被告人供述，而应当依据被告人实施毒品犯罪行为的过程、方式，毒品被查获时的情形等证据，结合被告人的年龄、阅历、智力等情况，进行综合分析判断"，所以才有可能作出与被告人供述相反的事实认定。〔1〕这就涉及常理在案件审判过程中的灵活运用，其也可能在无罪辩护中发挥重要的作用。

事实上，上述关于司法实践和立法规定中的常理，都在很大程度上忽视了经验在事实认定中的作用。在任何案件中，由证据到待证事实的推进，都需要常理、经验法则或概括作为支撑。例如，张三说"我看到了X"所提供的信息仅是张三说了一句话，而只有借助常理，才能将该证据转化为命题 X。换言之，在司法实践中，无论法官是否意识到，每一项证据的分析，都伴随着常理的应用。然而，我国传统证据理论将证据视为唯一的证明手段，这种"唯证据论"导致理论界和实务界对常理的忽视。〔2〕因此，未来的证据理论和实践发展，有必要重新审视常理的作用。

此外，在常理运用的具体作用与立场方面，学者统计发现，其在裁判说理中的作用大致有肯定观点、否定观点或分析观点三种，其中用于否定某方观点的情况占 79%，用于肯定某方观点的情况占 14.95%，纯粹用于分析法官观点的只有 6.05%，也就是说，实践中常理多用于否定某方观点的事实，同时反过来使裁判说理援引常理。但是，学者也发现施加中运用常理得出的结论大多数是不利于被告人的（90.75%），不过基于对人权、自由乃至生命的处置，对常理运用不当更有可能发生规避证据裁判原则、未能排除合理怀疑、作出有罪推定甚至导致冤假错案等严重后果发生，〔3〕

---

〔1〕 参见谢进杰："刑事裁判说理中的'常理'"，载《中山大学学报（社会科学版）》2019年第3期。

〔2〕 参见封利强："理据：一个不可或缺的证据法学概念"，载《浙江社会科学》2019年第8期。

〔3〕 参见谢进杰："刑事裁判说理中的'常理'"，载《中山大学学报（社会科学版）》2019年第3期。

第九章　证据矛盾与不符合常理

因此从这一角度来看待辩护工作以及无罪裁判也不容忽视。

对于上述问题，未来应从两方面入手，明确常理在事实认定中的地位。一方面，应在立法中重新确立经验的地位。2021年《刑事诉讼法解释》第87条规定："对证人证言应当着重审查以下内容：……（五）询问笔录的制作、修改是否符合法律、有关规定，是否注明询问的起止时间和地点，首次询问时是否告知证人有关权利义务和法律责任，证人对询问笔录是否核对确认；……（八）证言之间以及与其他证据之间能否相互印证，有无矛盾；存在矛盾的，能否得到合理解释。"第93条规定："对被告人供述和辩解应当着重审查以下内容：……（八）被告人的辩解内容是否符合案情和常理，有无矛盾；（九）被告人的供述和辩解与同案被告人的供述和辩解以及其他证据能否相互印证，有无矛盾；存在矛盾的，能否得到合理解释。……"上述规则实际上并没有将常理确立为事实认定的必要环节。对此，应在立法中确认，从证据到待证事实的每一步都需要常理的参与，这样才能避免常理偏差可能导致的问题，并推动法官敢于使用常理作出无罪判决。另一方面，应进一步明确常理可能存在的问题。具体而言，如果法官大幅使用常理可能会造成：（1）不知不觉掺进不相关的事实；（2）不知不觉掺进虚构或无根据的事实；（3）旁敲侧击暗示的事实；（4）关注行为者而不是行为；（5）诉诸隐蔽的偏见和刻板印象；（6）用情绪化的声调和语言讲故事；（7）讲一个可以为讲述者或被害人赢得同情，却与该论证无关的故事；（8）使用有疑问的类推；（9）颠覆律师对事实、法律和倾向的区分，更一般的是对事实和价值的区分；（10）好故事排挤真故事。[1]为避免法官故事构建的随意性，也需要强调法官在使用常理时需以证据为依据。

---

[1] 参见［美］特伦斯·安德森、戴维·舒姆、［英］威廉·特文宁：《证据分析》，张保生等译，中国人民大学出版社2012年版，第369页。

第十章　涉其他证据情形的无罪逻辑

第一节　有新的证据能够证明事实

2021年《刑事诉讼法解释》第458条规定："具有下列情形之一，可能改变原判决、裁定据以定罪量刑的事实的证据，应当认定为刑事诉讼法第二百五十三条第一项规定的'新的证据'：（一）原判决、裁定生效后新发现的证据；（二）原判决、裁定生效前已经发现，但未予收集的证据；（三）原判决、裁定生效前已经收集，但未经质证的证据；（四）原判决、裁定所依据的鉴定意见，勘验、检查等笔录被改变或者否定的；（五）原判决、裁定所依据的被告人供述、证人证言等证据发生变化，影响定罪量刑，且有合理理由的。"因此，在刑事诉讼中通过新的证据推翻原先的事实认定，进而获得无罪判决也是一种有效的办法。

在统计的无罪判例中共有3个类似判例，典型的案例如薛某某贪污案[1]的判决书中就谈到了"现有新的证据能够证明石庙村二组2004年度补助款发放后没有余款，不存在剩余1700元退给薛某某并被其据为己有的事实"；又如王某岩贪污案[2]原审中认定原审被告人王某岩贪污公款6650元，是依据原审时被告人王某岩的供述和相应证据认定的。现有新证据证实，此款是原审被告人王某岩为偿还兴城市计划生育服务站建办公楼到省计生委申请资金而购买三份海产品给省里有关人员送礼的费用。对于被

---

〔1〕吉林省集安市人民法院刑事判决书，（2017）吉0582刑再1号。
〔2〕辽宁省兴城市人民法院刑事判决书，（2016）辽1481刑再1号。

告人多开 6650 元不是自己非法占有，是用于偿还去省里走访买海鲜的钱的辩解，以及其辩护人关于被告人多开发票的行为不是以非法占有为目的，缺乏贪污罪构成的主、客观构成要件的辩护意见，法院最终予以采纳。

因此，如果律师或者被告人发现了新证据，一定要及时提交，避免被告人长时间处于不安的状态。

第二节　同案犯以证据不足判决无罪或终止侦查

在玩忽职守罪中，新证据的一种常见情况是关联案件宣判无罪。由于玩忽职守罪的认定从因果关系上看往往会与其他案件发生联系，如因玩忽职守导致他人犯罪进而导致国家财产遭受重大损失，如果其他人的犯罪被认定为无罪，那么玩忽职守行为也很有可能无法成立。例如，在于某某玩忽职守案[1]中，原审被告人丁某某系国家工作人员，在对案外人刘某宁经营的海参圈进行动迁评估时，负责评估现场的监督工作。案外人刘某宁被盘锦市中级人民法院认定采取欺诈手段骗取动迁补偿款而判处犯诈骗罪，刘某宁上诉后被辽宁省高级人民法院认定未给国家财产造成损失，不构成诈骗罪，改判无罪。原审判决认定原审被告人于某某犯玩忽职守罪的事实依据是原审被告人于某某的玩忽职守行为使案外人刘某宁通过弄虚作假手段得到虚假的评估报告，进而骗取国家动迁补偿款 3500 余万元，给国家造成巨大损失。后因已经发生法律效力的辽宁省高级人民法院（2013）辽刑二终字第 46 号刑事判决认定刘某宁的欺诈行为没有给国家财产造成损失，判决刘某宁无罪。相应地，本案原审判决认定原审被告人于某某"不认真履行职责致使刘某宁骗取国家动迁补偿款 3500 余万元"的事实发生变化，即使公共财产、国家和人民利益遭受重大损失的客观结果不复存在，原审被告人于某某的行为不具有客观的危害结果，不符合玩忽职守罪

---

[1]　辽宁省瓦房店市人民法院刑事判决书，（2014）瓦刑再初字第 1 号。

的犯罪构成，故关于原审被告人于某某的"有新的证据证实其未给国家财产造成重大损失，其不构成玩忽职守罪"的申诉意见，法院最终予以采纳。

类似的无罪判例还有，同案犯因证据不足已被侦查机关终止侦查，且申领了国家赔偿，因此被告被指控的犯罪也不成立。例如，张某甲抢劫案：[1]

温岭市人民检察院指控被告人张某甲犯抢劫罪一案，本院于2011年6月16日作出（2011）台温少刑初字第87号刑事判决。判决已经发生法律效力，且主刑已执行完毕。因公安机关对同案犯刘某、王某勇作出终止侦查决定，原判在认定事实上确有错误，经本院院长提交审判委员会讨论决定，本院于2014年4月24日作出（2014）台温刑监字第6号再审决定，对本案再审。……再审另查明，2011年6月14日，本院作出（2011）台温刑初字第663号刑事判决，以抢劫罪判处被告人刘某有期徒刑四年六个月，并处罚金3000元；判处被告人王某勇有期徒刑五年，并处罚金3000元。被告人王某勇不服，提出上诉。台州市中级人民法院于2011年11月22日以原判认定事实不清，证据不足发回重审。2012年6月27日，温岭市人民检察院以本案事实证据有变化为由，向本院提出撤回起诉的申请，本院于2012年6月29日作出准许撤回起诉的刑事裁定。2014年1月6日，温岭市公安局作出温公终侦字（2014）5245号、5246号终止侦查决定书，认为办理的刘某、王某勇抢劫案没有犯罪事实，决定终止对刘某、王某勇的侦查。刘某、王某勇于2014年2月28日向本院申请国家赔偿，本院于同年4月21日作出赔偿决定。

---

[1] 浙江省温岭市人民法院刑事判决书，（2014）台温刑再字第6号。

结　语

无罪裁判的证据逻辑是一个亟待研究的"富矿"。受我国诉讼结构和研究进路的影响，我国理论界和实务界长期忽视了证据对于罪与非罪裁判的影响，这便造成了无罪问题研究的系统性缺失。基于此，本书从横向和纵向两条线路，探究了无罪裁判的证据逻辑。在横向视角方面，本书将证据逻辑分为以证据能力（可采性）为中心的静态逻辑和以证明力（推论链条）为中心的动态逻辑。相应地，在无罪裁判中的证据逻辑也就可以分为以证据能力（可采性）为中心的静态证据无罪逻辑和以证明力（推论链条）为中心的动态证据无罪逻辑。在纵向视角方面，本书主要关注法官在无罪判例中对证据规则形成的创造性程度。根据法官的创造性程度不同，将无罪判例证据规则分为了四大类：一是规则解释，即无罪判决对现有证据规则的解释适用；二是法官续造，即法官在无罪判决中对现有证据规则的突破和续造；三是实践创新，即体现在无罪判决中基于实践智慧而产生的证据潜规则；四是比较视野，即无罪判决中对域外证据规则的援引和借鉴。

值得一提的是，本书的研究是以全部无罪判例为基础进行的，因此，相关问题的研究和判断也是基于法官裁判形成的一般性法则。这些法则类似于法官在裁判时的经验法则，但略有不同的是，本书的经验法则只来源于法官的裁判而非社会"知识库"。这种类似经验法则的研究，可以在一定程度上反映我国法官在进行裁判时的思路，特别是作出无罪裁判时的决定性因素。总体来看，我们发现，我国法官在进行裁判时主要的考量点在于证据的真实性。甚至很多法官在判断关联性和合法性时，也会融入真实性的判断，这当然与我国"实事求是"的司法传统不无关系。同时，与真实性相伴的，往往是不同证据之间印证的判断，以至于很多案件出现了为了印证而印证的情况，这可能是未来法官在裁判时需要继续扭转的一个问题。

虽然我国是成文法国家，法官并没有"造法"的权力，并且为了避免被追责，很多法官也不敢轻易在事实认定问题上进行创新，但我们仍然发现，在不少判决中，一些法官试图对当前的证据规则进行突破。例如，对于传闻证据规则的引入、对于不得用以证明过错或责任的证据规则的引用等。考虑到当前我国证据法律体系的不健全性，这些尝试可以看作司法从业者为推进证据法律体系优化的一种积极尝试。但也需要注意的是，这种超出法官权力范围的尝试也是一柄"双刃剑"，一些时候会导致法官作出错误的判断，甚至出现误用规则的现象。其中，混淆传来证据与传闻证据便是典型的例证。因此，本书对这种尝试持保守的肯定态度，我们更加希望法官能在既有的法律框架之内进行适当的探索。例如，对于传闻证据规则的引用，完全可以借鉴直接言词原则。

"纸上得来终觉浅，绝知此事要躬行。"不可否认的是，比较法视角下的相互借鉴确实有助于提升我国证据理论水平。但是，过度借鉴是否会导致我们忽略我国本土的证据法实践，这始终是一个值得思考的问题。尽管我国证据法实践仍然有这样那样的问题，但无数司法人员仍然总结出了很多值得研究的规律与方法，这些都是社会主义司法文明建设的宝贵财富。因此，本书对于实践中无罪判例的研究，不仅是单纯的案例分析，更是希望能够作为"星星之火"，呼唤更多的人关注我国司法人员的实践智慧，从而真正为世界法治发展贡献中国智慧。

最后需要说明的是，本书对于无罪裁判证据逻辑的研究仍然处于起步阶段，很多问题仍然需要进一步挖掘。例如，无罪裁判中印证理论的运用方法、法官对于一些证据规则的误用等，都有进一步研究的空间。本书也希望能够抛砖引玉，引发更多研究者，共同探讨无罪裁判中的证据法问题。

参考文献

一、专著

1. 卞建林主编:《证据法学》,中国政法大学出版社 2000 年版。
2. 卞建林主编:《证据法学》,中国政法大学出版社 2007 年版。
3. 陈光中主编:《证据法学》,法律出版社 2019 年版。
4. 陈光中、徐静村主编:《刑事诉讼法学》,中国政法大学出版社 1999 年版。
5. 陈一云主编:《证据学》,中国人民大学出版社 2001 年版。
6. 陈卫东、谢佑平主编:《证据法学》,复旦大学出版社 2007 年版。
7. 陈兴良:《口授刑法学(下册)》,中国人民大学出版社 2017 年版。
8. 陈瑞华:《刑事证据法》,北京大学出版社 2018 年版。
9. 崔敏主编:《刑事证据理论研究综述 〈刑事证据的理论与实践〉课题组研究成果之一》,中国人民公安大学出版社 1990 年版。
10. 樊崇义:《证据法学》,法律出版社 2007 年版。
11. 高家伟、邵明、王万华:《证据法原理》,中国人民大学出版社 2004 年版。
12. 何家弘、刘品新:《证据法学》,法律出版社 2008 年版。
13. 胡云腾主编:《宣告无罪实务指南与案例精析》,法律出版社 2014 年版。
14. [美]汉斯·采泽尔、戴维·凯:《用数字证明 法律和诉讼中的实证方法》,黄向阳译,中国人民大学出版社 2008 年版。
15. [英]J. W. 塞西尔·特纳:《肯尼刑法原理》,王国庆等译,华夏出版社 1989 年版。
16. [法]卡斯东·斯特法尼等:《法国刑事诉讼法精义》(上),罗结珍译,中国政法大学出版社 1999 年版。
17. [英]卡尔·波普尔:《猜想与反驳——科学知识的增长》,傅季重等译,上海译文出版社 1986 年版。

18. [美]里德·黑斯蒂:《陪审员的内心世界 陪审员裁决过程的心理分析》,刘威、李恒译,北京大学出版社2006年版。

19. 栗峥:《司法证明的逻辑》,中国人民公安大学出版社2012年版。

20. [美]罗纳德·J. 艾伦等:《证据法:文本、问题和案例》,张保生、王进喜、赵滢译,高等教育出版社2006年版。

21. [美]罗纳德·J. 艾伦:《艾伦教授论证据法(上)》,张保生等译,中国人民大学出版社2014年版。

22. [美]理查德·A. 波斯纳:《证据法的经济分析》,徐昕、徐昀译,中国法制出版社2004年版。

23. [美]米尔建·R. 达马斯卡:《漂移的证据法》,李学军等译,中国政法大学出版社2003年版。

24. 全国人大常委会法制工作委员会刑法室编:《关于修改〈中华人民共和国刑事诉讼法〉的决定:条文说明、立法理由及相关规定》,北京大学出版社2012年版。

25. 孙彩虹:《证据法学》,中国政法大学出版社2008年版。

26. [美]特伦斯·安德森、戴维·舒姆、[英]威廉·特文宁:《证据分析》,张保生等译,中国人民大学出版社2012年版。

27. [美]道格拉斯·沃尔顿:《法律论证与证据》,梁庆寅等译,中国政法大学出版社2010年版。

28. 王进喜:《美国〈联邦证据规则〉(2011年重塑版)条解》,中国法制出版社2012年版。

29. 易延友:《证据法学》,法律出版社2017年版。

30. [美]亚历克斯·斯坦:《证据法的根基》,樊传明、郑飞等译,中国人民大学出版社2018年版。

31. 袁小刚:《无罪裁判研究》,人民法院出版社2014年版。

32. 占善刚、刘显鹏:《证据法论》,武汉大学出版社2009年版。

33. 朱平:《无罪判例名案精析》,群众出版社2004年版。

34. 朱晓姝主编:《计算机网络》,西南交通大学出版社2017年版。

35. 张保生、常林:《中国证据法治发展的轨迹:1978—2014》,中国政法大学出版社2016年版。

36. 张保生主编:《证据法学》,中国政法大学出版社2018年版。

37. 郑飞:《证据性权利研究》,法律出版社2019年版。

38. 郑飞、梁雅丽主编：《故意伤害罪 无罪判例规则与辩护攻略》，法律出版社 2020 年版。

39. 郑飞、梁雅丽主编：《贪污贿赂罪 无罪判例规则与辩护攻略》，法律出版社 2020 年版。

40. 郑飞、梁雅丽主编：《扰乱市场秩序罪 无罪判例规则与辩护攻略》，法律出版社 2020 年版。

41. 周叔厚：《证据法论》，三民书局 1995 年版。

42. 中华人民共和国最高人民法院刑事审判第一、二、三、四、五庭主办：《刑事审判参考（总第 108 集）》，法律出版社 2017 年版。

43. CohenLJ.．The Probable and the Provable［M］．Loden：Oxford University Press，1977．

44. David A. Binder，Paul Bergman. Fact Investigation from Hypothesis to Proof（American Casebook Series）［M］．Minnesota：West Publishing Company，1984．

45. John Henry Wigmore. The Science of Judicial Proof, as Given by Logic，Psychology，and General Experience and Illustrated in Judicaial Trials，3rd，Boston：Little Brown，1937．

46. James Bradley Thayer. A Preliminary Treatise on Evidence at the Common Law［M］．Boston：Little Brown，1898．

47. Ronald J. Allen，et al. An Analytical Approach to Evidence：Text，Problems，and Cases（6th Edition）［M］．Alfen：Wolters Kluwer，2016．

48. William Twining. Rethinking Evidence：Explorary Essays, second edition［M］．Cambridge：Cambridge University Press，2006．

二、论文

1. 蔡作斌："证据链完整性的标准及其审查判断"，载《律师世界》2003 年第 3 期。

2. 蔡艺生、李文艺："刑事再审改判无罪案件的证据适用问题实证研究——以近期典型案例为分析样本"，载《北京警察学院学报》2016 年第 4 期。

3. 陈学权："证据不足时法院作无罪判决难所涉问题研究"，载《法律适用》2015 年第 6 期。

4. 陈瑞华："关于证据法基本概念的一些思考"，载《中国刑事法杂志》2013 年第 3 期。

5. 陈瑞华："实物证据的鉴真问题"，载《法学研究》2011 年第 5 期。

6. 陈瑞华："论证据相互印证规则"，载《法商研究》2012 年第 1 期。

7. 陈瑞华:"论被告人口供规则",载《法学杂志》2012年第6期。
8. 陈瑞华:"以限制证据证明力为核心的新法定证据主义",载《法学研究》2012年第6期。
9. 陈岚、杜厚扬:"刑事证据关联性之司法审查",载《山东社会科学》2020年第5期。
10. 陈为钢:"刑事证据链研究",载《国家检察官学院学报》2007年第4期。
11. 陈科:"论司法的可错性",载《法学》2020年第12期。
12. 崔敏:"论'关键证据'",载《中国人民公安大学学报》1991年第2期。
13. 戴福康:"刑事诉讼证据有没有阶级性?",载《复印报刊资料(法律)》1981年第10期。
14. 杜文静:"'孤证不能定案'的逻辑证成",载《学术研究》2017年11期。
15. 樊崇义:"简论'证据不足、指控的犯罪不能成立的无罪判决'之适用",载《政法论坛》1997年第3期。
16. 樊崇义:"证明标准:相对实体真实",载《国家检察官学报》2013年第5期。
17. 封利强:"理据:一个不可或缺的证据法学概念",载《浙江工商大学学报》2019年第8期。
18. 冯爱冰、谢萍:"证据链:认证案件事实的另一视角",载《法律适用》2011年第7期。
19. 高通:"论无罪判决及其消解程序——基于无罪判决率低的实证分析",载《法制与社会发展》2013年第4期。
20. 高童非:"我国刑事司法制度中的卸责机制——以法院和法官为中心",载《浙江工商大学学报》2019年第5期。
21. 何家弘:"证据'属性'的学理重述——兼与张保生教授商榷",载《清华法学》2020年第4期。
22. 何家弘、姚永吉:"两大法系证据制度比较论",载《比较法研究》2003年第4期。
23. 黄耀祖:"'合法性'不是民诉证据的本质属性",载《法学杂志》1984年第11期。
24. 黄鑫:"论刑事诉讼的间接证据",载《中山大学学报论丛》2005年第4期。
25. 洪冬英:"论书证复制件的证据效力",载《政治与法律》2011年第6期。
26. 金彭年、王若青:"关于证据定义、属性及层次分类的法理思考",载《浙江社会科学》2005年第3期。
27. 李扬:"论影响我国无罪判决的关键性因素——对百例无罪判决的实证分析",载《政法论坛》2013年第4期。

28. 李苏林:"证据裁判原则下的案件事实认定",载《山西大学学报(哲学社会科学版)》2015年第3期。

29. 李远桃:"结合公诉工作实际谈如何保障案件质量——以提高证据审查能力,防止错案发生为视角",载《今日南国》2010年第12期。

30. 李昌盛:"证据确实充分等于排除合理怀疑吗?",载《国家检察官学院学报》2020年第2期。

31. 李学军、刘静:"瑕疵证据及其补救规则的适用",载《清华法学》2020年第5期。

32. 刘磊:"德美证据排除规则之放射效力研究",载《环球法律评论》2011年第4期。

33. 龙宗智:"印证与自由心证——我国刑事诉讼证明模式",载《法学研究》2004年第2期。

34. 龙宗智:"试论证据矛盾及矛盾分析法",载《中国法学》2007年第4期。

35. 龙宗智:"'大证据学'的建构及其学理",载《法学研究》2006年第5期。

36. 龙宗智:"刑事印证证明新探",载《法学研究》2017年第2期。

37. 龙宗智:"比较法视野中的印证证明",载《比较法研究》2020年第6期。

38. 龙浩:"论刑事证言的证明力评价——基于具体案例的分析",载《行政与法》2015年第11期。

39. 林前枢、林毅高:"作案工具的认定和处理",载《人民司法》2019年第29期。

40. 罗灿:"间接证据与事实推定对定罪量刑的影响",载《人民司法》2010年第14期。

41. [美]罗纳德·J.艾伦:"司法证明的性质:作为似真推理工具的概率",汪诸豪、戴月、柴鹏译,载《证据科学》2016年第3期。

42. [美]罗纳德·J.艾伦、迈克尔·S.帕尔多:"相对似真性及其批评",熊晓彪、郑凯心译,载《证据科学》2020年第4期。

43. 栗峥:"证据链与结构主义",载《中国法学》2017年第2期。

44. 栗峥:"印证的证明原理与理论塑造",载《中国法学》2019年第1期。

45. 凌斌:"法官如何说理:中国经验与普遍原理",载《中国法学》2015年第5期。

46. 闵春雷:"证据裁判原则的新展开",载《法学论坛》2010年第4期。

47. 马荣春:"刑事案件事实认定的常识、常理、常情化",载《北方法学》2014年第2期。

48. 秦宗文:"认罪案件证明标准层次化研究——基于证明标准结构理论的分析",载《当代法学》2019年第4期。

49. 彭国顺:"间接证据证明案件事实的逻辑探讨",载《法学探索:贵州省政法管理干部学院学报》1996 年第 1 期。

50. 阮堂辉、王晖:"'孤证'或证据'一对一'的困境及其出路破解",载《湖北社会科学》2008 年第 5 期。

51. 阮堂辉:"'证据锁链'的困境及其出路破解——论间接证据在我国刑事诉讼中的独立定案功能",载《中国刑事法杂志》2006 年第 4 期。

52. 施鹏鹏:"法定证据制度辨误——兼及刑事证明力规则的乌托邦",载《政法论坛》2016 年第 6 期。

53. 桑本谦、戴昕:"真相、后果与'排除合理怀疑'——以'复旦投毒案'为例",载《法律科学(西北政法大学学报)》2017 年第 3 期。

54. 申夫、石英:"刑事证据中'瑕疵证据'的法律效力探讨",载《法学评论》1998 年第 5 期。

55. 汪建成、孙远:"刑事鉴定结论研究",载《中国刑事法杂志》2001 年第 2 期。

56. 汪容:"传闻证据规则若干基本问题研究",载《中国刑事法杂志》2005 年第 2 期。

57. 王廷婷:"社会认知视阈下的无罪判决——基于贪污罪案件的实证分析",载《河北法学》2015 年第 10 期。

58. 王星译:"'印证理论'的表象与实质——以事实认定为视角",载《环球法律评论》2018 年第 5 期。

59. 吴洪淇:"刑事证据审查的基本制度结构",载《中国法学》2017 年第 6 期。

60. 王晶、张弘:"从功能视角看证据的属性",载《人民检察》2005 年第 21 期。

61. 魏斌:"似真性、概然性与似真推理",载《自然辩证法研究》2018 年第 11 期。

62. 熊志海:"论证据的本质",载《现代法学杂志》2002 年第 4 期。

63. 谢进杰:"刑事裁判说理中的'常理'",载《中山大学学报(社会科学版)》2019 年第 3 期。

64. 阳平:"从客观性到相关性:中国证据法学四十年回顾与展望",载《浙江工商大学学报》2018 年第 6 期。

65. 易延友:"最佳证据规则",载《比较法研究》2011 年第 6 期。

66. 尹洪阳:"证据推论的逻辑链条:据以从证据到事实",载《社会科学论坛》2018 年第 3 期。

67. 杨宇冠、郭旭:"'排除合理怀疑'证明标准在中国适用问题探讨",载《法律科学(西北政法大学学报)》2015 年第 1 期。

68. 杨帆:"'隔离但平等':普莱西诉弗格森案",载《教育科学研究》2017 年第 10 期。

69. 杨帆、蓝章湖："我国刑事判决说理存在的问题与解决路径——以地方基层法院刑事判决说理为例的分析"，载《南京社会科学》2019年第7期。

70. 袁建刚、王珏："论审查起诉阶段证据'相互印证'证明方法的误区与完善——以非法言词证据的强制排除模式为切入点"，载《燕山大学学报（哲学社会科学版）》2011年第4期。

71. 严剑漪："揭秘'206'：法院未来的人工智能图景——上海刑事案件智能辅助办案系统164天研发实录"，载《人民法治》2018年第2期。

72. 尹洪阳："证据推论的逻辑链条：据以从证据到事实"，载《社会科学论坛》2018年第3期。

73. 纵博："'孤证不能定案'规则之反思与重塑"，载《环球法律评论》2019年第1期。

74. 纵博："'排除合理怀疑'适用效果的实证研究——以《刑事诉讼法》修改前后共40件案件为样本"，载《法学家》2018年第3期。

75. 朱玲珑："三大惯性思维评析"，载《云南行政学院学报》2007年第6期。

76. 张保生、阳平："证据客观性批判"，载《清华法学》2019年第6期。

77. 张保生："事实、证据与事实认定"，载《中国社会科学》2017年第8期。

78. 张保生："事实认定及其在法律推理中的作用"，载《浙江社会科学》2019年第6期。

79. 张保生："审判中心与控辩平等"，载《法制与社会发展》2016年第3期。

80. 张保生："人工智能法律系统：两个难题和一个悖论"，载《上海师范大学学报（哲学社会科学版）》2018年第6期。

81. 张保生："法学与历史学事实认定方法的比较"，载《厦门大学学报（哲学社会科学版）》2020年第1期。

82. 张晋红、易萍："证据的客观性特征质疑"，载《法律科学（西北政法学院学报）》2001年第4期。

83. 张斌、王小林："诉讼证据客观性的理性定位——与绝对肯定说、否定说和统一体说商榷"，载《现代法学》2002年第3期。

84. 张少林："刑事印证初论"，载《国家检察官学院学报》2007年第2期。

85. 郑飞："证据科学的研究现状及未来走向"，载《环球法律评论》2015年第4期。

86. 周千淇："证据客观性的重新解读"，载《法律适用》2015年第5期。

87. 资琳："案件事实认定中法官前见偏差的修正及控制"，载《法商研究》2018年第4期。

88. 左卫民："关于法律人工智能在中国运用前景的若干思考"，载《清华法学》2018

年第 2 期。
89. Alex Stein, Against Free Proof, 31 ISRAEL L. REV. 573 (1997).
90. R. J. Allen & M. Redmayne (eds.), Bayesianism and Juridical Proof, *International Journal of Evidence And Proof*, Special Issue, (1997).

后 记

本书是笔者主持的国家社会科学基金一般项目《基于统计分析的无罪判决证据适用问题实证研究》（项目编号：17BFX183）的最终成果。该项目历时四年，终于完成，要感谢的人非常多。

首先，要感谢我的两位导师。一位是我的硕士和博士生导师张保生教授，他为该项目的申请与本书的写作思路提供了非常有益的指导。另一位是我的实务导师北京市京都律师事务所高级合伙人、京都刑事辩护研究中心主任梁雅丽律师。笔者于2008年获得法律职业资格，十年后的2018年初正式开始兼职律师执业，加入了梁雅丽律师的刑事辩护团队，专门深耕网络与新技术犯罪，以及民刑交叉和行刑交叉领域。在办理相关案件的过程中，一个非常重要的工作就是对无罪判例的整理分析，研究和获取相关罪名的无罪裁判规则和有效辩护要点，以为辩护工作寻找有力支撑。尽管之前已有律师对部分罪名的无罪判例作了简单的梳理，归类整理出了相关罪名的无罪辩点，但这种简单总结显然过于粗糙。经与梁雅丽律师商议之后，我们一拍即合，将本项目的阶段性研究成果"对3000多个无罪判例的统计分析"做成一套系统的"无罪判例规则与辩护攻略"丛书，希望它能成为一套实务工作者和学术研究者的必备工具书。该丛书共9卷本，已在法律出版社出版了前3本《贪污贿赂罪 无罪判例规则与辩护攻略》《扰乱市场秩序罪 无罪判例规则与辩护攻略》《故意伤害罪 无罪判例规则与辩护攻略》，各方面反响不错。

其次，要感谢项目组成员在项目申请、研究和结项过程中的辛苦付出，尤其是我教过的北京交通大学法学院的 6 位优秀本科毕业生，他们都曾接受我的系统学术训练。我要么指导了他们的本科毕业论文，要么指导了他们的"大创"研究项目，要么指导了他们在"新技术法学虚拟研究小组"中的研究任务。非常欣慰的是，他们后来都在国内一流法学院校攻读法学硕士和博士学位，其中马国洋学成后回到北京交通大学法学院任教，成为我的同事。他们分别是（按协助撰写章节先后排序）：

马国洋，中国政法大学诉讼法学专业博士，北京交通大学法学院助理教授，协助撰写第二章无罪裁判的总体情况和第五章证据不具有真实性，并协助对全书进行了详细的通读修改。

李雅健，中国政法大学证据法学硕士，现就职于某政府机关，协助撰写第四章证据不具有关联性。

陈晓慧，澳门大学法学院刑法学硕士，现就职于广州某上市公司董事会办公室，协助撰写第六章证据不具有合法性。

龙健宁，清华大学法学院刑法学专业硕士研究生，曾获第一届"未来精英杯"全国法科学生写作大赛论文组第 3 名，协助撰写第七章证据缺失与孤证不能定案。

刘廿一，中国社会科学院大学法学院法律硕士研究生，协助撰写第八章证据证明力不足。

杨默涵，中国政法大学诉讼法学专业博士研究生，曾获 2019 年北京市优秀本科生毕业论文，协助撰写第九章证据矛盾与不符合常理，并通读校对了全书。

同时还要感谢北京交通大学法学院的法律硕士研究生朱溯蓉和张良、刑法学专业研究生万丽新通读校对了全书。

最后，还要感谢我的家人。感谢我的爱人张锦在本项目研究的五年里承担了大部分家务，感谢我的岳父岳母在五年里帮我们精心照顾小宝贝，感谢我在老家的两位姐姐替我照顾年迈的父母，是他们使我有充足的时间

后　记

能够组织团队完成该项目的研究。

　　需要强调的是，本书是国内第一本对无罪裁判证据运用问题进行系统研究的专著，囿于笔者的学识和精力，书中肯定谬误多多，观点也十分粗浅，敬请各位读者多多批评指正，希望今后能有再版修订的机会。

郑　飞

2021 年 2 月 28 日于红果园起草

2022 年 1 月 12 日于宝禄斋修订

2023 年 2 月 23 日于红果园修订